国家社科基金
后期资助项目
GUOJIA SHEKE JIJIN HOUQI ZIZHU XIANGMU

政治文化重建视阈下的南宋初期诏狱研究

A Study of the Imperial Edict Prison in
Early Southern Song Dynasty under the View of
Reestablishment of Political Culture

董春林 / 著

社会科学文献出版社
SOCIAL SCIENCES ACADEMIC PRESS (CHINA)

国家社科基金后期资助项目
出版说明

后期资助项目是国家社科基金设立的一类重要项目，旨在鼓励广大社科研究者潜心治学，支持基础研究多出优秀成果。它是经过严格评审，从接近完成的科研成果中遴选立项的。为扩大后期资助项目的影响，更好地推动学术发展，促进成果转化，全国哲学社会科学规划办公室按照"统一设计、统一标识、统一版式、形成系列"的总体要求，组织出版国家社科基金后期资助项目成果。

全国哲学社会科学规划办公室

目　录

绪　论

一　选题缘起

20世纪80年代末期以来，在当代西方理论的影响之下，社会史方兴未艾。同时，中国政治史的研究似乎举步维艰，虽然我们无从梳理出两者之间的必然关联，然而，从表面上看，除了西方知识话语霸权制约下的无奈结果之外，也与我们传统的"政治史"缺乏解释能力和叙述魅力有关，除了在社会发展趋势的宏观叙事上颇有建树却又不乏机械教条地图解这个众所周知的原因之外，中国的政治史叙事基本是"制度史"研究的一种翻版。人们在政治史的表述中，除了了解到堆积出的一系列事件序列和机械的制度描述外，根本无法看到中国政治运作奇诡多变的态势和与人们日常生活的关联意义①。严格意义上说，政治史的研究并不存在不同时段的价值区分，不同场景或背景下的政治行为都可建构政治的本质特征，如果说近代政治史的研究更接近当前社会生活的话，古代政治史的研究则更能剥离政治的美丽外衣，从而窥视人与人、人与社会运作之中可能的合理存在关系。

除了传统的制度化政治史研究之外，以往的中国古代政治史研究，要么过多关注政治事件与政治人物的关系，要么过多描述一个时代政治的大背景。对于前者，我们往往受意识形态的影响而倾向于对人物的评价或事件的定论②；对于后者，我们又常常浮于表面地介绍和叙述，难

---

① 参见杨念群《为什么要重提"政治史"研究》，《历史研究》2004年第4期，第10页。

② 关于此论，黄宽重先生认为，社会大众喜欢把人简单归纳成好人、坏人，这是统治者为了强化统治基础，透过教育将忠、奸截然划分，加上民间流传甚广、影响深远的通俗小说和戏曲的推波助澜，使人们习惯于用二分法来判断事物、衡量是非、看待历史人物。这些历史人物经过不断的改造之后，他们逐渐被神化或恶化，形象起了很大的变化，恶人之首冯道、秦桧、汪精卫者流，成了人们口诛笔伐的卖国贼，忠贞之士如岳飞、文天祥等人，就成了民族英雄，甚至民族救星。时代久远，后人对当时的历史环境所知有限，反而以自己所处的环境、所知的印象，作为知人论事的准绳，于是，不仅历史人物的本来面目被模糊了，历史人物也成了一具具被扭曲的脸谱。参见黄宽重《扭曲的脸谱：从台奸、汉奸问题看历史人物的评论》，《宋史丛论》，新文丰出版社，1993，第369~370页。

免将政治归结成制度假象。假若人物的评价能够客观公允也罢，遗憾的是，我们常常以单一的善恶功过作为评价标准来研究政治人物。历史上所谓的"奸臣模式"①，便时常影响到我们的研究视角。政治制度常常被冠以贬义的专制主义色彩②，而不是切合时代环境去理性分析。究竟政治原理中核心的东西是什么，我们宁愿觉其遥远，而不愿真正审视和面对，主要因为政治伦理几乎遮蔽了权力主体的功利性。只有社会伦理道德被镶嵌在稳定的政治框架之中，政治的正义一面才得以实现；政治环境的良性化，不仅需要社会伦理道德的宣扬，也需要它的鞭策。或许这是传统中国的儒家们根据仁德建立政治上最高准则的影响③，孔子作《春秋》，为警世计，以周礼为标准，立善恶的原则。这种被中国传统史家普遍承认和接受的观念，也被他们广泛地运用于各种著作中，以规范现实生活中人们的思想和行为。但我们必须清醒地认识到，善恶是中国史学的传统准则，它附着于史籍，着眼于现实。政治人物无利可取的公正④并不屈从于伦理规约，政治无疑是利益的终结者。在正常的社会秩序视野下，可能政治的本质一面不那么清晰，而在非逻辑性政治行为主

---

① 茅海建先生曾指出，在皇权至上的社会中，天子被说成至圣至明，不容许也不"应该"犯任何错误。尽管皇帝握有近乎无限的权力，因而对一切事件均应该负有程度不一的责任；但是，当时的人们对政治的批判，最多只能到大臣一级。由此而产生了中国传统史学、哲学中的"奸臣模式"："奸臣"欺蒙君主，滥用职权，结党营私，施横作恶，致使国运败落；一旦除去"奸臣"，圣明重振，万众欢腾。这一类模式使皇帝避免了直接承担坏事的责任，至多不过是用人不周不察，而让"奸臣"去承担责任，充当替罪羊。若非如此，将会直接批判到皇帝。这就冲犯了儒家的"礼"，是士人学子们不会也不愿去做的。参见茅海建《天朝的崩溃——鸦片战争再研究》，生活·读书·新知三联书店，1995，第16~17页。

② 侯旭东认为，"中国专制"说从出现到流行于中国学界与社会的历程是中国近代遭遇危机背景下国人思想上经历西方理论殖民的一个缩影。这种歪曲的中国观通过各种渠道流行于世，所以，即便是研究中国古代历史的当代学者也并非直接、透明地面对史料，而是透过包含着近代以来，乃至早到传教士时代以来所形成积累的"中国观"在内的观念来认识过去。清末救亡图存的斗争年代，以"专制政体"与"专制君主"说作为批判的武器无可厚非，随后未经认真充分的研究，将这种因想象而生的观点作为定论引入学术界，则贻害不浅。这不仅严重束缚了中国学者对自身历史的理解，忽略并遮蔽了许多历史现象，妨碍对帝国体制的把握，也暗中应和了西方人对中国的歪曲，无意间为西方的"东方学"做了不少添砖加瓦之事。即便是似乎远离理论问题的具体研究，实际也难以摆脱其间接的影响。参见侯旭东《中国古代专制说的知识考古》，《近代史研究》2008年第4期。

③ 牟宗三：《治道与政道》，广西师范大学出版社，2006，第103页。

④ 亚里士多德：《尼各马可伦理学》，廖申白译，商务印书馆，2004，第5页。

导下，政治的真实一面却裸露无遗。由此可知，政治问题研究的关键不是追究政治人物的善恶，而是要弄清楚政治主体如何在制度范畴内谋求政治利益最大化。

基于以上政治史研究视角的剖析，我将看似理性政治脆弱之殇的南宋初期的诏狱①选定为研究方向。这是因为南宋高宗一朝政治诏狱泛滥，并且这些诏狱多被时人或后世视为冤案，又多是以宋高宗为首的政治群体，在金军的铁骑追击下为谋一时安宁，与金人签订屈辱和约过程中演绎的一起起名闻千古的诏狱闹剧。对于这段时期发生的诏狱事件，久已为前代学者所关注。可惜的是，这些研究不约而同陷入伦理道德的俗套之中，不是对这些事件进行全面考察，而是集中对岳飞、曲端等政治人物的诏狱事件作单一考察，继而将讨论的主题限定在狭隘的人物品评之上。更值得检讨的是，由于社会地位及利益出发点的不同，我们品评政治人物时往往失之偏颇，不是把品评的标准定位成简单的功过，就是把善恶扩大化。尤其在研究历史人物时，由于史料的缺乏，我们很难洞察他们日常生活中的状况，更不要说他们的内在思想。行为与认知关系的协调往往受控于历史环境，左右政治行为的道德、法律也只能在平稳的社会秩序里发挥其效用。透过零散的文献记载，我们看到的常常是历史时期模糊的政治环境，有时候政治利益的合理分享便轻易地被淹没于传统道德批判之中。就南宋初期的诸多诏狱事件来说，它既存在不同阶段利益诉求之别，又存在地方与中央案件形式的不一之分。也就是说，一起诏狱的发生固然有其存在的理由，无论制造者的爱恨也好，还是作为促成阴谋的手段也罢，这些诏狱的形成，都凸显着某种政治利益目的。笔者将诏狱事件作为研究的对象，并不仅仅停留在对政治理性的简单描述上，重要的是通过这样的特殊事件，研究政治行为所透露出的政治内

---

① 关于"诏狱"，《汉书·刘建传》有"我为王，诏狱岁至"之语，《宋史·刑法志》有"本以纠大奸慝"之言。戴建国先生认为，诏狱是由皇帝掌握判决权和宰相控制审核权的政治性狱案。见戴建国《宋代诏狱制度述论》，载《宋代法制初探》，黑龙江人民出版社，2000，第252~253页。张忠炜指出，诏狱指皇帝下诏专命审理的狱讼，或实体的牢狱。见张忠炜《"诏狱"辨名》，《史学月刊》2006年第5期。本文所研究的诏狱主要指与南宋初期国家大政方针密切相关的政治性案件，这些案件一般由台谏言官所兴起，或遵照了宋高宗的旨意，或符合了宋高宗政权政治路线。本文所考察的时段，起自南宋立国，至孝宗朝初年，大致包括宋高宗朝及宋孝宗朝初年。

涵，透过事件路径①洞察政治利益转移或交换的方式，以及新兴政权重建政治文化的基本脉络。另外，从文化阐释学的角度来看②，这种非逻辑的政治行为也有其合理的一面，两宋之际的政治文化变迁为南宋初期的诏狱事件提供了又一合理的存在缘由。以胡安国为代表、两宋之交的儒家学者，对伦理道德的重新阐释和对一统思想的诉求③，不仅影响着南宋初期的文化走向，更重要的是它是士大夫阶层政治文化的真实写照。士大夫这种伦理道德观念的张扬，也直接影响到政治行为的运作过程。

　　本书将诏狱事件作为洞察南宋初期政治状况的切入点，也就无法回避有关这段政治史研究的目的。诏狱事件发展的过程折射出政治行为的动态性④，政治行为的动态性也就是政治运作过程，其背后的政治利益转移又反映出制度的重建。纵观南宋初期的诏狱事件，无不与政治制度的推行相关，诏狱的政治作用可能是客观地推动了南宋初期由一个非制度化向制度化的过渡。寺地遵先生将南宋初期分割成南宋政权确立、秦桧专权两个阶段，研究这段政治史并不是着眼于政治权力的形态、结构，而是着眼于其运动、力学、动态等方面⑤。不过，他的研究初衷却是考察北宋政权与南宋政权之间的共通性、相异性，以及连续性、断绝性，从而使得他的研究视角过多关注南宋初期政治人物及其政策的实施。难

---

① 李里峰认为，从"事件史"到"事件路径"的研究取向，不再把个别事件、人物、制度视为自足的研究对象，而将其作为透视时代政治的研究路径和视角，将有利益于观察探求社会历史的深层结构。参见李里峰《从"事件史"到"事件路径"的历史——兼论〈历史研究〉两组义和团研究论文》，《历史研究》2003 年第 4 期，第 144～153 页。

② 关于文化阐释学（cultural exposition），中外学者都有不同解释。克利福德·格尔茨认为，文化形态通过社会行为得以实现，文化系统的意义是通过人与人的互动过程建构起来的，行动与行动之间的接合、交流、互动形成一段段对话，因此我们对某一行动或某一文化现象的了解，就必须将其放到原来的"脉络"中解读。参见克利福德·格尔茨《文化的解释》，译文出版社，1999，第 3～42 页。

③ 刘玲娣认为，胡安国的政治思想主要表现在主张统一政令、尊君抑臣、寄寓中兴。参见刘玲娣《胡安国政治思想及其实践略论》，《史学月刊》2002 年第 6 期。

④ 所谓政治制度的动态性，主要参见邓小南先生的观点，她在谈宋代制度史研究新思路的时候就曾谈到制度史重发展，强调动态。参见邓小南《走向"活"的制度史——以宋代官僚政治制度史研究为例的点滴思考》，《浙江学刊》2003 年第 3 期。而政治史研究，要注意鼎革、突变，更应该探求渐次过渡、承接递进的脉络；既要看到时代变迁的影响、制度之间的差异、行为选择趋向的不同，也应该辨识其内在理路的传承与融通。参见邓小南《祖宗之法——北宋前期的政治述略》序引，生活·读书·新知三联书店，2006，第 4 页。

⑤ 寺地遵：《宋代政治史研究的轨迹和问题意识》，刘静贞、李今芸译，《南宋初期政治史研究》序章，稻禾出版社，1995，第 19 页。

得的是，他在研究南宋初期政治史的时候，并不是将两宋政治制度割裂来看，而是将两宋之交的政治发展视为一个连续的过程。因此，他的研究成果一时成为政治过程论（political process theory）实践的典范①。虽然本书同样关注到"活"的政治制度史，但并不对政策的实施过多着墨，也不将具体的制度内容作为主要考察对象，而是将政治过程及制度形成过程中的条件或动力作为考察主旨。就本书所探讨的南宋初期诏狱问题而言，从诏狱的形成到诏狱的尾声，势必透视出一个显而易见的制度化轨迹。如果说诏狱的目的是为了获取某种政治利益的话，那么诏狱的结束则预示着这种政治利益的巩固。

　　此外，南宋初期诏狱事件彰显的时代特征，为我们考察中国古代国家与社会的关系提供了又一个认知的途径。有学者早已注意到南宋初期的综合国力与收复北方失地的差距②。从历史背景来看，宋金和议是否成为宋廷的必然举措，不仅直接关系到诏狱事件的理性政治特征，甚至关系到国家权力与社会控制互动的一面③。似乎任何政策的成功颁布都

---

① 政治过程论把政治看作是一个过程，研究利益的表达、利益的综合、根据利益而作的决策及其执行和反馈等。黄宽重先生在谈宋代新政治史研究时，也曾指出这一观点在中国台湾、日本、中国乃至美国，都受到相当的重视，成为政治史研究的理论典范，参见黄宽重《从"活的制度史"到"新政治史"——宋代政治史研究的趋向》，台湾中研院史语所 2008 学年第十二次宋代史料研读会讲稿。平田茂树教授受其观点启发，进一步发展出对宋代政治空间论。参见平田茂树《宋代政治史研究的现状与课题——政治过程论を手挂かりとして》，《アジア游学》7，1999。此论还参见伊藤光利等《政治过程论》，东京有斐阁，2000；山根直生《唐宋政治史研究に関する试论——政治过程论、国家统合の地理的样态から》，《中国史学》14，2004。

② 何忠礼先生认为，南宋初期的军事力量远较太祖、太宗两朝时弱，而金的军事实力则不在宋初辽国之下，南宋靠军事力量收复北方失地，时机还不成熟；战乱导致南宋社会经济衰落，高额的军费开支更如雪上加霜，只会造成南宋社会动荡恶化，所以说南宋还未达到收复北方的综合实力。参见何忠礼、徐吉军《南宋史稿》，杭州大学出版社，1999，第 132~134 页。

③ 虽然南宋初期的诸多诏狱事件可能取决于宋高宗赵构，赵构的动机显然是为了促成宋金和议，但笔者并不认为赵构是在卖国，至少来说普天之下莫非王土的帝国观念到了南宋并没有停止。从这个角度来看，赵构主导的和议当代表着国家意识。米格代尔认为，国家可以根据自身利益最大化采取理性行动，来掩盖国家形成过程和社会中争夺控制权力的斗争的复杂性。参见 Joel S. Migdal, *State in Society: Studying How State and Society Transform and Constitute one another*（Cambridge. Cambridge University Press, 2001）。显然他是站在国家立场上看待国家与社会的关系，而我们审视南宋初期诏狱事件时也同样可以将这种观点换位理解，诏狱的产生只是南宋王朝根据自身利益最大化采取的理性行动，这种行动不单单是个人残暴、阴险的表象，而是国家与社会争夺控制权力的斗争。

先要取得舆论的一致，诏狱有时候也是控制舆论的有效手段。这使我们不由自主地想到社会交换理论（social exchange theory）①。不过，诏狱发生与平反并不是一般的政治交换，交换双方的利益也没有一个明确的前后关系，因为超越社会契约关系的儒家伦理道德已深入宋人的骨髓。这些诏狱事件是否又一次为我们探讨社会交换理论提供佐证，将是本书又一全新的论题。

如果说南宋初期的诏狱事件凸显君主专制一面的话，那么法律意义上的诏狱则又昭示着常规权力的效用，这可能就是中国传统帝制下专制权力与常规权力和平相处之道②。就国家与社会的关系而言，君主并非简单地靠这两类权力来获取政治效益，专制固然能够起到有效的作用，常规权力也是控制臣民的合理途径，但对于君主个人来说，靠个人声誉的投资来获取理性的国家利益，并非聪明之举。究竟专制的实施如何冠冕堂皇地展开，君主如何投资个人声誉换取无限向心力，却不是简单的"官僚君主制"③ 所能实现。那么，政治主体如何获取国家权益的最大化？克罗齐认为，"掌权者为了达到自己的目的，有两套相互冲突的武器：一方面是理性化地制定规则；另一方面是制造例外和无视规则的权

---

① 社会交换理论是当代西方社会学理论流派之一，认为人类的交往和社会联合是一种相互的交换过程。实际上，这一理论早已被西方学者从不同角度阐发，认知也多有不同。法国学者马塞尔·莫斯认为，只要社会、社会中的次群体乃至社会中的个体，能够使他们的关系稳定下来，知道给予、接受和回报，社会就能进步。参见马塞尔·莫斯《礼物：古式社会中交换的形式与理由》，汲喆译，上海人民出版社，2002，第209页。美国学者迈克尔·E. 罗洛夫认为，社会交换是某物或某项活动从甲方自愿的转移到乙方，以换取他物或他项活动。参见迈克尔·E. 罗洛夫《人际传播——社会交换论》，上海译文出版社，1991，第15页。彼德·布劳认为，除了人际冲突之外，在个体想获得社会的赞同和支援的欲望与他想在他的社会交往中获得实际利益的欲望之间也有内在的冲突，这种冲突往往通过某些伙伴获得内在支援而主要的从其他人获得外在利益去加以解决。参见彼德·布劳《社会生活中的交换与权力》，孙非等译，华夏出版社，1988，第134页。当然，宋高宗朝的诏狱与昭雪并不符合社会交换中的个人意愿，诏狱与昭雪只是被动的交易和强制的交换，执政者制造诏狱可能是一种控制社会的手段，而诏狱的昭雪及平反则是为了获得社会的支援，纯粹的政治性交换只是国家利益的完美之途。

② 孔飞力：《叫魂：1768年中国妖术大恐慌》，陈兼、刘昶译，上海三联书店，1999，第247页。

③ 孔飞力认为，官僚君主制是由那些生活于等级秩序之中，其生涯取决于声望和权力、黜陟和安全的人们之间的各种关系所构建成的。参见孔飞力《叫魂：1768年中国妖术大恐慌》，第287页。

力。他最好的策略是找到这两种武器的最佳配合……规则的扩展会限制他的权力，而太多的例外又会削弱他控制别人的权力"①。也就是说，规则与例外的融通将是君主或政治主体获取国家权益的最佳手段。尤其在专制权力视野下，规则与非规则相互协调才能取得长治久安，才能满足君主或国家利益的需求。尽管很多时候我们并不认同传统帝国时代君主权力受限于政治规则，甚至我们并不承认君主视阈下政治规则的存在，但传统时代君主对儒家德政思想的青睐和向往是不折不扣的事实，君主必须深谙政治规则以实现德政或政治声誉也就成为事实。究竟如何保护和增饰君主声誉，在诏狱事件的过程及尾声中，我们似乎可以窥见一斑。在这一国家政治运作过程中，儒家伦理道德为君主政治利益的舍得之间创设了"奸臣"这一角色，而儒家的民本思想则反过来修饰了君主的个人声誉，从而增强了王朝的向心力。南宋初期的诏狱事件与即时的国是政策相互纠葛，主观上刻画了宋高宗政权谋求最大化政治利益的逻辑路径，勾勒出特殊时期政权内部政治利益交换大致脉络，客观上也粗绘出南宋初期政治文化重建的基本路线。

二　研究综述

所谓诏狱，就形式而言，当属法律实践范畴的东西，此等案件从立案到结案同样要经历一系列刑讯程序。不管案件的实质是与政治运作相关，还是缘于审判官的徇私舞弊，南宋初期的诏狱事件都关系着那个时代的法制状况。遗憾的是，从法制角度探讨这一时期诏狱的研究成果却凤毛麟角。巨焕武先生通过对岳飞狱案的三条原始司法文件的探讨认为，岳飞冤案有秦桧等难辞其咎的人为因素，亦有儒家法治上的制度缺陷②。戴建国先生则从司法制度入手研究岳飞狱案，认为万俟卨、周三畏违反常规的事后补报审讯情况给高宗，以及不许陈告，表明岳飞冤案系宋高宗一手操办③。很显然，诏狱的法制特征并不被前代学者所看重，并且

---

① Michel Crozier, *The Bureaucratic Phenomenon*（Chicago：University of Chicago Press，1964），pp. 163 – 164，转引自孔飞力《叫魂：1768 年中国妖术大恐慌》，第 250 页。
② 巨焕武：《岳飞狱案与宋代的法律》，《大陆杂志》1978 年 56 卷 2 期，第 33～57 页。
③ 戴建国：《关于岳飞狱案的几点看法》，《宋代法制初探》，黑龙江人民出版社，2000，第 351～363 页。

探讨的狱案也仅是载于史册的岳飞冤案,相反,从政治角度探讨南宋诏狱的著述却连篇累牍。

　　虽然政治史里的诏狱研究仍以岳飞冤案为主,但这方面的研究经历了由浅陋的素描到深刻的阐发的过程。自20世纪初以来,国内外学者对岳飞冤案的研究经历了诸多波折,这种研究基本与中国经历的三种不同的社会制度并驾齐驱①。受本书探讨的诏狱问题所限,此处只对近三十年来逐步成熟的岳飞冤案研究进行回顾,牵涉意识形态的片面观点则不在讨论之列。能够代表这一阶段岳飞诏狱研究的成果中,台湾地区当首推李安先生的研究著述,他通过对宋高宗《赐岳飞死于大理寺》诏书的考证,认为高宗知道岳飞之忠,岳飞之死仅系高宗为迎其母,不仁、不义、不智地为达和议之目的②。刘子健先生也认为高宗是岳飞狱案的主谋,不过他又提出宋代士大夫忠君观念也是岳飞狱案形成的重要因素,除此之外,岳飞个性强的性格之弊也不容忽视③。至于此后二人针对岳飞"毁誉未定""秦桧通敌而主导冤狱"等论点的争论,则预示着岳飞诏狱的研究向纵深发展④。黄宽重先生仍将岳飞之死归结为宋高宗收兵权的牺牲品,岳飞狱案的产生可能与高宗有意保护韩世忠而岳飞知其计划有关,但从收兵权之态势来看,岳飞狱案又有其必然性⑤。此外,从语言学角度,对置岳飞死地的"莫须有"一词的探讨,也成为研究岳飞诏狱的一个热点。王瑞来先生的见解与传统认识不同,他将"莫须有"

① 朱瑞熙:《现实需要与史学真实的冲突——岳飞研究》,《宋史研究》,福建人民出版社,2006,第32页。

② 李安:《宋高宗〈赐岳飞死于大理寺〉考注》,《宋史研究集》第四辑,"国立"编译馆,1969,第501~510页。

③ 刘子健:《岳飞——从史学史和思想史来看》,《宋史研究集》第六辑,"国立"编译馆,1971,第70~71页。

④ 针对刘子健的论点,李安认为,秦桧、万俟卨朋比为奸,朝野之士敢怒不敢言,审判岳飞的官员多言岳飞无罪,岳飞当时声誉殊隆并非声誉未定,李心传称岳飞"号为贤将"属实,秦桧通敌为实情。参见李安《岳飞在南宋当时的声誉和历史地位》,《宋史研究集》第六辑,第117~126页。刘子健则反驳认为,岳飞被杀,满朝读圣贤书的文士并没抗议,而是认字不多的武夫韩世忠责问秦桧,无论是岳飞被诬还是后来秦桧死后,都没有人出来说话,终宋一代没有人敢批评中兴之主宋高宗,这些都说明岳飞狱案的主谋是宋高宗,南宋的儒臣忠君思想也脱不了干系。参见刘子健《两宋史研究汇编》引言,联经出版社,1987,第3页。

⑤ 黄宽重:《从害韩到杀岳:南宋收兵权的变奏》,《宋史研究集》第二十二辑,"国立"编译馆,1992,第113~140页。

一词理解成"一定有"，这样的理解较为符合秦桧身为宰相的言辞，同时也指出万俟卨诬告岳飞说过自己与宋太祖都是三十岁建节，在秦桧看这来样指斥乘舆之罪的证据虽然还不清楚，但一定有①。罗炳良先生则不这么认为，因为韩世忠质问秦桧时，岳飞指斥乘舆之罪尚无定论，秦桧不可能说出诡辩之辞，所以"莫须有"只有作为疑问词句理解才符合原意②。顾吉辰则从史料是否可信的角度对"莫须有"做了全新的阐释，认为秦桧以"莫须有"的罪名杀害岳飞的说法，最初是无名氏作者在《野史》一书中编造出来的，并非历史事实，后人失于考证，辗转抄录，一味承袭不实的传闻，遂使"莫须有"成为秦桧加害岳飞的无理之理③。至于其他众多对岳飞狱案的研究，基本上仍循着以上论述展开，创新论点并不多见，此不赘述。

　　除了关于岳飞诏狱研究之外，其他的诏狱个案研究也有创获。针对曲端冤案，李蔚认为曲端的个人能力可与岳飞相比，尽管不能与上司真诚合作及团结下属，但也不至于被下狱处死，曲端一案亦给我们太多启示④。李贵录基本继承了上述观点，认为曲端虽有过但罪不至死，功大于过，进而对曲端之死与陕西失陷做了探讨，揭示曲端诏狱元凶张浚之罪不小于秦桧⑤。李勇、曹宏伟以李光《小史》为线索，得出结论：李光之冤并非偶然，原因在于主战派的失利，并且得罪秦桧，注定了他遭贬的命运⑥。何玉红则认为，曲端之死既是南宋政府在陕西建立中央权威、节制地方武将势力的必然结果，也是南宋恢复"以文制武"祖宗家法的产物⑦。笔者曾以专题的形式对南宋初期的张邦昌、宋齐愈及洪刍等人狱案进行过研究，认为宋高宗在处理这些围城罪臣的过程中，着眼的是实际的政治利益而非传统儒家忠节观念，急需面对的也是如何稳固

① 王瑞来：《"莫须有"新解》，《人民日报》1988年10月17日第8版。
② 罗炳良：《岳飞诏狱新论》，《河北学刊》1994年第2期。
③ 顾吉辰：《秦桧"莫须有"说质疑》，《浙江学刊》1997年第2期。
④ 李蔚：《略论曲端》，《兰州大学学报》（社会科学版）1981年第1期。
⑤ 李贵录：《"曲端诏狱"与南宋初年的陕西陷失》，《南开学报》（哲学社会科学版）2002年第6期。
⑥ 李通、曹宏伟：《李光〈小史〉案始末与原因》，《淮北煤炭师范学院》（哲学社会科学版）2001年第5期。
⑦ 何玉红：《地方武力与中央权威：以曲端之死为中心》，袁行霈等编《国学研究》第二十三卷，北京大学出版社，2009，第67页。

政治基础及应对可能变动的政局①。笔者认为，曲端之死与张浚"猜忌"或王庶诬陷关系不大，实出于曲端专横跋扈、不服从上司及彭原店之败，其根本原因在于曲端的这些政治品格或政治经历，与南宋初年宋高宗政权建构稳定的中央政权这一政治本位背道而驰②。不难看出，这些对个案诏狱的研究虽有客观的事件探讨，也提出了个别建设性观点，但将诏狱类冤案问题推延到社会背景里展开探讨的研究则较少，而是较多地对个案原因及涉案对象的人格魅力、处事能力进行梳理，最后导向的是人物品评。对于南宋初期诏狱事件整体的研究，不但数量较少，研究视角也有很大局限性。

至于诏狱形式方面的专题研究还相对薄弱，此前的成果主要集中在对南宋初期文字狱研究上。文字狱的表象大多涉及禁、毁典籍，捏造文字罪名诬陷忠良，而这两方面，权相秦桧则玩弄得淋漓尽致。黄宽重先生在肯定秦桧杀岳飞符合历史环境一面的同时，指出秦桧以朋党排除异己，借文字狱扼杀士气，此罪较之冤杀岳飞之过更大，进而指出"朋党""谤讪朝政"是秦桧所制造文字狱里常用的罪名，"从李光的私史案起，秦桧连续地掀起几次规模不一的文字狱，正暴露出他执政期间内心的虚寒和对舆论的畏惧，而要发动最剧烈的手段，来对付政敌"③。沈松勤先生在探讨南宋文学与党争的关系时，对专制文化政策与文字狱的关系做了考述，认为宋高宗朝的文字狱不仅涉及范围广，而且颇具开放性，大肆实行"文禁""语禁"；又具有多样性，告讦之兴则凸显出群众性④。

还有个别学者从审讯程序角度研究南宋初期的诏狱问题，也提出不少新观点。就士大夫政治诏狱而言，《宋史·刑法志》云："诏狱，本以纠大奸慝，故其事不常见。初，群臣犯法，体大者多下御史台狱，小则开封府、大理寺鞫治焉。神宗以来，凡一时承诏置推者，谓之'制勘院'，事出中书，则曰'推勘院'，狱已乃罢。"⑤ 戴建国先生曾

---

① 董春林：《宋高宗南渡后的政治取向——基于建炎年间几起冤案的分析》，《北方论丛》2012年第1期。

② 董春林：《曲端之死与南宋初年的政治本位》，《北方论丛》2014年第4期。

③ 黄宽重：《秦桧与文字狱》，《岳飞研究》第四辑，中华书局，1996，第167页。

④ 沈松勤：《南宋文人与党争》，人民出版社，2005，第406~426页。

⑤ 《宋史》卷二百《刑法二》，中华书局，1976，第4997页。

指出，宋代诏狱，一方面，最终判决权掌握在皇帝手里；另一方面，在其判决过程中，宰相拥有十分重要的审核权，诏狱成立这一环节，因种种原因，皇帝有时也无法控制①。笔者认为，贯穿于绍兴冤狱审刑过程始终的有罪推定思想，并没有使案发告讦行为及罪证脱离法律规则，即使是结案时的严刑罪名，也建构在即时的法理基础上②。由此可见，这一观点为我们了解南宋初期诸多政治诏狱提供了法制理论基础。

较之南宋初期诏狱的研究成果来说，此前的学术成果中，与诏狱事件相关的政治史、文化史、经济史研究早已汗牛充栋。基于本书的论题，以下仅对与诏狱事件直接相关的研究成果做简要回顾。

关于权力中枢及制度更革的研究。梅原郁③、朱瑞熙④、诸葛忆兵⑤、虞云国⑥、何忠礼⑦及寺地遵较为系统地对南宋初期的权力中枢做了研究，尤其是寺地遵的《南宋初期政治史研究》，更为详尽地对处于权力中枢的宰相及其推行的政策做了考述，从政策的推行演变透视政治行为及政治运作的变动情况，从而展现出南宋初期政治制度的连续性、动态性及演变轨迹。此外，在研究过程中，寺地遵还对收兵权、军事建制、宋金和议及经济制度等方面做了细致入微的探讨，以下回顾中将不再一一赘述。除了以上学者的系统研究之外，还有学者通过不同角度或在不同方面，对南宋初期的权力中枢情况进行探讨。刘子健认为，南宋的君主对言官常用拖延敷衍、"调护""抑言奖身"等手段进行管理，以达到对中枢机构的有效控制。而对言官说话的控制，则始于高宗时期。对于这种言论的控制，官僚们一般是推诿责任⑧。谈到权力中枢就不可回避宰相与皇帝的关系，关于这个论题前代学者已多有争论，有人认为宋代

① 戴建国：《宋代诏狱制度述论》，《宋代法制初探》，第252～253页。原载《岳飞研究》第四辑，中华书局，1996，第495～496页。
② 董春林：《法律视域下南宋绍兴冤狱的政治取向》，《中南大学学报》（社会科学版）2013年第2期。
③ 梅原郁：《宋代官僚制度研究》，同朋舍，1985。
④ 白钢主编《中国政治制度通史》第六卷，人民出版社，1996。
⑤ 诸葛忆兵：《宋代宰辅制度研究》，中国社会科学出版社，2000。
⑥ 虞云国：《宋代台谏制度研究》，上海社会科学院出版社，2001。
⑦ 何忠礼：《宋代政治史》，浙江大学出版社，2007。
⑧ 刘子健：《南宋君主和言官》，《两宋史研究汇编》，第11～19页。

相权是削弱的①，也有人认为相权是强化的②，还有人认为皇权、相权是俱强的③。或许正因摆脱这种论争炽热化的困惑，对主导权力中枢的官僚群体的研究也方兴未艾。梁伟基以南宋初期权力中枢人物吕颐浩为线索，展开对他执政下官僚群体的研究，从而指出他所主导的官僚群体特质除了是他个人的选择之外，也是继承政权的一贯政策④。沈松勤则从相党之盛着手，指出高宗在位 36 年间，相党林立，尤其是秦桧相党的出现，导致了相权膨胀，皇权式微⑤。从以上研究成果来看，权力中枢结构及相互关系，曾一度成为研究的热点。与此关注方向不同的是，张复华对宋高宗朝制度更革做了深入浅出的推论，认为政制的更革除改善财政、提升行政效率、加强政治稳定三项正面影响外，也带来了冗官充斥、宰相专权两项流弊，高宗朝的政制更革在不同的环境里有不同的重心，战争时期重创新以适变，和平时期重复旧以处常⑥。笔者以国是政策迁移为视角，指出宋孝宗以邪正为标准的多元用人政策，与其对金强硬的政治主张既统一又矛盾，这种复杂的政策取向既切合即时的政治局势，也为南宋制定内修以图恢复的长远国策埋下了伏笔⑦。

关于南宋初期收兵权及军事建制的研究。张峻荣认为，高宗即位收编的军队在十万上下，实为后来南方朝廷的根基所在；自金三次南侵之后，武力稍溃；后经平定叛乱，四大将之兵逾十七八万，当为南宋赖以存活之势力⑧。何忠礼以淮西之战为研究契机，全面考察了韩世忠、岳飞、张俊三大帅兵权的解除过程⑨。刘伟文据叶适的观点认为，高宗收兵权无论是从中央集权来说，还是从集中兵力与金军对决来说，都有其

---

① 此处只列举较具代表性的论点，持相权削弱说的主要是钱穆：《论宋代相权》，《宋史研究集》第一辑，"国立"编译馆，1958，第 455～462 页。

② 王瑞来：《论宋代相权》，《历史研究》1985 年第 2 期。

③ 张邦炜：《论宋代的皇权和相权》，《四川师范大学学报》（社会科学版）1994 年第 2 期。

④ 梁伟基：《南宋高宗朝吕颐浩执政下的官僚群体构造特质》，《中国文化研究所学报》2006 年第 46 期。

⑤ 沈松勤：《论南宋相党》，《中国文化研究》2002 年夏之卷。

⑥ 张复华：《宋高宗朝政制更革之研究》，《"国立"政治大学学报》1996 年第 72 期下。

⑦ 董春林：《和战分途：南宋初年的政治转向——以孝宗朝政策迁移为线索》，《中南大学学报》（社会科学版）2014 年第 4 期。

⑧ 张峻荣：《南宋高宗偏安江左原因之探讨》，文史出版社，1986，第 65～85 页。

⑨ 何忠礼、徐吉军：《南宋史稿》，第 118～122 页。

合理的积极作用，防止地方藩镇的出现，从制度上维护了国家的稳定，也是南宋王朝得以延续的必要保证①。孔繁敏则对南宋初年已经瓦解的三衙禁军的建置情况考述，指出高宗在南渡过程中，为加强宿卫兵的力量，并用以牵制诸将兵，将部分西北将领统辖的勤王兵并入三衙，建立了宿卫京师的三衙诸军，这支军队在高宗统治后期，已发展成为南宋各军中比较精锐的一支②。姜青青认为，南宋初期诸将帅在军事上不愿合作、不能合作、不甚合作或合作不力，这是政治原因之外造成宋金双方攻守态势上南宋始终处于被动防守境地的又一根本因素③。黄宽重认为镇抚使一职在高宗朝是为抵御金军而被迫设置，从短期效用来看，它起到一些积极作用，但于伸张王权、"攘外必先安内"的政策来说，也有危机之弊，所以说南宋在内外交迫之下曾频繁废立④。梁天锡认为，建炎年间高宗所置的御营司权力过重，且使、副多置亲兵，不避嫌疑，将领尤跋扈，其后历统制苗、刘之患，及吕颐浩之专恣，赵鼎检举故事，以正枢密院权责，始废之⑤。寺地遵认为，南宋透过绍兴和议与收兵权，确立了偏安江左半壁江山的格局⑥。另一位日本学者山内正博也强调总领所设置的政治意义，并且认为设立总领所、树立南宋百年大计者，即是秦桧⑦。除了山内正博结论可能夸大其词之外，以上诸学者论点基本上较为一致地指出收兵权符合时代背景。不过，这种认识并不为国内有些学者所认同。王曾瑜对南宋初期的军政建制演变做了简要的但全面的考述，认为南宋初期高宗收兵权并无益于世，非但没有使军事势力增长，还导致南宋正规军兵力和素质大为消减⑧。吴涓认为，在南宋

①　刘伟文：《试论南宋高宗的军政建制及其影响》，《宋史研究集刊》，浙江古籍出版社，1986，第192～215页。
②　孔繁敏：《南宋的三衙诸军》，《北京联合大学学报》1988年第1期。
③　姜青青：《南宋初年诸将帅军事合作初探》，《岳飞研究》第四辑，中华书局，1996，第410～415页。
④　黄宽重：《南宋对地方武力的利用与控制：以镇抚使为例》，《宋史研究集》第二十六辑，"国立"编译馆，1997，第235～292页。
⑤　梁天锡：《南宋建炎御营司制度》，《宋史研究集》第二十九辑，"国立"编译馆，1999，第391～406页。
⑥　寺地遵：《南宋初期政治史研究》，第275～283页。
⑦　山内正博：《南宋总领所设置に关する一考察》，《史学杂志》1955年64卷12号，第81～83页。
⑧　王曾瑜：《宋代兵制初探》，中华书局，1983，第127～180页。

初期内外交迫的窘境下，为了生存与发展，南宋朝廷修正了一些政策，却造成外重内轻，引发了"第二次杯酒释兵权"，恢复到了北宋"重文轻武"的旧轨，使得内防过密、外防几等于无，终亡于外寇，这是宋室矫枉过正之弊①。雷家圣也指出，南宋的总领虽为管理财赋之官，但在"绍兴十二年体制"下的秦桧当政时期，总领似乎是秦桧排除异己的重要执行者；宋高宗与秦桧的"绍兴十二年体制"，导致南宋将帅之才后继乏人，战斗力因此大为削弱，故海陵王南侵时，宋人招架乏力②。至于军事建置中的制置使和宣抚使，在绍兴五年之后，已于四川、京湖和江淮地区形成较稳定的辖区范围，并成为辖区内最高军事民政长官。余蔚认为，通过剥夺监司和总领的权力，其在民事和财政上的职权于绍兴五年之后一直呈现逐渐扩张之趋势。制置使和宣抚使是宋政权加强军事防御的产物，但它们增加了地方行政层级，导致中央集权的力度减弱③。

关于军用物资及经济状况的研究。史继刚认为，宋代军用物资供应的滞后与不足，给边防政策带来极大不利，这种状况在南宋初期表现得越发明显④。由此，从南宋初期的政治局势来看，军事制度和为战争提供保障的财政制度首当其冲。基于这种时代状况，高聪明指出南宋财政特征："财政收入向中央集中，地方财政则独立性强，中央与地方的财政矛盾尖锐化。"⑤战争带来的经济拮据、军费急需状况，也导致计臣们转向了无本之利——度牒。度牒本是僧道的一种合法身份凭证，不过在国家急需物资之时也会变卖空头度牒。此前的学者都已注意到度牒与军费物资的关系，度牒将导致赋税减少，长久之后，弊大于利；度牒只是解决一时的财政所需，并非合理的生财之道⑥。同样为积聚钱财以解决高额的军费开支，南宋政府对盐业的管理制度也在频繁更革。

① 吴涓：《南宋初期文武关系之消长（西元 1127～1189 年）》，《嘉南学报》2005 年第 31 卷，第 647～664 页。

② 雷家圣：《南宋高宗收兵权与总领所的设置》，《逢甲人文社会学报》2008 年第 16 期。

③ 余蔚：《论南宋宣抚使和制置使制度》，《中华文史论丛》2007 年第 1 期。

④ 史继刚：《宋代军用物资保障研究》，西南财经大学出版社，2000。

⑤ 高聪明：《论南宋财政岁入及其与北宋岁入之差异》，《河北学刊》1996 年第 1 期。

⑥ 林天蔚：《宋代出售度牒之研究》，《宋史研究集》第四辑，"国立"编译馆，1969，第 334 页；傅庠：《南宋前期的财政亏空与度牒出卖述补》，《齐鲁学刊》1988 年第 3 期。

就广南东路而言，钞盐法肇端于南宋建炎四年，到绍兴二年，广西也开始实行钞盐法，绍兴八年以后两广钞盐额进一步扩大①。和盐利一样，茶叶的销售同样关系到国家财政收入。南宋初期的茶引政策，基本承袭了政和茶引政策，为了积累大量的军需物资，南宋政府在对茶引的发卖、定额、印造及分类进行严格规定的基础上，对茶租、茶税和其他杂税进行了统一的管理②。南宋初期川陕战区由于驻军数量大，虚籍充数，冒领军费严重，军队额外支出较多。为解决庞大的军费需求，南宋通过多种渠道筹集军费，主要有增印钱引与发行货币、截留上供钱、中央赐予度牒与告身、酒盐茶税收入等③。而驻扎长江中游地区的岳家军的军费供给没落后，除了依靠掌握当地财政的湖广总管府的微薄供给之外，还要借助商业活动获得依存④。总的来说，南宋初期为了上供及高额军费开支，政府制定了诸多财政制度。高宗前期，以设立经制钱、总制钱、月桩钱等增赋的方式解决财政之需；绍兴和议之后，高宗重新完善上供制度，设立总领所理财体系，改革财政预算制度，重新组合了路分监司的财政权力，从而为整个南宋奠定了财政制度的基础和变迁路径⑤。实际上，自建炎末绍兴初至绍兴末，随着中央财政货币岁收的攀升⑥，即使以"榷货盐钱"为主的财政政策，也无法应对高额军费支出⑦。

关于绍兴和议的研究。有学者通过考察秦桧人际关系及南宋初期党争来探讨宋金和议的政策特征⑧；也有人就宋金和议的原因，将宋金和议的原因简单归结为宋高宗害怕金兵的气势、人民力量的壮大、钦宗的

---

① 林日举：《南宋广南的钞盐法》，《中国社会科学院研究生院学报》2002 年第 6 期。
② 黄纯艳：《论南宋东南茶法》，《厦门大学学报》（哲学社会科学版）2001 年第 3 期。
③ 何玉红：《南宋川陕战区军费的消耗与筹集》，《中国社会经济史研究》2009 年第 1 期。
④ 金子泰晴：《荆湖地方における岳飞の军费调达——南宋湖広总领所前史》，《宋代の规范と习俗》，汲古书院，1995，第 155～192 页。
⑤ 刘云：《南宋高宗时期的财政制度变迁》，《中国社会经济史研究》2008 年第 1 期。
⑥ 据郭正忠《南宋各时期岁入（钱数）状况统计表》，建炎末绍兴初中央财政总收入大致在 3000 万缗左右，而绍兴末则为 8000 万缗左右。参见郭正忠《南宋中央财政货币岁收考辨》，《宋辽金史论丛》第一辑，中华书局，1985，第 191 页。
⑦ 汤文博、葛金芳：《"榷货盐钱以赡军费"——南宋初期（1127～1141）江淮地区驻军军费考》，《盐业史研究》2014 年第 1 期。
⑧ 衣川强：《秦桧の讲和政策をめぐって》，《东方学报》1973 年第 45 卷。

回归和武将地位的上升①；还有人更为直接地指出，宋金和议的促成缘于高宗本人为确保皇位而不图恢复②。不过，也有人从纵深角度探讨议和原因的，比如有学者认为，以军事之弱、外交之利、经济之弊为原因而谈和议的合理一面，实为荒谬之极，绍兴十一年之际，无论是从军事、经济上说，还是从外交状况及金国局势来看，都是宋占优势③。除了这些对和议持否定意见的论据之外，亦有不少学者从经济、军事等方面试图论证和议的必然趋势。何忠礼先生的观点是其中代表之一，任崇岳与曹家齐又对宋金和议的军事、经济条件做了推延④。因为民族情感的影响，能够真正认识南宋初期的军事情况或宋将武功，实非易事，但经济问题是难脱其咎的事实。南宋初期一直存在的财政危机，可能是导致宋廷坚决议和的原因⑤。然而，这种论调又常常被南宋初期的财政获利所掩盖。如何更为合理地看待宋金和议的缘由，给研究者创设了发散思维论证的课题。对和议肇事者心态及宋金双方大背景的研究，可谓是全新的尝试⑥。不过，这种政治人物心理研究，有时候也会夸大人物对事件的主导作用，宋高宗为谋取皇位合法性⑦或惧怕金人⑧而主张宋金和议的

① 邱少平：《宋高宗对金屈辱求和动机探析》，《益阳师专学报》1991 年第 1 期。

② 任中书：《试论南宋初年高宗对金退避妥协的原因》，《河南大学学报》（社会科学版）2001 年第 2 期。

③ 朱偰：《宋金议和之新分析》，《宋史研究集》第十二辑，"国立"编译馆，1980，第 147～165 页。

④ 任崇岳的观点可参见他的两篇论文：《南宋初年政局与绍兴和议——绍兴和议研究之一》（《中州学刊》1990 年第 1 期）及《南宋初年的经济与政治形势——绍兴和议研究之二》（《郑州大学学报》（哲学社会科学版）1993 年第 1 期）。曹家齐的论点，则主要是针对绍兴十年前后南宋有机会和力量打败金国观点的驳正，认为无论从当时宋、金战争前线战局，还是从双方整体军事力量和经济实力上看，南宋都不具备战胜金国的绝对优势，绍兴十年前后南宋取得的一些战役胜利只是局部胜利。参见曹家齐《从宋、金国力对比看绍兴和议的签订》，《徐州师范大学学报》（哲学社会科学版）1997 年第 3 期。

⑤ 汪圣铎：《宋金绍兴和议前南宋财政面临的严峻形势》，《岳飞研究》第四辑，第 323～336 页。

⑥ 迟景德：《宋高宗与金讲和始末》，《宋史研究集》第十七辑，"国立"编译馆，1988，第 255～298 页。

⑦ 张星久：《阴影下的宋高宗——论宋高宗皇位合法性的危机与其对金政策的关系》，《岳飞研究》第四辑，第 221～234 页。

⑧ 李克武：《败求和，胜亦求和——宋高宗屈膝求和心理分析》，《华中师范大学学报》（哲学社会科学版）1992 年第 1 期。

观点便由此而生。正因为对政治人物个体研究的局限性，有学者试图还原历史场景来分析和议形成的原因。一方面，认为南宋初期主和、主战、主守三派对领土规模的不同诉求，反映了其原则与策略的不同，两者不能混为一谈①；另一方面，认为主和派的规模远非主战派能比，由此看和议是大势所趋②。如果说和议原因一直关系到非逻辑操作行为而多被关注的话，在承认和议必然性的同时，延伸对和议后政治恶化问题的研究，则又从反面揭示了和议动机的真实一面③。绍兴和议缔结之后，赵鼎、李光等人及与其交往者相继被投冤狱，与反和议关系不大，多半由于他们的政治地位及社会关系影响到绍兴和议之后的政局稳定④。至于秦桧死后宋高宗政权导演的"绍兴更化"运动，表面是针对秦桧专政时期制造大量冤狱的拨乱反正，实质上却是重整此前的官僚体系⑤。

关于南宋初期政治文化的研究。平田茂树认为，诏狱是遵照皇帝诏敕而设的临时法庭，诏狱被利用为政争的工具盛行于新法党人执政时期，南宋初秦桧专权时达到顶点；它作为限制朋党某些过分行为的一种措施而发挥作用时，最终反映出握有决定权的皇帝的意志⑥。漆侠则从文化角度阐释政治现象，认为宋高宗借助二程道学从政治、学术上打击王安石，诸如杨时、胡安国等道学家的上升正是迎合了宋高宗的政治需要⑦。高纪春认为，南宋初期，宋高宗从"尊洛学而黜王学"到绍兴八年宋金和议时期放弃程氏洛学，只因为尊崇程氏洛学的赵鼎集团成为宋金和议的障碍⑧。两宋之交是宋代学术思想由王安石新学时代转向程系洛学时代的关键时期。处于这一时期的秦桧，与王、程之学都曾有过复杂而微

---

① 黄山松：《南宋的和战之论与"规模"说》，《浙江学刊》1996年第4期。

② 陈志刚：《宋廷士大夫与绍兴八年和议——兼论南宋初年宋金和议的必然性》，《淮北煤炭师范学院学报》（哲学社会科学版）2005年第2期。

③ 何忠礼：《"绍兴和议"签订以后的南宋政治》，《杭州大学学报》1997年第3期。

④ 董春林：《错位的因果：绍兴冤狱与绍兴和议的历史际遇》，《广西社会科学》2012年第9期。

⑤ 董春林：《"绍兴更化"与南宋初期的政治转向》，《求索》2012年第1期。

⑥ 平田茂树：《宋代朋党形成的契机について》，《宋代社会のネットワーク》，汲古书院1998，第3～46页。

⑦ 漆侠：《宋学的发展和演变》，《文史哲》1995年第1期。

⑧ 高纪春：《赵鼎集团的瓦解与洛学之禁》，《中国史研究》1997年第3期。

妙的关系，但是长期以来，前代学者论点不一，或以为秦桧是尊王抑程派①，或以为秦桧是尊程抑王派②。关于这些观点，高纪春认为，建炎、绍兴之际秦桧与洛学的关系，大体是以绍兴八年的宋金和议为界，经历了先亲后疏、先友后仇两个截然不同的时期，这是由秦桧个人政治利益所决定的，也从侧面反映了宋高宗的政治取舍③。当然，通过政治现象可以解读文化形态的演变，甚至可以揭示文化发展的政治本体意义；反过来，文化的传承与演变，同样可以透视政治的本质特征。刘玲娣对胡安国的研究，虽然还不够深入，但也触动了两宋之交文化迁移对政治的影响一面④。还有学者立足于在政治文化视野下，对南宋"祖宗家法"传承情况进行推究，认为高宗君臣对于"祖宗家法"一向奉行不辍，实际上，其中具有积极意义的内容已经日益消磨，"祖宗"流传下的规矩仍在，宋廷对其特定条件下的合理精神却缺乏觉悟，更谈不上突破与发展，尽管言说中对于"祖宗成宪"时时称善，现实中却以虚应故事而我行我素者为多⑤。笔者认为，南宋初年，道学的发展更多地体现在政治关照之上，学术层面的成就与其政治意义不能同日而语⑥。就南宋初期政治文化现象而言，如何建构一种士大夫思想与政治间的交互关系，将有助于深入了解这一时期政治变奏的本质，刘子健教授在《两宋史研究汇编》一书中，提出诸如背海立国、包容政治等有意义的论点，堪称南宋初期政治文化现象研究的典范。

至此，对于此前的相关研究成果，笔者粗略地作了回顾，其中不乏对南宋初期政治及法制状况颇有建树的见解，同时也存在诸多的不足。正如前文笔者谈到的当前政治史研究误区一样，许多学者并未摆脱历史演绎而生成的桎梏，总是沉溺在近现代社会政治文化为我们塑造的困境

① 近藤一成：《王安石的科举改革》，《日本中青年学者论中国史》，上海古籍出版社，1995，第136~166页；李家骥：《南宋和战与党争商榷》，《华东师范大学学报》（哲学社会科学版）1981年第1期。
② 陈振：《略论南宋时期"宋学"的新学、理学、蜀学派》，《庆祝邓广铭教授九十华诞论文集》，河北教育出版社，1997，第460~468页。
③ 高纪春：《秦桧与洛学》，《中国史研究》2002年第1期。
④ 刘玲娣：《胡安国政治思想及其实践略论》，《史学月刊》2002年第6期。
⑤ 邓小南：《谈高宗朝"宪祖宗之旧"》，《岳飞研究》第五辑，中华书局，2004，第231页。
⑥ 董春林：《双向互动：南宋初年道学与政治文化之融通》，《求索》2011年第3期。

之中不能自拔，总是喜欢走向问题的边缘，而不能客观地审视这段历史。在英雄与奸臣之间，我们总是徘徊不定；"卖国"或"投降"的论调，模糊了我们的视线。言辞中我们是在谈政治，谈制度的更革，谈政治人物的是非善恶，实际上却离政治本体越来越远。尽管笔者依照本书的选题方向展开了新的研究思路，但此前学者们的不同论点仍是本书建构新理论的依据，仍然需要我们对这些研究成果进行总结和梳理。

总的来说，有关南宋初期的诏狱研究尚且薄弱，虽已有学者尝试通过法制理论探讨诏狱事件的本原，但政治视阈下对诏狱事件中人物的评说仍然是这些成果的主流。而诏狱的整体研究有可喜的收获，亦有关照面的不足：要么从文学角度简单归结出文字狱的时代特征，要么仅就诏狱形式或涉案原因简单探讨。如何从法律、政治、文化角度深入剖析这一现象，将是南宋史研究的一大颇具意义的课题。

纵观南宋初期政治史研究的主要成果，对于权力中枢的研究正待从皇权与相权孰强孰弱的争论转向对官僚群体特质的关照，而历史客观环境下制度更革的研究，则有助于我们将研究视角转移到对客观历史背景的关注上。不难发现，有关收兵权及军事事件的研究，曾一时成为研究的热点，可喜的是有些学者已不再以传统的王朝观去分析收兵权合理的一面，而认为收兵权不利于抗金；同时，另外有些学者通过审视南宋初期社会状况客观认识收兵权，认为收兵权是时世所需。不过，这些研究结论也告诉我们，南宋初期收兵权一事的利与弊，尚不能盖棺论定，结论不同完全在于我们认知的视角不同，这种研究状况恰恰给我们提供了研究路径创新的可能。

对于南宋初期军用物资及相关经济制度的研究，则多为宋金和议研究的前序。学者们从经济政策及经济背景两个方面，深入揭示南宋初期经济萧条的一面，战争造成社会环境动荡不安，生产遭到严重破坏而影响经济收入，从而影响到高额军费的供需。频繁颁布的茶法、盐税政策，以及月桩钱、经制钱、总制钱的征收，都说明南宋初期对社会稳定的诉求。

经济问题是否可以作为宋金和议合理的筹码，曾一度成为这一时期政治史研究的又一个热点。当然，对双方军事实力不同估计，也成为宋金和议是否合理的争论焦点。从当前学者的研究情况来看，宋金和议问题似乎成为感性与理性历史观的分水岭，孰对孰错，莫衷一是。从近代以来中国经历的三种不同社会制度来看，岳飞研究史的轨迹也似乎经历了三次波折。如何正视历史，或理性看待南宋初期的政治状况，不仅是对历史事件中人事责任的反复追究，而是重在从政治文化角度予以考察。令人欣慰的是，此前已经有学者涉足这方面的研究，无论从思想文化的社会观来看，还是社会行为的动因来说，政治文化的研究都十分重要。本书以诏狱事件为契机，在深入探讨南宋初期政治问题的过程中，会将这段时期里政治文化研究向纵深推延。

三　研究目的、问题及思路

依照本书选题思路，南宋初期诏狱问题将是研究的重点、通过对诏狱事件的全面考察，揭示南宋初期政治利益角逐的过程，进而透视出社会环境变动中，以宋高宗为首的专制政权，为获取相对的政治利益而付出非对等的政治成本，从而使我们清晰地认识到，在专制政权下，诏狱既是政客谋求政治利益的便捷路径，又是非对等政治交换中的一个绝佳手段。

基于以上研究目的，本书将对与诏狱事件相关的南宋初期法制状况进行初步考述，继而对诏狱事件形成的政治文化内涵进行探讨，然后，在对诏狱的政治理性深入分析的基础上，导向对南宋初期政治走向的探讨。接下来，分别从四个方面的具体研究取向进行论述，希望通过这样的表述，能够使读者对本书的主旨有一个清晰的认识。

其一，南宋初期的诏狱盛行，是否与南宋初期的法制建设相一致或相背离？这是我们探讨这一时期诏狱事件时必须搞清楚的首要问题。长久以来，前代学者在研究南宋初期政治事件及诏狱问题时，多是站在场景之外审视问题的根源，似乎非逻辑性的诏狱行为只是涉案人员的个人问题，直到今天我们看待一些不公正的社会案件时，仍是把责任推到法官或涉案人员身上。很显然，这样的视角并不理性，得出的结论也值得检讨。南宋初期的法制建设与诏狱事件的因果承接，关系到这些诏狱事件本身的政治内涵，对此的研究将为我们探讨南宋初期诏狱与政治的关系打开思路。

其二，两宋之交政治文化的转型，是否与南宋初期个体诏狱事件具有内在联系，如何理解南宋初期个体诏狱事件的政治取向？这将关系到南宋王朝偏安江左的社会背景下的政治取舍。绍兴八年之前较为重要的诏狱事件大致有四起，一为张邦昌狱案，一为宋齐愈狱案，一为洪刍等八人狱案，一为曲端狱案。这几起个体诏狱事件，时间上递次发生，与宋廷南渡后政权重建及道学的延续发展不谋而合。究竟南宋初期的政治文化如何呈现，又是如何投影到士大夫的价值观上，进而影响了诏狱事件的进程？这将是本书需要解决的第二个问题。

其三，南宋初期制造的群体诏狱事件，是执政者获取短暂的、稳定的社会环境所采取的手段，还是政权主体苟延残喘、无耻卖国的结果？本书并不对这个问题做正面回答，而是对诏狱事件审讯过程中的法制特征及政治运作进行交叉探讨，描绘出诏狱事件与政治运作推进过程相互一致的脉络，进而推究专制帝国时代非对等政治交换过程中，执政者为获取最大化政治利益所勾勒的道德投资与补偿的大致路线。

其四，如何解释南宋初期诏狱研究的历史意义？这将是本书研究的创新之路，也是本书期待的研究成果之升华。本书并不以南宋初期诏狱事件的结束为研究终点，而是将诏狱事件放在国家政治重建的时代大环境下，借助诏狱事件检视非逻辑性政治行为与规范性政治行为之间的过渡，以及非对等政治交换的来龙去脉。这样的研究可能超出了事件史研究的例外性特征，但这样的思路将有利于解释政治运作中并不例外的一面，那就是政治运作中充盈着利益之冲突，这种冲突虽然关系到政治人物对个人利益的取舍，但是是谋求群体利益的必经之路。

四　研究方法

正如前文所提到的，当前中国政治史研究状况存在一些问题。日本宋史学者平田茂树也曾指出当前宋代政治史研究存在的几个问题[①]：①研究方法、观点的偏颇；②研究领域的褊狭；③利用史料的局限性。这里且不说研究领域及史料问题，单就研究方法、观点的偏颇就非常值得我们深思。其实，历史学研究要求与社会科学之间展开对话，并非仅

---

① 平田茂树：《宋代政治史研究的新可能性——以政治空间和交流为线索》，《宋代社会的空间与交流》，河南大学出版社，2008，第16页。

是今天学术研究的要求，只不过长久以来我们经历了一段价值判断的更革过程。不管怎么说，在本书的研究过程中，笔者将借助一些微观政治学的手段，通过对诏狱事件的动因、演变过程及其与政治运作的互动的研究，以期揭示南宋初期政治事件的真实一幕，从而推演出君主专制制度下政治运作的潜规则。

　　具体来说，本书在对两宋政治文化变迁的探讨中，主要从文化与社会行动的关系着手，对南宋初期复杂的社会背景下的政治文化进行深描，以此粗绘出南宋初期政治与文化相互融通的社会图景。另外，对建炎、绍兴年间诸如"祖宗家法""绍兴更化"等政治概念的文化阐释[①]，也同样需要文化学理论的介入。在对诏狱事件追述的过程中，本书不仅仅停留在对诏狱特征及个体事件的探寻上，而是着眼于诏狱时代性及其动态演变过程，从而将与之相关的政治运作过程作为考察对象，这样的研究思路将诉求于当前政治史研究中流行的政治过程理论，而这一理论指导也是本书研究的一大特色。除了政治学及文化学理论方法之外，本书在论证南宋初期当权者政治利益的角逐中，将深入探讨国家利益与个人利益的关系及社会背景下经济利益与政治利益的双向诉求，还将不失时机地回应社会效用理论[②]，从而将政治史研究融通于社会史研究中，进一步推演出与社会交换理论异曲同工的政治交换理论。当然，历史学研究的首要目标仍是还原一段真实的历史，至于推导出立得住脚的政治学理论，是笔者学术求索的一个期盼。

---

① 黄宽重在谈新政治史研究中，也曾提到政治概念的文化阐释，他认为大致可分作两方面：其一是宋人对特定时段的历史诠释，其二是皇权或统治者如何利用政治操作，塑造政权形象，或为统治的正当性辩护。参见黄宽重《从"活的制度史"到"新政治史"——宋代政治史研究的趋向》。

② 塔尔科特·帕森斯结合威尔弗莱多·帕雷托的经济学理论，推论出社会学中的最适享用度（Ophelimity），这要求在谨慎规定的条件下，各个个人行动体系的整合，形成一个单一的共同终极目的体系，从而实现社会集体的最大利益。参见塔尔科特·帕森斯《社会行动的结构》，译林出版社，2003，第268~279页。

第一章　南宋初期的法制环境及诏狱实况

言及南宋，稍知历史者都会认为，失地乞和，权相专政，官僚腐化，内外交困，终于亡国于外患。若提到南宋初期，那就更让人无所适从，靖康之耻还未雪，宋高宗、秦桧又"卖国求荣"，与金人签订了屈辱的"绍兴和议"，并残害了岳飞等大批忠良士大夫，制造了一桩桩诏狱冤案。宋高宗、秦桧都为世人所不齿，而诸如岳飞、曲端、赵鼎等身陷诏狱的士大夫则成为祭奠崇拜的对象，历史的二元人物观，一代代沿传下来，教化人们学会嫉恶扬善。法制与道德历来是政治的双刃剑，法制承担着对社会底线的纠错任务，道德是构建政治文明的中流砥柱，而时代性诏狱事件恰恰是我们分析社会法制与伦理道德关系、揭示政治规则形成的关键。南宋初期宋高宗政权初建，战乱频繁，政局急需稳定，政制急需重建，"召和气，收人心"，成为南宋政府的实务。然而，南宋初期的诏狱事件，恰恰萌发于这样的政治环境之中。在本章中，笔者希望通过对南宋初期法制环境及诏狱实况的考述，初步勾勒出南宋初期政治发展的大致方向。

第一节　政治视阈下的法制建设

在弄清南宋初期诏狱状况之前，我们有必要对这一时期法制建设的实际情况进行初步的了解。南宋初期，宋高宗政权初建，法制经徽宗朝荒政及靖康之难后也急需重建；为了稳定政局及恢复社会生产，宋高宗法制理念里的"好生之德"，也在一定程度上影响着南宋初期的法制建设。

一　南渡后的法制重建

宋高宗南渡建立偏安东南的政权，政权的稳定主要诉诸积蓄军事力量及重整法律秩序。在百废待兴的立国之初，宋高宗政权急需恢复生产，稳定政权，较之积蓄军事力量来说，法制重建的意义更为重大。然而，由于金人南侵及社会动荡不定，北宋政府的法制文件大多散失，社会规约几近虚无，阶级矛盾尖锐。基于这样的法制环境，宋高宗政权重建法律秩序的主要工作是延续北宋立法模式，法律精神上适时增立"民事被罪之法"及"广开越诉之门"，审判制度方面完善审讯程序。

南宋立国之初的立法工作主要是整合吏人省记及在北宋敕令的基础上新编敕令。建炎四年八月一日，有臣僚曾上言说："自渡江以来，官司文籍散落，无从稽考。乃有司省记之说，凡所与夺，尽出胥吏，其间未免以私意增损，舞文出入。望下省部诸司，各令合干人吏将所省记条例攒类成册，奏闻施行。内吏部铨注条例乞颁下越州雕印出卖。"① 这个立足南渡后实际情况的建议很快得到宋高宗政权的支持，但立法显然不能完全依靠吏人省记之说，还是要尽快制定出新的适时的敕令条文。宋高宗政权十分重视编敕工作，编敕的基础究竟是参照《嘉祐敕》还是《元丰令》，抑或是政和海行法，最初并无定论，以至于法令变更频繁，"前弊略不能革，数易之后，尚乏成书，参考删修，徒为虚设"②。考虑到《嘉祐敕》与现行法令参照施行难免冲突，绍兴元年五月，宋高宗敕书："应仁宗法度理合举行，可自今并遵用嘉祐条法，将《嘉祐敕》与《政和敕》对修。本所今将《政和敕》并《嘉祐敕》先次参修，书成，乞先次进呈，镂版施行。"③ 绍兴元年，"书成，号《绍兴敕令格式》"④。绍兴三年四月敕令所上言说："奉诏将嘉祐与政和条制对修成书，本所节次往邻近州军抄录续降等文字，未到。窃虑坐费岁月，难以成书。除已降嘉祐、政和条法参照先次删修外，缘其间有情犯重而刑名轻，或立功轻而推赏重者，乞从本所随事损益，参酌拟修。"⑤ 宋高宗一朝的编敕数量

① 徐松辑《宋会要辑稿》（以下简称《宋会要》）刑法一之三四，刘琳、刁忠民、舒大刚等校，上海古籍出版社，2014，第8247页。
② 《宋会要》刑法一之三三，第8246页。
③ 《宋会要》刑法一之三五，第8248页。
④ 脱脱：《宋史》卷一九九《刑法一》，第4965页。
⑤ 《宋会要》刑法一之三四，第8247页。

巨大，有学者曾统计，认为南宋编敕的数量不及北宋；但从总体上看，其规模并不小于北宋，仅绍兴年间，各类编敕达3768卷之多①。并且南宋初年所编敕令也确实作为通行法令条文被实行过，朱熹曾说："今世断狱，只是敕，敕中无，方用律。"②

南宋初期法制重建的另一个主要内容是许民越诉及民事被罪。北宋初期基本延续了唐代禁止民众越诉的法律传统，北宋末年至南宋初期，政治局势动荡不安，官吏违法渎职事件层出不穷。宋高宗政权一度设立"民事被罪法"，对官吏违法事件进行规约；与此同时，民众诉讼权进一步扩大，民众被允许越诉。凡州郡以"献助为名而下科率之令"③"以助州钱为名而科取属邑"④"官员犯入已赃，许人越诉"⑤。建炎三年十一月三日，宋高宗下诏："访闻州县近因军兴，并缘为奸，非理科率，如修城科买砖石，采斫材木，及沿江州郡科造木筏，致费四五十千，大困民力。并令日下住罢，如依旧科率，许人户越诉，及探访得知，其当职官并窜岭表。"⑥绍兴元年三月十七日，宋高宗又下诏："诸州军依已降指挥，免行钱并罢，见系行人户更不作行户供应。见任官买卖并依市价，违者计赃，以自盗论，许人户越诉。"⑦同年十一月十三日，在琼州知府虞开的奏请时再次下诏："官员犯入已赃，许人越诉，其监司、守倅不即究治，并行黜责。"⑧至少在南宋初期，民众越诉权的扩大主要体现在官民对立上，这与官吏民事被罪同因，民众越诉主要是针对官员行政职能内外的违法行为。具体分析可见，民众越诉的主要内容是官吏侵夺公共财产或民众私利，这与南宋初期兵火战乱导致民不聊生相关，南宋政府也正是基于这种社会状况才期许通过民众越诉来稳定政权。譬如，绍兴三年宋高宗下诏："人户因兵火逃亡，抛弃田产……十年内亦听理认归业。

---

① 郭东旭：《宋代法制研究》，河北大学出版社，2000，第29页。
② 黎靖德：《朱子语类》卷一二八，中华书局，1986，第3080页。
③ 《宋会要》刑法二之一五六，第8384页。
④ 《宋会要》刑法二之一二九，第8357页。
⑤ 李心传撰《建炎以来系年要录》（以下简称《要录》）卷三七，胡坤校，建炎四年九月甲寅，中华书局，2013，第833页。
⑥ 《宋会要》刑法二之一〇三，第8338页。
⑦ 《宋会要》刑法二之一〇八，第8340页。
⑧ 《宋会要》刑法三之二五，第8405页。

官司占田不还，许越诉。"①

南宋初期，审刑制度有所完善。鞫谳分司及翻异别勘在北宋时期已形成固定的规制，到了南宋立国之后又有了切合实际情况的新内容。一方面是鞫谳制度更为宽泛。绍兴十二年五月六日，宋高宗下诏："帅臣、诸司、州郡自今受理词诉，辄委送所讼官司，许人户越诉，违法官吏并取旨重行黜责。"② 楼钥还记载过四种奏谳情况："大辟，情法相当之人，合申提刑司详覆。依法断遣；其有刑名疑虑、情理可悯、尸不经验、杀人无证，见四者，皆许奏裁。"③ 另一方面是翻异别勘突破北宋审刑规制。南宋人杨万里曾说："国朝之法，狱成而罪人以冤告者，则改命他郡之有司而鞫焉。鞫止于三而同焉，而罪人犹以冤告也，亦不听。"④ 实际上，南宋初期的翻异案件甚至有历经七个月推勘八十八次⑤的情况，推勘限制不过三次的案件多是赃吏翻异案件⑥。南宋初期社会动荡不安，刑部还曾建议："外路狱三经翻异，在千里内者移大理寺。"⑦ 虽然后来因不符合祖宗家法而被废止，但这种制度毕竟实行过。值得注意的是，南宋初期鞫谳、翻异别勘制度的完善，不仅体现在更进一步规避冤案上，还反映了宋高宗政权对官吏犯赃的防范。为了尽可能减少诏狱发生，宋廷规定如若干证及陈诉等人死在狱中，提点刑狱司的检法官应对申报病死的情况认真核查，并报尚书省⑧；若诸路州县及推、判官司一年以上

---

① 《宋会要》食货六九之五二，第 8074 页。
② 《宋会要》刑法三之二六，第 8406 页。
③ 楼钥：《楼钥集》卷二六《缴刑部札子》，浙江古籍出版社，2010，第 477 页。
④ 杨万里：《诚斋集》卷八九《千虑策·刑法上》，四部丛刊初编本。
⑤ 史载，绍兴七年十一月十八日，"广南东路提刑司言：'德庆府根勘封州县令林廷辉在任不法，上下受嘱，故作违慢。本司推勘，计八十八次，经七个月，未见申到结绝。其本府官吏系左朝散大夫、权知军府文彦博，右朝奉郎、权通判陈泳，左从政郎、录事参军兼司户司法吴廷宾。'"见《宋会要》刑法三之七八，第 8435 页。
⑥ 史载，绍兴八年五月二十七日，"福建转运判官范同言：'赃吏翻异，不改前勘，乞并初勘共不得过三次。'上曰：'官吏犯赃，既已断罪，多进状诉雪，何也？比年尤多。'宰臣赵鼎曰：'意在徼幸改正，须更令体究。'执政刘大中曰：'在法虽许雪诉，却合再勘。'上曰：'若再勘委实无罪，元勘官吏固应黜责；若勘得所诉不实，却合别勘妄诉之罪。'宰臣秦桧曰：'当送刑部施行。'"见《宋会要》刑法三之七八，第 8435 页。
⑦ 《宋史》卷二〇一《志·刑法三》，第 5024 页。
⑧ 《宋会要》刑法三之七六，第 8434 页。

不能结案的话，必须把原因依次报到本路提点刑狱司、刑部及御史台。对于官吏犯赃，"曾经录问，别无翻异，已行断遣，如日后陈诉者，欲具元断因依分明告示"①；犯赃罪并不需"三经别推"，也非祖宗旧制里"死罪、流以下移推之法"② 所能宽宥。

此外，我们还需注意的是，南渡之后宋高宗政权重修敕令的同时暂时行用"御笔、手诏"或"指挥"。一般认为，北宋徽宗"引例破法"，宋高宗南渡播迁后"断例散逸"，秦桧以"批状、指挥"取代成法③。实际上，"御笔""手诏""指挥"虽非成法，但在南宋立国之初起到一定的积极作用。一方面，宋高宗政权重修敕令的法令依据即是"御笔、手诏"，这种法令之外的"御笔、手诏"符合已降"指挥"施行，实效性与灵活性较强。建炎二年四月三十日，详定一司敕令所建言："靖康元年九月十三日指挥：御笔手诏令敕令所重行参修。所有御批手诏、或御笔、或手诏、或御笔依奏、御笔依拟定、御宝批、及批依奏详定之类，亦合依元降指挥施行。"④ 另一方面，"累降指挥"及"续降指挥"填补一定时期的法令空白，一时成为敕令内容的来源。"指挥"的行用范围远大于"御笔、手诏"，来源也十分宽泛繁杂。绍兴三年三月十三日，在臣僚的请示下，南宋政府曾将百司已省记条例合为永格续降指挥，颁给各个行政部门⑤。绍兴九年十月，宋高宗曾诏令敕令所："取索内外申明、续降指挥，看详可以永久通行者，编类成法，余并取旨。"⑥ 不过，我们必须一分为二地看待南宋初期对"指挥"等"例"的使用。"御笔""手诏""指挥"在一定程度上解决了南宋立国初期法令匮乏的问题，但无论是"省记"还是"指挥"，种类繁杂，能够永久通行并编类成法者为数不多，这种行用上用例破法的行为可能导致法无所规。秦桧执政后，"指挥"行用更为泛滥，仅绍兴三年至绍兴十九年间吏部就编制"续降指挥约二千七百余件"⑦。

---

① 《宋会要》刑法三之二九，第 8407 页。
② 《宋会要》刑法三之八十，第 8436 页。
③ 薛梅卿、赵晓耕主编《两宋法制通论》，法律出版社，2002，第 335 页。
④ 《宋会要》刑法一之三三，第 8246 页。
⑤ 《宋会要》刑法一之三四，第 8247 页。
⑥ 《宋会要》刑法一之三八，第 8251 页。
⑦ 《宋会要》刑法一之四二，第 8255 页。

由此可见，南宋初期宋高宗政权总体上十分重视法制重建工作，从立法到审刑制度，在延续前朝经验的基础上都有所创新。当然，南宋初期法制建设的得失并不能依靠以上只言片语能够说清楚，法制建设的取向及法制环境的营造还取决于执政者的价值取向。

二　宋高宗的法制理念

谈帝王的法制思想本来就有些不可理解，谈诏狱事件频发境况下宋高宗的法制思想更是让人无所适从。不过，从现有南宋初年法律文献记载来看，那一时期，法制建设非但没有因为社会的动荡而驻足不前，宋高宗本人的法制思想还体现在字里行间。面对诸多刑事案件时，宋高宗曾屡次提到"好生之德"，就字面而言，这一论调显然来源于先秦礼法观念①，似乎并没有创新可言，若从这一论调中归结出宋高宗的法制思想，也着实让人觉得牵强。这使我们不禁质疑：南宋初年的法制发展是否是一悖论？宋高宗本人是否一如历代帝王一样仅口口声声"道之以德，齐之以礼"？基于这些问题，笔者将结合此前相关研究成果②及丰富的文献记载，探究宋高宗的一点法制思想，一方面借此重现南宋初年法制建设情况，另一方面进一步透视南宋初年诏狱事件的本质所在，从而为下面章节的纵深探究掘开路径。

1. 以德驭法——重生王道观之沿传

既然是谈帝王法制思想，就无法回避其与传统儒家王道观念的关系或思想来源。正如前文提到宋高宗的"好生之德"之论，从本质上说，宋高宗并没有抛开儒家王道观念，而是将其向纵深推进。孔子曾指出，为政之要在于"为政以德"，至于如何进行德治，具体做法则是

---

① 《尚书·大禹谟》："与其杀不辜，宁失不经，好生之德，洽于民心。"参见《尚书》，十三经注疏本，中华书局，1980，第135页。

② 此前未见直接关于宋高宗法制思想的研究成果，但与南宋法制建设相关的研究已汗牛充栋，值得提及的主要有：郭东旭《宋代法制研究》，河北大学出版社，1997；薛梅卿、赵晓耕主编《两宋法制通论》，法律出版社，2002；刘馨珺：《明镜高悬——南宋县衙的狱讼》，北京大学出版社，2007；戴建国：《宋代刑法史研究》，上海人民出版社，2008；肖建新：《宋代法制文明研究》第三辑，安徽人民出版社，2008；等等。

"道之以政，齐之以刑，民免而无耻；道之以德，齐之以礼，有耻且格"①。刑与德之别在孔子看来似乎是标与本的差异，德治真正成为王道之核心则源自于孟子。孟子在论及王者之道时谈道，"以力假仁者霸，霸必有大国；以德行仁者王，王不待大，汤以七十里，文王以百里。以力服人者，非心服也，力不赡也；以德服人者，中心悦而诚服也"②。关于王道之道德论点，荀子所谓"以德兼人者王"③，与孔孟似乎并无分歧。德治从理论架构上看，可能有义、利的差异，在荀子的王道观概念里可能义的实现还离不开刑。然而，在王道的终极关怀里，德治成为儒家挥之不去的论题。既然德治为王天下的根本，那么重生论也不可能被抛弃。无论是儒道也好，抑或是法家也罢，重生论都和德治一道被论及。庄子云"重生则利轻"④，将重生与利相对立的德归为一谈；而韩非子所谓"爱子者慈于子，重生者慈于身，贵功者慈于事"⑤，又将重生与礼法等同视之，仍难脱德治理论渊源。总之，传统王道观念里，重生论实为支配帝王治国安邦理论建构的浓重一笔，影响了宋高宗的王道理想，也就无须赘言。至于重生王道观如何沿传到南宋初年，又是如何影响宋高宗的法制思想，则关系到南宋初年的社会现状及宋高宗的现实理论诉求。

表面上看，宋高宗的重生言论似乎都源自"致理之体，先德后刑"⑥。这么一来，重生论似乎只是承袭千载以来先儒们德主刑辅的传统论调。以至于新秀州州学教授唐尧封入对时，"论帝王之德，莫大于生万民，陛下偃兵睦邻，与民休息，好生之德，莫大于此"⑦。唐尧封接下来又指出，"窃虑将帅之臣，封疆之吏，妄生事端，寖亏大信，望赐申饬"。显然高宗好生之德的功用才是这一理论的根本，也就是说，重生的王道观并不仅缘于对法制的认知或民本意识之外现，而是更多地取决于时代客观条件的影响。从众多条史料文献中可以看到，宋高宗

---

① 《论语·为政》，十三经注疏本，中华书局，1980，第2461页。
② 《孟子·公孙丑上》，十三经注疏本，中华书局，1980，第2689页。
③ 《荀子·议兵》，商务印书馆，1929年影印本。
④ 《庄子·让王》，中华书局，1930年影印本。
⑤ 《韩非子·解老》，商务印书馆，1930年影印本。
⑥ 《宋会要》刑法五之三二《亲决狱》，第8521页。
⑦ 《要录》卷一七七，绍兴二十七年七月丁亥，第3392页。

"依祖宗旧制""祖宗成宪不可废"等言辞，都是假托祖宗家法"以虚应故事而我行我素"① 的证据所在吧。当然，我们不能回避宋高宗在面临北宋亡国，而将过失归咎于"变更祖宗法度"②，亦不能忽视南宋建国之初借助祖宗"德泽"召人心的必然举措。然而，通过检索"好生之德"或重生的言论，只有少数的几条标榜"祖宗好生之德"③，而多数仍论"陛下好生之德"，似乎高宗的"好生之德"比祖宗的更实用。实际上，我们常常看到的"祖宗德泽在人"之言论，只是在推行某项制度或政治举措时寻求的一种支持或理论依据，而对于法制而言，这样的重生论轻而易举可以赚得"大信"，也就没有必要归功于祖宗了。

纵观南宋初年诸多法制文献，不难发现宋高宗"好生之德"的言辞并没有食言，许多时候他的重生论都付诸了实践。从南宋建国之初，他便屡次下大赦令，另还下诏："自今杂犯死罪有疑，及情理可悯者，许酌情减降，断讫以闻，俟道路通行日如旧。"④ 另外，诸多臣僚提及的情重法轻的减刑言论也一直得到他的认可，并有效实施、推

---

① 邓小南：《谈高宗朝"宪祖宗之旧"》，《岳飞研究》第五辑，第 231 页。

② 徐梦莘：《三朝北盟会编》（以下简称《会编》）卷一二七引《建炎复辟记》载隆祐太后语，上海古籍出版社，2008，第 923 页。

③ 史载，"宁远军节度使、醴泉观使孟忠厚乞蠲太母所过秋税。范宗尹曰：'顷已免夏税，若复蠲放，虑州郡经费有缺，必致横敛。'上愀然曰：'常赋外科敛，及赃吏害民，最宜留意。祖宗虽崇好生之德，而赃吏死、徒未尝末减。自今官吏犯赃，虽未欲诛戮，若杖脊、流配，不可贷也。'"见《要录》卷三六，建炎四年八月丙戌，第818页。同书载，起居舍人王居正言："臣伏见主殴佃客致死，在嘉祐法，奏听敕裁，取敕原情，初无减等之例。至元丰，始减一等配邻州，而杀人者不复死矣。及绍兴，又减一等，止配本城，并其同居被殴至死，亦用此法。侥幸之涂既开，鬻狱之弊滋甚。由此人命寖轻，富人敢于专杀，死者有知，沉冤何所赴愬。伏望陛下深轸之怀，监古成宪，断自渊衷，俾从旧制，用广祖宗好生之德，成陛下全活之恩。"见《要录》卷七五，绍兴四年夏四月丙午，第1436页。同书载，"权中书舍人潘良贵缴方州杀人奏案不当。上曰：'杀人者死，此古今不易之法，然情有可悯，许具奏，此祖宗好生之德。'"见《要录》卷九五，绍兴五年十一月甲午条，第1823页。同书载，宋高宗赐刘光世、岳飞诏书："国家以叛逆不道，狂狡乱常，遂至行师，本非得已。并用威怀之略，不专诛伐之图，盖念中原之民，皆吾赤子，迫于暴虐之故，来犯王师，自非交锋，何忍轻戮。庶几广列圣好生之德，开皇天悔祸之衷。卿其明体朕怀，深戒将士，务恢远驭，不专尚威。凡有俘擒，悉加存抚，将使戴商之旧，益坚思汉之心。蚤致中兴，是为伟绩毋或贪杀，负朕训言。"见《要录》卷一〇七，绍兴六年十二月己亥条，第2009页。

④ 《要录》卷一〇，建炎元年冬十一月壬辰，第274页。

行①。自然，我们仍可将这些归咎为南宋初年的政治需要，一个情重法轻的法制原则对于维护社会稳定、"感人心，召和气"②，其重要性定然可见一斑。即使回到具体的案例上来看，宋高宗本人对法制问题的认识也可窥见其重生论的实践。建炎四年九月，一名叫苏渊的内侍先是杀死自己一妻二妾，继而自裁，宋高宗疑其二子事先知道此事，穷治其狱，后又"怜其家无主，亟谕大臣释之"③。绍兴八年，临安府审查故知阁门事潘永思、干事人郭寿之滥用钱物罪，郭寿之招认用钱三千缗，其余七人供认各自不下一二千缗，高宗认为此事没有实物证据无从核查，必是郭寿之唆使下人通摊罪责，于是，除郭寿之外，其他七人都被放免④。如果说南宋史臣笔下高宗好生的形象难免有粉饰成分的话，后代修史者的口吻则不那么隐讳。《宋史》则载："高宗性仁柔，其于用法，每从宽厚，罪有过贷，而未尝过杀……大理率以儒臣用法平允者为之。狱官入对，即以惨酷为戒。台臣、士曹有所平反，辄与之转官。"⑤ 据脱脱记载，"当建、绍间，天下盗起，往往攻城屠邑，至兴师以讨之，然得贷亦众。同知枢密院事李回尝奏强盗之数，帝曰：'皆吾赤子也，岂可一一诛之？诛其渠魁三两人足矣。'至待贪吏则极严：应受赃者，不许堂除及亲

---

① 史载："赦天下，举行仁宗法度，录用元祐党籍，即嘉祐法有与元丰不同者，赏格听从重，条约听从宽。"参见《要录》卷二二，建炎三年夏四月乙卯条，第549页。另有史载："（建炎）四年十一月二日，重修敕令所再条具嘉祐法疑碍项目申请，奉诏：'遵依嘉祐成法外，情犯刑名亦有轻重，亦难以并依。令本所随事损益参酌，务要曲尽人情法意。'"见《宋会要》刑法一之三四，第8247页。另见史载，大理少卿元衮言："四方之狱，虽非大辟，情法不相当者，皆得奏请裁决。今奏按来上，大率皆引用'情重法轻'之制，而所谓'情轻法重'者鲜矣。岂人之犯法，而无情轻者乎？欲望申敕，凡遇丽于法，而情实可矜者，俾遵守成宪，请谳以闻。"见《要录》卷六九，绍兴三年冬十月庚寅条，第1348页。同书载，大理寺丞周懋言："绍兴敕：罪人情轻法重者，并奏裁。立法之意，谓法一定而不易，情万变而不同。设法防奸，原情定罪，必欲当其实而已。比年以来，内外官司，类皆情重法轻闻奏，必欲从重，而以情轻奏者，百无一二。岂人人犯罪，无有非意误冒，可轻比者邪？陛下圣德宽仁，惟刑之恤，而有司未能推原美意，其于情法疑谳，轻重不伦。伏望申戒法官，应罪人情轻法重者，并仰遵守敕条闻奏，以从轻典。仍委所属，时加检察。如有违戾，并以故入之罪罪之，庶使无知小民，免致非辜，悉罹重宪，以副陛下好生之德。从之。"见《要录》卷一五三，绍兴十五年五月庚申条，第2898页。

② 《要录》卷八二，绍兴四年十一月庚午，第1562页。

③ 《要录》卷三七，建炎四年九月戊辰条，第841页。

④ 《要录》卷一一九，绍兴八年五月癸丑条，第2228页。

⑤ 《宋史》卷二〇〇《刑法二》，第4991页。

民；犯枉法自盗者，籍其名中书，罪至徒即不叙，至死者，籍其赀。诸文臣寄禄官并带'左'、'右'字，赃罪人则去之。是年，申严真决赃吏法。令三省取具祖宗故事，有以旧法弃市事上者，帝曰：'何至尔耶？但断遣之足矣。贪吏害民，杂用刑威，有不得已，然岂忍置缙绅于死地邪？'"①

此外，针对疑狱翻异别勘的认知及举措，亦可揭示宋高宗重生王道观之特征。绍兴八年，福建转运判官范同言："赃吏翻异，不改前勘，乞并初勘共不得过三次。"宰臣赵鼎、执政刘大中都认为赃吏诉雪，在法须令再勘，高宗虽知犯赃之罪久为重罪，仍做出决定："若再勘委实无罪，元勘官吏固应黜责；若勘得所诉不实，却合别勘妄诉之罪。"② 绍兴十一年，经臣僚建言，"除赃罪自合依前项缴奏外，其余死罪、流以下移推之法，悉依祖宗旧制"③，三经别推，不改前勘者，不再加本罪一等。绍兴十五年，又听取刑部建言，明令录问中有翻异或家属称冤者，交邻路提刑、转运司差官别推，若逐司有翻异或称冤，符合别推之法者，亦交邻路提刑、转运司差官施行④。

即使宋高宗本人推崇重生观念，于帝王法制意识来说，仍难脱传统之覆辙。比如，他所提及的"疾速根勘"⑤ 及狱空理念，无非都是历代帝王治国安邦的仁政表象。宋高宗的重生观念如若仍有个人特色可言的话，可能就是基于南宋初期的社会状况，更多的源自召和气、取信于民的时代诉求，而这样的时代背景下，真正有效地维持社会稳定的不只是重生法制观，严刑也同样可以彰显法制的时代方向。

2. 德不掩恶——严刑的时代方向

直观看来，严刑似乎与重生背离，实则不然，法不严不足以惩恶，

---

① 《宋史》卷二〇〇《刑法二》，第 4991 ~ 4992 页。

② 《宋会要》刑法三之七八《勘狱》，第 8435 页。

③ 《宋会要》刑法三之七九《勘狱》，第 8436 页。

④ 《宋会要》刑法三之八一《勘狱》，第 8436 页。

⑤ 史载，绍兴十三年正月十九日，诏："郴州见勘前知邕州俞儋，令大理寺选差寺丞一员前去，疾速根勘结绝，具案奏闻，的具见勘及回报官司的实违滞去处取旨。其湖南北、广东西路见淹留公事，仰一就取索，催促勘结。余路令刑部、大理寺体仿，措置催促，月具结绝名件及有无淹延申尚书省。"参见《宋会要》刑法五之三七《亲决狱》，第 8523 页。

德不济不足以服众，恩威并施才能王天下。然而，站在法制之外来看时，我们会发现，重生观念更多的是一种德治手段，而严刑倾向的是法治。不过，当我们回首严刑与重生的功用时，似乎又回到了传统王道之上。如何区分严刑与重生，有必要先区分一下王道概念里的道德与法律。范忠信先生曾指出，在中国古代法制里，屈法律而全道德只是针对法内合乎人情的道德而言，至于法外高标准的奢侈道德则不应在法律委屈之列①。也就是说，严刑只是针对高标准的奢侈道德行为的惩罚手段，重生观念惠及的大多则是合乎人情的道德行为。一般来说，所谓高标准的奢侈道德行为，应该有其时代性，不同时代价值观念往往勾勒出不同的道德行为标准。南宋初期也同样有其特殊的时代背景，国是不定的状况下，政治、经济问题都可能投影到法制条款之中，而王道的取舍也恰恰与之并行一致。

宋高宗倡导重生论的同时，维持社会稳定而制定严刑，也是其法理的依归。在宋高宗看来，对于某些危害人民的刑犯实施严刑同样是彰显好生之德。绍兴二十七年，刑部奏百姓张璘等用药杀人，劫取官纲公事。高宗曰："此罪当死，古者用刑，贵情法相当。祖宗以来，好生之德，间有用例贷死刑者，然不可为常。苟当死而不死，无以禁暴戢奸，恐杀人愈多，非爱民之道也。"② 绍兴二十八年六月，枢密院都承旨陈正同奏言："诸路奏谳死囚。例多降配，非是。"高宗则说："刑罚非务刻深，欲当其罪，若专事姑息，废法用例，则人不知畏，非所以禁暴戢奸，卿等可谕刑部官，常令遵守成宪。"③ 由此看来，宋高宗本人的严刑观念多半仍是其重生观念的延续，只不过在面对日益紧迫的社会问题时，他将这一理念具体到了某类案件之上。总的来说，这类案件主要包括：官吏失职罪、犯赃罪、销金罪三个方面。

官吏失职罪直接关系到的是民之安危及法律公正与否，这仍与重生王道观念如出一辙，不过在对罪犯刑罚力度方面，两者相去甚远而已。对官员失职罪的严惩，实关系到重生王道观的有效实践，因为只有官员审刑合法规范化才能减少冤假错案，从而实现仁政理想。宋高

---

① 范忠信：《中国法律传统的基本精神》，山东人民出版社，2001，第154~176页。

② 《要录》卷一七八，绍兴二十七年冬十一月己卯，第3411页。

③ 《要录》卷一七九，绍兴二十八年六月甲辰，第3442页。

宗正是秉承着这一法制观念，实践他的仁政，以至于在他认为仁政楷模的宋仁宗，虽推严刑之制亦不违仁政举措。比如，绍兴三年，驾部员外郎韩膂胄转对时，论及宋仁宗时的法令规定，"凡狱官失入死罪者，终身废之，虽经赦宥，永不收叙"。高宗非但没反对此重刑之制，还盛称宋仁宗，"仁民祥刑如此"①，随之颁布推行。除了官吏可能徇私舞弊造成失入冤案之外，官吏职内是否尽责也被提上了黜责日程。绍兴五年，依照大理寺丞、评断议刑名，高宗明令："每岁于次年正月取会，差失刑名。比较死罪二人，或流徒六人，具名上都省取旨责罚，失出者二名当一名，丞比评事增三分之一（谓死罪三人，流徒八人）。已上执议不同，建白者罪。"② 失出、入罪又有了详尽的规范，并且罪责之间有了换算标准。同年，宋高宗又依照尚书省建言，明令"逐路提刑司及承勘官，自今降指挥到，限十日勘结了当，专差人赍奏案赴行在。如敢依前违慢，当职官重置典宪，人吏决配海外"③。这一规定主要是针对审讯效率而言。如何做到效率与实际案情一致，不仅诉诸根勘复审官吏的审刑时限，重要的还在于初审狱官县令是否体察犯人真实情状。绍兴十年，高宗下诏，规定"狱官县令不亲定牢者，徒二年"④，并将此著为令。

此外，和官吏失职罪性质相近甚至更恶劣的官吏犯赃罪，在宋高宗看来更是无法轻责。犯赃有违法治效用自不待言，更重要的是犯赃预示着官僚队伍的败坏，尤其在南宋初期政权初立的时候，宋高宗政权能否稳定，不仅在于武功如何可以御敌，经济如何可以富国，官员正直清明实为宋高宗政权向心力的重要表征，所以说对官员犯赃罪严惩势在必行。建炎二年，高宗就曾下诏规定："自今犯枉法，自盗赃人，令中书省借记姓名，罪至徒者，永不叙用。"⑤ 并且对"失于举劾者，并取旨科罪，不以去官原免"。赃吏与盗贼都是动荡时期的大患，如何做到防患于未然，法之严惩的基础还是要建立在民的警醒上，所以说，"许人越诉"⑥ 自不

---

① 《要录》卷六四，绍兴三年夏四月己丑，第1259页。
② 《要录》卷一〇一，绍兴六年五月癸巳，第1921页。
③ 《宋会要》刑法三之七五《勘狱》，第8433页。
④ 《要录》卷一三七，绍兴十年九月乙丑，第2590页。
⑤ 《要录》卷一二，建炎二年岁次乙未，第308页。
⑥ 《要录》卷四九，绍兴元年十一月乙巳，第1025页。

可免，监司守令失职亦要重责，而这一切都期许于"赃吏既去，民皆乐生"①。而坐赃罪犯被严惩的同时，高宗的理论支撑更多地诉诸祖宗时的典刑。建炎四年，权知湖口县孙咸坐赃抵死，三省拟将他刺配连州。高宗却对大臣说："祖宗时，赃吏有杖朝堂者，黥而特配，尚为宽典。"②此后又诏令"今后赃吏，依祖宗旧制"③，基本上沿袭了北宋的赃罪重法，死罪之中只有"情理巨蠹之人三两名"④，可能用祖宗杖黥之制来惩罚。不过，这种审刑一旦在刑部引为常例，将有违严惩赃吏之初衷。绍兴八年，在中书建言下，高宗下诏"自今似此案状，令刑部更不坐例，止申朝廷酌情断遣"⑤。酌情轻惩赃吏的决定权从刑部手里拿了回来，北宋时赃吏的轻刑并没有延续，而北宋对赃吏的严刑却一直在南宋初期使用。然而，宋高宗虽然主张对赃吏严惩，却没有玩法制于股掌之间，而是十分清醒权臣坏法的事状。绍兴二十六年，秘书省正字张孝祥曾请求高宗，将去岁郊祀以前官吏犯赃私罪中，有因为个人文字惹怒故相秦桧而被法司裁判赃罪的人，如实重审。高宗自言，需要昭雪的赃吏甚多，令刑部如请施行⑥。

和赃吏罪差不多、颇具时代性的销金罪，也为宋高宗一再重申需要严刑惩治的案件。绍兴二年，高宗因阅读《韩琦家传》，其中多载禁销金事。于是，"御笔申严销金之禁"⑦。绍兴五年，高宗又下诏："以翠羽为服饰者，依销金罪赏，并徒三年，赏钱三百千，许人告，工匠同之。邻里不觉察者抵罪，赏钱二百千，已造者三日不毁弃，同此。"⑧从"徒三年"来看，销金实为重罪，除工匠同邻里觉察之外，犯销金者邻里、家属之间亦有互相监督的责任。"邻里不觉察，杖一百；赏钱一百贯，许人告"⑨，至于亲属，"妇人并夫同坐，无夫者坐家长"⑩。犯销金罪者，

① 《要录》卷三七，建炎四年九月甲寅，第834页。
② 《要录》卷三九，建炎四年十一月壬子，第870页。
③ 《要录》卷六三，绍兴三年三月癸未，第1253页。
④ 《要录》卷七〇，绍兴三年十一月丁丑，第1369页。
⑤ 《要录》卷一一三，绍兴七年八月甲寅，第2119页。
⑥ 《要录》卷一七三，绍兴二十六年六月辛卯，第3309页。
⑦ 《要录》卷六一，绍兴二年十二月甲午，第1212页。
⑧ 《要录》卷九六，绍兴五年十二月乙巳，第1833页。
⑨ 《宋会要》刑法二之一一六，第8345页。
⑩ 《宋会要》刑法二之一一七，第8345页。

除了亲邻要互相监督外，所在地方官也要承担一定责罚。绍兴十年，高宗又下诏规定："其犯金、翠人并当职官，除依条坐罪外，更取旨重作行遣。"① 绍兴二十七年，又下诏说："（销金禁令）下诸路州军，严行禁止，每季检举，巡捕官、当职官常切觉察。如违，仰监司按劾。"② 为了体现销金罪之重，高宗曾说："销金铺翠，立法甚严，禁中有犯，罚俸三月。"即使这样，犯销金者仍不绝于市，高宗曾谓辅臣说："铺翠销金之饰，屡诏禁止，宫中虽无敢犯，而有司奉行不虔，市肆公然为之。权贵之家，至有销金为舞衫者。可重立告，赏在必行。"③ 有时还将销金之事归咎于自己"性淡薄，服用朴素，故宫中无敢逾者"，从而认为富家大室销金之举不但费财害物，也非所以"厚风俗"④。借用自己禀性朴素来谈销金之治，未免有些冠冕堂皇。事实上，风俗之坏与销金关系不大，真正原因是南宋初期对金银大量需求及冶炼困难，宋高宗曾道出："近时金绝少，由小人贪利，销而为泥，甚可惜。天下产金处极难得，计其所出，不足以供销毁之费，虽屡降指挥，而奢侈之风终未能绝，须申严行之。"⑤ 刘秋根、柴勇曾指出宋代统治者之所以屡次禁销金，主要是为了正风俗、抑靡费，亦不排除皇帝"作秀"心理⑥。对销金者严惩，固然可以彰显皇帝"优良"品性，正风俗、抑靡费也着实有其时代特色。南宋初立，外患内忧之下，人心向背，重塑社会风气也影响到对销金者严惩法令之确立。然而，南宋初期，物质之需才是销金举措的主要原因，这一点亦可解释南宋初期诸多严刑酷法的形成原因。诸如南宋初期不断更改的茶、盐之法，大多都是建立在物质需求之上。绍兴八年，宋高宗曾下诏："犯私盐人除流配依本法外，徒以下并令众五日。其后湖北提举司言，本路系省茶地分，缘茶盐事属一体，乞犯茶人依此指挥。"⑦ 绍兴十二年，有言官乞稍宽私盐之律，高宗却说："古今异事。今国用仰给煮

① 《宋会要》刑法二之一一六，第8345页。
② 《宋会要》刑法二之一一七，第8345页。
③ 《要录》卷一二八，绍兴九年五月丙申，第2414页。
④ 《要录》卷一三五，绍兴十年五月丁丑，第2519页。
⑤ 《要录》卷一七四，绍兴二十六年九月辛丑，第3334页。
⑥ 刘秋根、柴勇：《宋代销金禁令与销金消费》，《河北大学学报》（哲学社会科学版）2004年第3期。
⑦ 《要录》卷一二三，绍兴八年十一月乙酉，第2286页。

海者，十之八九，其可捐以与人？散利虽王者之政，然使人专利，亦非政之善也。"① 茶、盐之利在南宋尤其在南宋初期，军费物资大量需求的情况下，直接关乎政府的财政来源，法令之严自不必言。黄纯艳先生曾指出，南宋茶法条令细密，征收更甚②。当然，茶、盐之法的轻重更多地体现在时代差异上。就南宋初期而言，宋高宗面临的问题不仅是社会秩序稳定问题，还有经济财政方面的压力。在南宋严刑案件及法令颁布的背后，更多的是暴露某种现实问题。

譬如，绍兴四年，吏部员外郎赵霈言："辇毂之下，弹压是先。惟昔天府法令特严，若强盗不得财而配千里，窃盗满一贯而徒一年之类是也。比来行朝盗贼尚多，乞行下三省参酌开封府旧法，遇有盗犯之人，乞不以常法断罪，庶几盗贼畏戢，人获安堵。"③ 所谓"不以常法断罪"，其目的便是为"人获安堵"，这样严刑法令举措当然获得了高宗的认可。而高宗对赎刑的反感，并非倡导严刑，仅仅体现了他虚伪的爱民之举。绍兴十一年，户部奏赎刑文字时，高宗曾言："朕谓凡为政之本，必抑强扶弱，民乃能立，今使富者犯死法，得以金自赎，则贫无金者，岂能独立乎？赎刑即非。"④

总的来说，宋高宗的法制思想大致沿袭中国传统的德刑并治理念，只不过宋高宗本人对此有了更为深刻的认识。对于宋高宗而言，法令的实施与颁布多冠以祖宗之制，这将有助于社会的接受。从宋高宗皇位继承的合法性来看，这也是在南宋初期政局动荡的境况下的必然选择。然而，我们也不能忽视，宋高宗的重生观与严刑理念在继承祖宗之制的前提下亦有新创，这便是他将法制理念更多地融入南宋政局之中，比如对民生的"关注"与赃吏的严惩，无不折射出南宋初期法制的内涵。重生法制观对于维护社会稳定、取悦于民恰到好处，同时明君形象也被刻画得淋漓尽致；而对赃吏的惩处不仅关乎北宋以来官僚队伍的重塑，而且还牵扯到南宋日益紧迫的物质需求。通过本节的考察，基本上可以得出的结论是，宋高宗的法制思想来源既有传自祖宗，亦有德刑兼备的时代

① 《要录》卷一四五，绍兴十二年六月壬午，第2741页。
② 黄纯艳：《宋代茶法研究》，云南大学出版社，2002，第145页。
③ 《要录》卷七五，绍兴四年夏四月癸卯，第1435页。
④ 《要录》卷一四〇，绍兴十一年六月壬申，第2642页。

倾向，但重要的是，它反映出南宋初期法制建设的基本成就及趋向。

第二节　南宋初期的诏狱现象

南宋初期诏狱事件频发，这些诏狱事件多指向南宋初期的社会政治，以至于这些个体或群体性诏狱事件在法律和政治两个维度上投影出完全不同的影像。究竟这些诏狱只是御笔批复的刑事案件，还是属于完全的政治事件，需要我们从法制特征与政治伦理两个层面深入研究。

一　法制描述里的诏狱表象

《宋史》卷二〇〇《刑法志·诏狱》载：

高宗承大乱之后，治王时雍等卖国之罪，洪刍、余大均、陈冲、张卿材、李篪、王及之、周懿文、胡思文并下御史台狱。狱具，刑寺论刍纳景王宠姬，大均纳乔贵妃侍儿，及之苦辱宁德皇后女弟，当流；冲括金银自盗，与宫人饮，当绞；懿文、卿材、篪与宫人饮，卿才、篪当徒，懿文当杖；思文于推择张邦昌状内添谄奉之词，罚铜十斤：并该赦。上阅状大怒，李纲等共解之，上亦新政，重于杀士大夫，乃诏刍、大均、冲各特贷命、流沙门岛，永不放还；卿材、篪、及之、懿文、思文并以别驾安置边郡。宋齐愈下台狱，法寺以犯在五月一日赦前，奏裁。诏齐愈谋立异姓，以危宗社，非受伪命臣僚之比，特不赦，腰斩都市。诏东京及行在官擅离任者，并就本处根勘之。淮宁守赵子崧，靖康末，传檄四方，语颇不逊。二年，诏御史置狱京口鞫之。情得，帝不欲暴其罪，以弃镇江罪贬南雄州。……绍兴元年，监察御史娄寅亮陈宗社大计，秦桧恶之。十一月，使言者论其父死匿不举哀，下大理寺劾治，迄无所得，诏免所居官。十一年，枢密使张俊使人诬张宪，谓收岳飞文字谋为变。秦桧欲乘此诛飞，命万俟卨锻炼成之。飞赐死，诛其子云及宪于市。汾州进士智浃上书讼飞冤，决杖编管袁州。广西帅胡舜陟与转运使吕源有隙，源奏舜陟赃污僭拟，又以书抵桧，言舜陟讪笑朝政。桧素恶舜陟，遣大理官往治之。十三年六月，舜陟不服，死于狱。飞

与舜陟死，桧权愈炽，屡兴大狱以中异己者，名曰诏狱，实非诏旨
也。其后所谓诏狱，纷纷类此，故不备录云。①

　　顾名思义，当时所谓诏狱似是诏狱案件的一种形式，尤其在中国古
代社会，至高无上的皇权主导下的诏狱多非某种正常化法律实践的产物。
"本以纠大奸慝，故其事不常见。初，群臣犯法，体大者多下御史台狱，
小则开封府、大理寺鞫治焉。神宗以来，凡一时承诏置推者，谓之'制
勘院'，事出中书，则曰'推勘院'，狱已乃罢"②。这是说诏狱主要由皇
帝下诏，组织审讯事宜，有时在案发地州府设置审讯机构，有时在中央
的御史台、大理寺、开封府置狱，也可以在京城其他机构随意置狱；不
过，地方重大案件仍须召回朝廷，由皇帝委派不同机构官员联合审讯。
诏狱本为惩治"大奸慝"，解决一般法庭难以解决的大案、重案，这和
汉代以来诏狱的本意并无太大出入③。只不过宋代的诏狱审判过程更为
细致化，大致要经过制勘官审案、反复的他官录问、呈报中央审核量刑、
集议定罪等几个主要环节，以防止审刑不公。本质上来说，这种审刑机
构并不遵从法典，而是听命于皇帝旨意。当案件关系到皇亲国戚或者国
之大事的时候，法律的合理一面往往要让位给皇帝的抉择或迎合国是。
戴建国先生曾指出，宋代诏狱，一方面最终判决权掌握在皇帝手里，另
一方面在其判决过程中，宰相拥有十分重要的审核权，诏狱成立这一环
节，因种种原因，皇帝有时也无法控制④。也就是说，当诏狱审刑过程
中，偏离了以社会伦理观为依准的法理之时，最终的结案往往会被人们
理解为冤狱。《宋史》作者所言"（秦桧）屡兴大狱以中异己者，名曰诏
狱，实非诏旨也"，就已点明南宋初期的诸多诏狱多不符合诏狱的本意或
法律意义，只不过经过长久儒家文化熏染的史家将罪责完全推给了宰相
秦桧。

　　纵观南宋史籍，诏狱事件层出不穷。显见于史册的主要有：绍兴反

---

① 《宋史》卷二百《刑法二》，第 4997 页。
② 《宋史》卷二百《刑法二》，第 4997 页。
③ 张忠炜：《"诏狱"与古代皇权》，《中国社会科学院院报》2007 年 7 月 31 日第 3 版。
④ 戴建国：《宋代诏狱制度述论》，《宋代法制初探》，黑龙江人民出版社，2000，第 252 ~
　 253 页。原载《岳飞研究》第四辑，中华书局，1996，第 495 ~ 496 页。

和议士大夫诏狱，庆元党禁诏狱，理宗朝史弥远、贾似道制造的诏狱等，其中尤以绍兴诏狱规模最大且拉开了南宋诏狱事件之帷幕。不过，就宋高宗朝而言，诏狱事件并非仅有绍兴士大夫群体诏狱，建炎年间还有零散的士大夫诏狱事件，相比较而言，两个时期内的士大夫诏狱，除了案犯罪名及涉案原因的差异之外，都属冤狱。至此，我们权且可以借助南宋史籍记载的大量案例，对南宋初期士大夫诏狱冤案现象进行剖析认识，从而为我们深层洞察南宋初期政治运作凿开一个路径。

1. 诏狱的种类及特征

正如前面所言，若按诏狱的时间差异来划分，南宋初期的诏狱主要分建炎诏狱与绍兴诏狱。建炎年间的诏狱事件从整体上看，多属个案，案发罪名不一，案件不仅直接涉及宋高宗的好恶，还多纠结于权臣党争之间；绍兴诏狱则多趋于一致性，无论是案发罪名还是涉案原因，多如出一辙，即使权相秦桧个人喜好融于其间，案件的主观目的性也非常明确。

按诏狱的形式划分，则主要有：文字狱诏狱、朋党交通诏狱、言说得罪类诏狱、经济类诏狱等。具体来说，这些类型的诏狱虽然区分并不十分明显，甚至有诸多诏狱都融合了几种类型，但每起诏狱还是呈现出各自的最显著一面。

（1）文字狱诏狱

谈及冤案"物证"，便不得不提到中国古代集权社会里颇为盛行的文字狱，而恰恰南宋初期诏狱之中最为流行的也是文字狱。这种案件多以嫌犯文字书写内容为证据，从而为其罗织一些子虚乌有的罪名，从证据的可靠性与定性规则来说，文字证据判案只是一个手段，因为文字证据本身并不重要，重要的是其中的文字内容。当文字内容触动政权话语禁区的时候，也就掀起了一宗狱案，所以说，文字狱是人为诏狱的重要形式之一。

比如，建炎初，右谏议大夫宋齐愈被罢免，主要缘于宋齐愈在皇城司首书"张邦昌"字以示议臣，于是遭罪下台狱。高宗制曰："所幸探符之未获，奈何援笔以遽书。遗毒至今，造端自汝。"[①] 朝臣议论宋齐愈

---

① 《要录》卷七，建炎元年七月辛卯，第198页。

得罪李纲才导致杀身之祸，是时恰逢大赦，法寺当改宋齐愈斩刑为罚铜十斤，然而，黄潜善等营救无果，高宋执意处斩宋齐愈①。直观而言，宋齐愈之死的主要原因当是其主立异姓为君的不忠，但案发的直接原因则是文字之祸。

就文字狱规模而言，绍兴和议前后秦桧主导的一系列文字狱，无论从数量上还是程度上，都堪称一代特色。如绍兴十四年六月，宦官白锷因指责秦桧"燮理乖缪，洪皓名闻中外顾不用"②，而下大理寺，其馆客张伯麟因题书"夫差，尔忘越王之杀而父乎"，亦遭牵连下狱。

绍兴十八年，编管人胡铨因赋词"欲驾巾车归去，有豺狼当辙"，右承议郎、知新州张棣即奏其"不自省循，与见任寄居官往来唱和，毁谤当涂，语言不逊，公然怨望朝廷，鼓唱前说，犹要惑众，殊无忌惮"③，于是送海南编管。

绍兴十九年六月，左迪功郎王庭圭被免官送辰州编管，主要是因为胡铨遭贬时，曾赋诗曰："痴儿不了公家事，男子要为天下奇。"④ 胡铨同乡人欧阳安永状告他谤讪朝政事，遂兴此狱。

同年十二月，尚书祠部员外郎胡宁兄胡寅本与秦桧交厚，秦桧曾送其白金，故报书曰："愿公修政任贤，勿替初志，安内攘外，以开后功。"秦桧以为讥己，始怒。又缘胡寅游岳麓寺曾赋诗云："是何南海之鳄鱼，来作长沙之鹏鸟。"⑤ 秦桧得知后指使侍御史曹筠即奏胡寅"阿附赵鼎""私相朋比""每怀异意"，于是胡宁遭贬。

绍兴二十年三月，周三畏因遣通判府事苏师德祭拜常同，祭文有云"奸人在位，公弃而死"，获罪，"顷为大理卿，鞠勘岳飞公事，犹豫半年不决，朝廷特加拔拭，终不怀安，乃与师德阴相交结"⑥。

绍兴二十年六月，左承事郎、福建安抚司主管机宜文字吴元美被除名，容州编管。此案皆因吴元美曾作《夏二子传》，略云："天以商代夏，是以伊尹相汤伐桀，而声其割剥之罪。当是时，清商飙起，义气播

①　《要录》卷七，建炎元年七月癸卯，第207页。
②　《要录》卷一五一，绍兴十六年六月丙申，第2862页。
③　《要录》卷一五八，绍兴十八年十一月己亥，第3003页。
④　《要录》卷一五九，绍兴十九年六月丁巳，第3021页。
⑤　《要录》卷一六〇，绍兴十九年十二月丁丑，第3037页。
⑥　《要录》卷一六一，绍兴二十年三月庚子，第3045页。

扬，劲风四扫，宇宙清廓。夏告终于鸣条，二子之族，无小大少长，皆望风陨灭，殆无遗类。天下之民，始得安食酣寝，而鼓舞于清世矣！夏二子谓蝇蚊也。"① 进士郑炜走行在，诉元美讥毁大臣。秦桧向高宗进呈，以为吴元美引伊尹相商伐桀事撰造讥毁言语，悖逆不道。至是，大理寺以吴元美与李光交结，心怀怨望，指斥国家及讥毁大臣，其罪当死，高宗特宥之。

绍兴二十三年，左朝请郎范彦辉追毁，出身以来告敕文字，除名勒停，永不收叙，送荆门军编管。只因范彦辉为太府寺丞时作《夏日久阴》诗云："何当日月明，痛洗苍生病。"② 殿中侍御史魏师逊曲解范彦辉诗意，以其"阴怀异意，谤讪朝廷"，遂得贬。

绍兴二十五年二月，左奉议郎沉长卿旧曾与李光言和议为非，已为秦桧所恶，至是与左从政郎芮晔同赋《牡丹诗》，有"今作尘埃奔走人"之句，为邻舍人所告，以为讥议，送大理寺。右通直郎、淮南路转运司干办公事陈祖安曾见此诗，后因签书枢密院事郑仲熊营救故得脱免，而沉长卿被指有嘲讪语，芮晔坐与长卿同作诗，不告官，并且任仁和县尉时祈望朝廷除授清职，心怀怨望，两人皆被除名编管③。

同月，左朝散大夫赵令衿以"诈伪不情、专事狂悖、交结罪人、伺探国事"之罪遂兴大狱，而赵令衿实际之过，只因寓居衢州时，曾观秦桧家庙记文，口诵"君子之泽，五世而斩"④ 之句，秦桧之婿右通直郎、通判州事江召锡令州学教授莫汲告赵令衿评论日月无光，谤讪朝政。

绍兴二十五年十一月，卢傅霖作雪诗，有云："寒乡只愿春来早，暖日寒风尽荡摩。"⑤ 竟以"怨望"罪遭罢。

南宋绍兴年间文字狱过多，彰显着一个政治动荡的时代特色，至于如何理解这一时代特色，笔者将在下节对诏狱实践的实质探讨中详细解读。不难看出，这段时期的文字之祸，作为判案证据被权臣肆意利用，不仅完好地维护了个人的权势地位，并且成功地打击了朋党异己。然而，

① 《要录》卷一六一，绍兴二十年九月甲申，第3058页。
② 《要录》卷一六四，绍兴二十三年三月戊申，第3120页。
③ 《要录》卷一六八，绍兴二十五年二月壬寅，第3187页。
④ 《要录》卷一六八，绍兴二十五年五月癸丑，第3193页。
⑤ 《要录》卷一七〇，绍兴二十五年十一月辛未，第3231页。

这种诏狱类文字狱，本质上来说又是遵从帝王旨意。仅从文字狱中诸多"谤讪朝廷""心怀怨望"等罪名来看，皇权与相权相互利用的一面就显而易见，从而迎合了一些学者所认为绍兴年间皇权与相权并重的观点①。王曾瑜先生曾对绍兴文字狱进行过细致入微的研究，指出绍兴文字狱与明清文字狱相比较，虽然多以流放或贬谪结案，但并不能说宋高宗、秦桧的仁慈，在宋太祖誓约的约束之下，亦反映出文化专制的极端形式，反映了当权者的苛酷②。黄宽重先生则集中探讨秦桧与绍兴文字狱的关系，指出秦桧兴起文字狱是以达成打击异己、压制舆论为目的，不过，从李光私史案起，秦桧连续掀起几次规模不一的文字狱，则暴露了他执政期间内心的虚弱和对舆论的畏惧③。

（2）朋党交通诏狱

这类诏狱表面体现在古代帝王打击朋党的一般行为上，常常是铸就群体性诏狱事件的重要路径，并且必然萌发出新的朋党。事实上，这也符合确立一个国是之时当权者的主观意愿，因为对一部分人归罪进行打击，确实是统一舆论观点行之有效的手段。南宋初期的诏狱事件中，为了促成绍兴和议政策有效推行，致使朋党交通诏狱较为流行。

绍兴十三年，张九成贬为宫观人，令南安军居住，高宗曾言："此人最是交结赵鼎之甚者。自古朋党，惟畏人主知之，此人独无所畏。"④ 同月，中书舍人张广亦遭贬提举江州太平观，罪名仍是"坐朋附程克俊，动摇国是"⑤。同年九月，李文会奏责：敕令所删定官王晞亮与赵鼎，秘书省正字潘良能与李光，宗正寺主簿孟处义与汪藻，"皆潜植党与，窥伺朝廷动息，密通私书，相继不绝；伪造事端，唱为异说，喧传四方，实伤国体"⑥。结果，三人同时遭贬与外任。显而易见，朋党交通在当权者眼里尤当重究，这些士大夫交通对国是政策持异议，有危国家稳定。绍兴年间的朋党交通诏狱，恰恰也多是循着这一审刑路径展开的。

---

① 沈松勤：《南宋文人与党争》，第193页。
② 王曾瑜：《绍兴文字狱》，原载《大陆杂志》第88卷第4期，收录在王曾瑜《岳飞和南宋前期政治及军事研究》，河南大学出版社，2002，第537~556页。
③ 黄宽重：《秦桧与文字狱》，《岳飞研究》第四辑，中华书局，1996，第167页。
④ 《要录》卷一四九，绍兴十三年五月甲子，第2812页。
⑤ 《要录》卷一四九，绍兴十三年六月甲辰，第2817页。
⑥ 《要录》卷一五〇，绍兴十三年九月丙子，第2832页。

　　诸如，绍兴十四年，赵鼎再贬，迁至吉阳军安置。御史弹劾他不顾国是，怀奸谋计，却都不足成为他遭贬的罪责，而与范仲、王文献交结往来，宣扬反和议言论，则影响重大。高宗所言："可迁之远地，使其门生故吏知不复用，庶无窥伺之谋。"① 恰恰表明，对于和议之国是来说，交通罪责实在不小。

　　绍兴十五年，刘一止落职，主要缘于中书舍人段拂奏"一止趣操朋邪，自作弗靖，陛下以其尝在琐闼，特优容之，而乃轻躁怨怼，形于奏牍"，御史中丞何若再奏"一止阿附李光，举所不知。陛下待遇优容，不为不至，而一止辞气怨怼，无臣子之礼"②。与之前后，侍御史汪勃论太学博士杨邦弼，"操心不正，每探朝廷事，传播于外，与罢黜者交通，曾不以教导为职"③。毫无疑问，一旦被贴上交通朋党罪，杨邦弼自然遭贬，最终出为信州通判。

　　绍兴十八年，参知政事段拂因赵鼎死于海南而叹息，从而惹怒秦桧。殿中侍御史余尧弼将按段拂罪，先奏骆庭芝"密与执政私交，漏泄机事"④。同月，秦桧的帮凶殿中侍御史余尧弼，讥讽参知政事段拂"灭弃人伦，顷为小官，身对宾客尝使其父执爨具食，官于行朝，阴交非类，滥居政府，漏泄机政"⑤，致使段拂罢为资政殿学士，提举江州太平兴国宫。此后，右正言巫伋又诬陷段拂"躐居政府，乃与小臣私交，漏泄政机，又尝语典谒者曰：'我岂是执政'"⑥。

　　同年三月，秦桧怀疑敷文阁直学士、知建康府晁谦之与王庶、赵鼎交通，指使殿中侍御史余尧弼，诬奏晁谦之"险薄躁竞，时无与伦；赵鼎负滔天之恶，投畀遐裔，乃阴与交通，书问络绎；王庶诡诈乖僻，世所共弃，谦之实其辟客，每慕其为人。庶之子至今往来，请求不绝。朋奸稔恶，日怀怨望，志在动摇国是"⑦，于是被罢免。

　　先是，四川宣抚副使郑刚中治蜀，颇有方略，秦桧怒其在蜀专擅，

①　《要录》卷一五二，绍兴十四年秋九月辛未，第 2875 页。
②　《要录》卷一五四，绍兴十五年闰十一月丁亥，第 2922 页。
③　《要录》卷一五三，绍兴十五年四月丁酉，第 2896 页。
④　《要录》卷一五七，绍兴十八年元月丁丑，第 2979 页。
⑤　《要录》卷一五七，绍兴十八年元月壬午，第 2979 页。
⑥　《要录》卷一五七，绍兴十八年元月乙酉，第 2980 页。
⑦　《要录》卷一五七，绍兴十八年四月癸丑，第 2984 页。

奏罢之，提举江州太平兴国宫，桂阳军居住。绍兴十九年，再贬为濠州团练副使，复州安置，又迁离封州。秦桧遣大理寺丞汤允恭、太府寺丞宋仲堪严刑拷打审讯郑刚中之子郑良嗣及其将吏宾客，狱成得证，郑刚中以"怀奸异议""阴与见在罪籍人符合交通""辄违朝命，出卖度牒"① 等罪再遭贬，后因秦桧食客左朝请郎赵成之辱，竟卒于贬所。

绍兴二十年，李光坐主和议反复，后在贬所常出怨言，及著私史讥谤朝廷，又交通赵士㣤，继而遭贬，永不检举；其子右承务郎李孟坚撰小史怨望朝廷，遭除名，峡州编管。与此同时，徽猷阁直学士、致仕胡寅，龙图阁学士、提举江州太平兴国宫程瑀，徽猷阁待制、提举江州太平兴国宫潘良贵，直秘阁宗颍，宝文阁学士、提举江州太平兴国宫张焘，左承议郎、新知邵州许忻，左朝奉大夫、新福建路安抚使参议官贺充中，左奉议郎、福建路安抚主管机宜文字吴元美，皆坐与李光书札往来，委屈存问，遭贬②。

绍兴二十三年，工部员外郎杨迥、监察御史胡襄并罢贬，也是因为右正言郑仲熊论二人，"心向胡寅之门，有识之士，为之切齿。盖自赵鼎妄立专门，互相标榜，大开交结，诡计周密，朝事一切不恤，一时群小所聚，而寅为之魁。及今事已败，而人犹惟寅是向"③。

绍兴二十四年，御史中丞魏师逊劾端明殿学士、签书枢密院事史才，"天资阴贼，顷受李光荐改秩，迨今阴相交通，谋为国害，屡贻书问，不惮数千里之远，凡光所厚者，悉与结托，包藏祸心，自为不靖"；右正言郑仲熊亦言李光曩知温州时，史才用其荐书得以改秩升官，及得官遂与李光所近者互相结交，"密通光书于万里之外，盖欲阴连死党，以摇国是"④。至是，史才遭贬罢官。

（3）言说得罪类诏狱

此类诏狱多以打击异论、维护国是论调为主，可能有时酿成诏狱的初衷并非国是之责，只是执政者为了打击异己，借助国是论而已。欲加之罪，何患无辞。建炎年间由于国是不定，言说得罪类诏狱并非其主要

① 《要录》卷一五九，绍兴十九年三月甲辰，第3013页。
② 《要录》卷一六一，绍兴二十年三月丙申，第3044页。
③ 《要录》卷一六五，绍兴二十三年十一月甲午，第3143页。
④ 《要录》卷一六六，绍兴二十四年六月癸巳，第3159页。

形式，而绍兴年间为促成宋金和议，宋高宗政权要取得舆论上的支持势必使用一些非逻辑性手段，以和议为非的言说之罪，自然也就成为绍兴诏狱重要形式之一。

绍兴八年，枢密院编修官胡铨之上书，论宋金和议不当，致使都人喧闹数日不定。在得到高宗批示之后，秦桧定其罪名曰："北使及境，朝廷夙夜讲究，务欲上下安帖，贵得和好久远。胡铨身为枢属，既有所见，自合就使长建白，乃狂妄上书，语言凶悖，仍多散副本，意在鼓众，劫持朝廷。可追毁出身以来文字，除名勒停，送昭州编管，永不收叙。"①

绍兴十四年，李光由藤州再贬移琼州安置。仍因以和议为非，"去国之日，出险语以激将臣之怒；闻军之兴，鼓愚俗以幸非常之变"②。或为知藤州周某者向秦桧告讦，但不能不说李光之过，自始至终都源于言论和议为非。绍兴二十年，李光之狱兴起，亦是由于宋高宗政权初次拟定国是论调，从而允许陈告妄言和议为非者，优加赏罚③。

绍兴十五年，折彦质、吴说遭贬官或外地居住，也是因为侍御史汪勃说他们怀奸误国，"私相议论，妄及朝廷"④。

绍兴十六年，张浚连州居住。错只在上疏反对和议，以兵事为先务。御史中丞何若论张浚"建造大第，强占民田，殊失大臣省愆念咎之体。居常怨恨，以和议非便，惟欲四方多事，侥幸再进。包藏祸心，为害实大"⑤。

绍兴二十一年，知郢州乔大观、州学教授徐维及右中奉大夫通判州事魏彦纯、进士晁公裔，皆因"妄造语言，谤讪朝政"⑥，遭贬官或永不叙用。

绍兴二十二年，王庶二子王之奇、王之被除名，皆因"其父责降身死，撰造语言，谤毁朝廷"。高宗曾言："（王）庶为人凶悖，深沮休兵之议，几误国事。"⑦

<hr/>

① 《要录》卷一二三，绍兴八年十一月辛亥，第2313页。
② 《要录》卷一五二，绍兴十四年十一月癸酉，第2881页。
③ 《要录》卷一六〇，绍兴十九年十二月壬子，第3035页。
④ 《要录》卷一五四，绍兴十五年秋八月甲午，第2908页。
⑤ 《要录》卷一五五，绍兴十六年秋七月壬申，第2937页。
⑥ 《要录》卷一六二，绍兴二十一年二月丁未，第3065页。
⑦ 《要录》卷一六三，绍兴二十二年三月丁酉，第3093页。

同年十二月，免解进士袁敏求杖脊送海外州军编管，也是因妄论和议。正所谓："小人妄生是非，既得其罪，当行遣，以为惑众者之戒。"①

绍兴二十五年，诸王宫大小学教授兼权中书舍人刘珙罢，因为秦桧为父作谥不满，秦桧微示风旨让侍御史董德元奏刘珙，"每见词头稍多，辄有惮烦之意；又为乡里富人营求太学生绫纸"②。"惮烦之意"，当为遭贬的重要因素，而"营求太学生绫纸"，则纯属附加之罪。

同年十月，国子正莫汲、大理评事莫蒙并罢。亦因殿中侍御史徐嚞奏"赵令衿与汲评论日月无光，若非平日交结之深，岂肯披露心腹，遽发是言？……庶几赵汾等狱事研究尽实，灼见其奸，重置典宪，使阴邪交结之徒，稍知惩戢"③。评论日月无光当为言论之罪，但本案的实情似为交通之罪。至此我们大致可以明了，绍兴诏狱中士大夫交通之罪往往缘于反和议的言论，宋高宗政权为了促成和议，所担心者不仅是个体的言论，更重要的是士大夫交通而将言论扩大化，所以说，士大夫交通罪类型的诏狱往往与言语类诏狱纠结一起，这与单纯的士大夫党争略有不同，前者往往是后者的衍生罪。

（4）经济类诏狱

建炎元年，洪刍纳景王宠姬，余大均纳乔贵妃侍儿，王及之苦辱宁德皇后女弟，皆当处以流刑；陈冲括盗金银，且与宫人饮酒，当绞；张卿才、李彝、周懿文与宫人饮，当徒或杖；胡思文因在推择张邦昌有谄奉之词，被罚铜十斤。高宗阅状后大怒，在李纲等劝解之下，高宗虽谓"新政重于杀士大夫，乃诏刍等三人皆贷死，长流沙门岛。责懿文、卿才、彝、及之为陇、文、茂、随四州别驾，懿文英州、卿才雷州、彝新州、及之南恩州，并安置"④。洪刍等人纳人为妻妾如若属实，险遭重刑并不为过，但陈冲罪过之重，似乎不是因为与宫人饮酒这么简单，而是犯赃罪的缘故。由于南宋初期，百废待兴，无论是考虑经济需求还是社会稳定，犯赃罪都毫不迟疑地被纳入重刑惩治之列，这样一来，犯赃罪便常常被制造诏狱者所利用。

---

① 《要录》卷一六三，绍兴二十二年十二月丁亥，第3115页。
② 《要录》卷一六八，绍兴二十五年五月壬戌，第3194页。
③ 《要录》卷一六九，绍兴二十五年十月甲申，第3214页。
④ 《要录》卷八，建炎元年八月戊午朔，第223页。

绍兴二年，监察御史娄寅亮之案便是一例。遭秦桧排挤，虽按治无所得，"坐为族叔郓民田改立官户，刑寺当寅亮私罪杖，罚铜七斤。诏免所居官，送吏部"①。

绍兴二十四年，左朝请大夫、知吉州郑作肃奏"本州自兵火后，每岁桩办黄河竹索钱六千六百余缗，见拖欠四万余缗，重困民力，望将未起及日后合起之数，并赐蠲放"，从而惹怒秦桧；殿中侍御史董德元即奏郑作肃"朋附席益，中伤善类；及知常州，张浚主兵，行横敛之法，作肃极力率先督办，其数冠于诸州；比守吉州，多敛军需，贱市官米，又贾贩油布之属，以规厚利"②。此案可谓典型的权臣栽赃诏狱，郑作肃即为财计民生而来，又因犯赃罪所罚。与此前后，右朝散郎、前知建康府王㮚友同样被栽赃，错只错在王㮚友曾断配秦桧族人，棘寺假以王㮚友"盗取官钱""受所部乞取金银""冒请宣借口券入已""减价诡名，收买没官产业""谤讪朝政"③ 等罪特贷死，免籍没家财，送藤州安置。

除以上几种类型的诏狱之外，还有未待列举的其他诏狱情况，诸如岳飞之狱、汪藻之狱、孙近之狱等，前人已多有考论，或是案发特例，此不赘述。总的来说，南宋初期的诏狱多属政治案件，以至于这些诏狱都呈现出罪名趋向的一致性。从罪名角度来看，这些诏狱并没有种类上的明显差别。为了达到预期的结果，酿造诏狱的肇事者往往会给所谓的犯人罗列诸多罪名，交织在一起，孰重孰轻仅取决于案件即时的常态。一般来说，诏狱罪名的作用都要将涉案者置于死地，这些罪名又多属重罪。譬如，绍兴诏狱中，常常可以见到"漏泄机政""指斥乘舆""谤讪朝政""交通罪臣""动摇国是"等字眼，这些罪名看似空洞却威力不小。这些罪名都关系到一个重要的底线罪责，那就是以和议为非，因为这才是国是之所在。无论是直接操纵诏狱事件的权臣秦桧，还是最终决断者高宗，在和议是非面前，都持绝对一致的观点，这便是绍兴诏狱的根本特征。与之相比较，建炎年间张邦昌之案、宋齐愈之狱及洪刍八人案，更多的是关系到两宋之交时代转型期的政治取舍及政治纷争，凸显的是个案特征。尽管如此，在审刑程序面前，这些诏狱仍有相似的一面。

---

① 《要录》卷五一，绍兴二年二月庚寅，第1065页。
② 《要录》卷一六七，绍兴二十四年八月丙戌，第3168页。
③ 《要录》卷一六六，绍兴二十四年六月辛丑，第3159页。

2. 审讯程序及其缺失

从以上有关南宋诏狱特征来看，诏狱冤案多为大理寺及刑部审讯，多为政治案件。显而易见，诏狱的发生必然与其审讯程序相关，无论是审讯程序本身存在缺失，还是由于操作者的主观意愿，诏狱都是非逻辑运作的产物。

就审讯机构而言，大理寺虽为中央最高审判机构，但南宋诏狱主要由"制勘院"进行审理，由皇帝直接决断。另外，御史台除了刑事监察职能外，还拥有重大疑难案件以及诏狱的审判权，同时也是法定的上诉机关，"群臣犯法体大者，多下御史台"①"若诸州有大狱，则乘传就鞫狱"②。

南宋诏狱冤案也包括起诉、审判两个阶段，对于诏狱的起诉，主要由台谏官完成。台谏官据现有言辞证据或物证向皇帝奏请，然后由皇帝指令在御史台或大理寺设置诏狱，这样的诏狱也奉行推勘制度，参与推勘的官员由刑部、大理寺或御史台官员混合组成。审判阶段也实行翻异别勘，判决的过程也分为录问、检法、定判三个程序，不过录问后还要向皇帝呈报案情，此后案子才移交大理、刑部检法量刑判决。表面来看，诏狱冤案和其他诏狱并没什么不同，审讯也符合一定的理性程序，实不尽然，细究南宋诏狱冤案，便能寻出其审讯程序的异常之处。

首先，起诉阶段肆意捏造证据。细看绍兴诏狱，虚无的言辞证据盛行一时，"漏泄机政""指斥乘舆""谤讪朝政""怨望朝廷""交通罪臣"等过失之罪实为判决的最终砝码。当言辞之过与朝政关联起来的时候，言辞证据的力度往往超过了证据本身真伪的重要性，这样一来，对证据的追究也就成为虚无，告讦之兴便成为绍兴年间一大风景线。既然是告讦罪名居多，起诉阶段的证据审核当至关重要，恰恰与之相反，在这些案件之中，一旦执政者介入，证据往往不需要审核，间接证据亦可作为主要证据。前节所论的文字狱类诏狱的证据基本上都值得推敲，更有甚者，士大夫交通类诏狱多是罪证不足，言语类诏狱多为空洞证据，所以说诏狱审刑过程中存在太多的非逻辑因素。当然，我们可以将此归

咎为诏狱审刑的特点，从不问证据可靠性的角度来看，岳飞遭遇"嫁祸谋反罪"似乎又合乎审刑程序，歪曲一句诗文的意思也可定曲端之死罪。

其次，台谏官对案件的肆意舆论推动。有学者称南宋相权膨胀之大，可以主导朝政①。那么作为皇帝耳目的台谏官则必须与之媾和，才能给予权力的稳固合法性②。事实也恰恰如此，南宋诸如秦桧、韩侂胄、史弥远、贾似道等权相多是勾通、支配朝中台谏官员，以达到预期的政治目的。秦桧当政时的台谏官何铸、万俟卨、巫伋、余尧弼、魏师逊、汤思退、董德元等多为其亲从，无不媚眼附势，制造无端冤案以讨好秦桧。台谏官的种种错误舆论往往推动诏狱的非正常审讯秩序进行，更有甚者参与其间的台谏官本身就是诏狱的发端者。正如前文所论，诏狱者多由皇帝指令在御史台或大理寺设置，台谏官本身就具备审核罪犯的权力。从前文对绍兴诏狱的梳理来看，多数诏狱的形成都是台谏官奏明宋高宗即可立案，并且一案之中由于台谏官的反复上奏，往往进一步推动案情的进展，最终以严惩罪犯结案。与台谏官不同的是，大理寺官员多是承接宰执或皇帝的旨意，专一调查某一案件，可能对居住外地贬谪官员进行异地刑审，遵从法庭程序。但遗憾的是，在诏狱案件里，大理寺官员与台谏官必须遵从宰执或皇帝的旨意，审刑过程合乎法庭逻辑与否并不重要。

最后，有罪推定之过失。南宋诏狱冤案多数是以有罪推定为主，案发的原因即是有罪意识的萌发，过多的以被告罪证为判案依据，而忽视无罪证据。当然，南宋诏狱冤案多是政治案件，政治案件最大的特点即是罪证第一，无罪证据往往不被法庭重视。既然是有罪推定，翻异别勘等复审制度有时候便成为一纸空文，决定案件命运的只有皇帝的诏令，

---

① 沈松勤认为，南宋皇权与相权关系不尽一致，高宗在位 36 年间，以秦桧为首的相党，导致相权膨胀，皇权式微；孝宗即位后，常常以近习势力控制相权，抑制相党，但到了其后期，尤其是光宗以后，相党势力再度膨胀，皇权几乎成了相党政治的一块金字招牌。参见氏著《论南宋相党》，《中国文化研究》2002 年夏之卷，第 52 页。

② 虞云国指出，秦桧弄权的第一步即是"择人为台谏"，控制台谏系统在一般宰相通往权相之路上起着事关成败的作用，见氏著《宋代台谏系统的破坏与君权相权之关系》，《学术月刊》1995 年第 11 期，第 58 页。诸葛忆兵同样认为，与宋代相权膨胀同步，宋代的台谏体系经历了独立行使监察职权渐渐堕落为宰相鹰犬的过程，南宋以后，台谏在多数时间失去了应有的作用，反而被权相利用，参见氏著《宋代宰辅制度研究》，中国社会科学出版社，2000，第 279 页。

皇权意识在这里彰显无疑。至于权臣为私己而制造的冤案，有罪推定更达其极，为起到绝好的打击报复效果，权臣们尽量制造有罪假象，亦积极抹杀被告无罪的证据，或者绝口不提涉案者无罪迹象。关于南宋初期诏狱审刑的这一特色，在本文第三章将详尽剖析，此暂搁置。

总之，南宋诏狱冤案并非无意所为，无论私己目的也好，政治手段也罢，策划者为置被告于死地而后快，常常歪曲正常的审讯程序，特殊的诏狱审讯程序常常成为掩盖冤案实质的借口，当皇权至上波及法庭的时候，一切正常的法律手段都将模糊，唯有臣服。

就审讯程序缺失而言，南宋诏狱的发生似可归因于法制制度不健全。然而，诏狱的实际发生并不完全是审讯运作之错，相对于一般的刑事案件来说，诏狱发生的原因更多是缘于诏狱的实质，制造诏狱的肇事者终极目标当为诏狱的动机所在。诏狱不是无名或偶然事件，所有机缘都来自某种利益的驱使。

二　政治伦理里的诏狱面相

总体来说，南宋初期的诏狱事件形式上符合审刑程序，但不符合法制精神，有罪推定的非逻辑审讯过程，虽然构成完整的案件，但触犯了传统社会的政治伦理观念。和纯粹法制理念差异的政治伦理观念，在传统儒家文化里常常被理解为忠良与功过统一的二元结构。仔细分析南宋初期的诏狱事件，我们发现遭遇诏狱的政治人物竟然大多被冠以政治道德的典型。权且不论这些政治人物是否符合当时的政治道德标准，仅从这些评价标准可见，南宋初期的诏狱事件足以折射出朝野内外多元的政治主题。为了以后章节深入研究这些诏狱的政治内涵，这里仅从忠良与功过两个方面，对南宋初期政治伦理的诏狱面相进行粗浅的论述。

其一，功过混淆是传统社会对南宋初期多数诏狱事件的基本评价。无论是个案诏狱事件还是群体事件，身陷诏狱的政治人物多数因自己的政治主张或政治行为而获罪。政治罪的罪因并没有绝对的对错之分，只不过在不同的政治主张或政治语境下执政者混淆了功过。南宋初期张邦昌、曲端、岳飞狱案都是功过混淆的典型诏狱，宋人在品评这些案件时便常常以功过与否来诉其冤屈。张邦昌狱案与曲端、岳飞狱案不同，宋人常常评论张邦昌过大于功，这主要是受南宋初期特殊的政治环境及宋代儒家正统忠孝观念的影响。靖康年间,金人围开封,张邦昌被金人胁迫当上大楚国傀儡皇帝,金军撤退以后他第一时间内派使臣谢克家带着传国玉玺到应天府(今河南商丘)恭请康王赵构继承皇位,但宋高宗即位后张邦昌仍被处死。关于南宋人语境里张邦昌的功过,论者政治处境不同认识也多有差异。南宋立国后,李纲为相,"以邦昌僭号叛逆,凡在围城中,皆次第定罪"①。不过,张邦昌虽被迫称帝,但未曾以帝王自居,并且通过外交手段,从金人手中救回不少忠节士大夫,一定程度上为宋高宗政权的成立打下了基础。建炎元年五月,高宗问臣僚如何处置张邦昌时,黄潜善等大臣曾指出:"邦昌罪在不贷,然为金人所胁,不得已而从。权今已自归,惟陛下所处。"②据此可见,张邦昌的功应大于过,只因他的"皇帝生涯"触动了传统儒家忠孝观的软肋,士大夫们评价他时才陷入了功过混淆的语境之中。

曲端和岳飞都是南宋抗金名将,两人都身陷诏狱惨遭杀害。元明人论曲端、岳飞诏狱时也将两人进行比较,元代史学家揭傒斯曾说:"宋之南渡,不能复振者,本于张浚抑李纲,杀曲端,引秦桧,杀岳飞也。"③明人朱彝尊也曾指出:"至曲端之诛,与桧之杀岳飞何以异。"④由此可见,曲端和岳飞狱案的关键是两人被杀直接影响到南宋初期国家振兴。南宋人在评论两人之死时,也多以功过论之。曲端为川陕抗金名将,张浚宣抚川陕时曾被重用,因布阵问题与张浚争执被贬;富平之战后,因谋反罪名收狱,进而死于酷刑。朱胜非《秀水闲居录》曾云:富平之战后,曲端陷狱冤死,"将士由是怨怒,俱叛,浚仅以身免,奔还阆州,关陕之陷自此始。至今言败绩之大者,必曰富平之役也"⑤。曲端死后,御史中丞辛炳、侍御史常同也曾弹劾张浚"妄杀良将,致失五路"⑥。不过,宋高宗并未因此怪罪张浚,从某种意义上来说,曲端之死与南宋初期的政治本位思路一致,实属诏狱事件。至于岳飞狱案,历代文献都有

---

① 《要录》卷六,建炎元年六月癸亥条引注,第169页。
② 《要录》卷五,建炎元年五月壬辰,第135页。
③ 揭傒斯:《文安集》卷一四,四部丛刊初编本。
④ 朱彝尊:《曝书亭集》卷四五《书宋史张浚传后》,四部丛刊初编本。
⑤ 《要录》卷三八,建炎四年冬十月庚午朔,第847页。
⑥ 无名氏:《林泉野记》,转载于《会编》卷一四七,绍兴元年四月二十一日条,第1066页。

复述,其抗金之功也常见诸史册。绍兴三十年十月,军民为岳飞立庙,时金人连年犯边,高宗曾自言:"岳飞如在,金人岂敢至此?"① 淳熙五年,南宋朝廷在给岳飞评定谥号的官方公文《忠愍谥议》中说:"故岳飞起自行伍,不逾数年,位至将相,而能事上以忠,御众有法,屡立功效,不自矜夸,余烈遗风,至今不泯……人谓中兴论功行封,当居第一。"② 曲端与岳飞均具抗金战功,身陷诏狱致死实为时人所不忍,道德语境里对两人的评判可能受政治影响而略有差异。

其二,忠良泯灭是传统社会对南宋初期典型诏狱事件的道德评价标准。传统儒家文化认为,士大夫应讲忠恕,推及宋儒,对忠恕观念更为看重。"忠君报国"的"忠"应当从属忠恕观念,实为做人处世的基本准则。然而,在南宋初期宋金战争频繁及国之不保的景况下,一些士大夫精忠救国,竟被迫害或贬谪,这在士大夫儒家道德观里无疑是道德失衡的表象。南宋人徐梦莘曾痛言:"呜呼!靖康之祸,古未有也。夷狄为中国患久矣!……是皆乘草昧,凌迟之时,未闻以全治盛际遭此其易且酷也。揆厥造端,误国首恶,罪有在矣。迨至临难,无不恨焉。当其两河长驱而来,使有以死捍敌;青城变议之日,使有以死拒命,尚可挫其凶焰而折其奸锋。惜乎杖节死义之士仅有一二,而偷生嗜利之徒,虽近臣名士,俯首承顺,惟恐其后。……深惧日月寝久,是非混淆,臣子大节,邪正莫辨,一介忠款,湮没不传。"③ 由此可见,南宋初期宋儒们评价士大夫忠节与否的标准是如何看待宋金关系,"误国首恶"是因邪正不分使得忠良遭受不公。事实上,徐梦莘所言的"杖节死义之士"多半也曾遭遇过诏狱,诸如胡铨、赵鼎、张浚、李光、岳飞等文臣武将都可称之为忠良义士。绍兴八年,秦桧决策主和,胡铨上书说:"夫天下者,祖宗之天下也;陛下所居之位,祖宗之位也。奈何以祖宗之天下,为犬戎之天下;以祖宗之位,为犬戎藩臣之位?陛下一屈膝,则祖宗庙社之灵,尽污夷狄;祖宗数百年之赤子,尽为左衽;朝廷宰执,尽为陪臣;天下士大夫,皆当裂冠毁冕,变为胡服。异时豺狼无厌之求,安知不加我以无礼,如刘豫也哉?……臣备员枢属,

---

① 《会编》卷二三二,绍兴三十年十月五日条,第 1672 页。
② 岳珂:《鄂国金佗粹编续编校注》卷一四《忠愍谥议》,王曾瑜校注,中华书局,1999,第 1338 页。
③ 徐梦莘:《三朝北盟会编·序》,第 3 页。

义不与桧等共戴天！区区之心，愿断三人头，竿之藁街，然后羁留虏使，责以无礼，徐兴问罪之师，则三军之士，不战而气自倍。不然，臣有赴东海而死，宁能处小朝廷求活邪！"① 胡铨言辞犀利，颇具浩然之气，忧国忧民彰显臣子大节，也正由此而屡遭贬谪。胡铨上书之初曾得到士人大力推崇，"宜兴进士吴师古锓木传之，金人募其书千金。其谪广州也，朝士陈刚中以启事为贺。其谪新州也，同郡王延珪以诗赠行"②。张元幹送别胡铨亦赋以豪然之句："目尽青天怀今古，肯儿曹恩怨相尔汝？举大白，听金缕。"③ 其精忠报国的忠良之举流于史册，张浚曾说："秦太师专柄十二年，只成就得一胡邦衡。"④ 宋人笔记曾载："胡公南归，孝宗嘉叹，置之经筵，欲大用之，惜其已老。"⑤

　　和胡铨有所不同，反对宋金和议只是赵鼎、张浚、李光诏狱的导火索，宋儒视阈里赵鼎、张浚、李光的忠良之举，多半是与他们的政治业绩比较而言。赵鼎最初并不反对和议，曾提出"以壮根本为先务"⑥ 的政治主张，绍兴八年第一次宋金和议之时，他又反对屈己救和，认为"士大夫多谓中原有可取之势，宜便进兵"⑦。但宋高宗、秦桧担心赵鼎组织的"小元祐"政治集团会影响宋金和议后的政局重建，便借助扫平和议阻力的时机将其贬谪打击。有学者曾指出，赵鼎的倒台实因宋高宗深疑其朋党交通⑧。张浚身陷诏狱与赵鼎略有不同的是，他积极抗金，引荐秦桧而反被其排挤，最终也以反和议为由而遭受政治打击。李光遭遇与赵鼎差不多，朱熹撰《庄简公墓志》说："公痛诋和议，遂不合，所荐三十人皆知名士，桧指为朋党。"⑨ 李光被重用缘于他在江南士人中的名望，秦桧希望宋金和议后他在政权巩固中起到一定的影响，不料想他成为宋金和议后政权稳定的阻力。赵鼎、张浚、李光三人可谓南宋初

① 《要录》卷一二三，绍兴八年十一月丁未，第 2306～2307 页。
② 《宋史》卷三七四《胡铨传》，第 11583 页。
③ 张元幹：《张元幹词集》，上海古籍出版社，2011，第 4 页。
④ 罗大经：《鹤林玉露》甲集卷六《斩秦桧》，中华书局，1983，第 105 页。
⑤ 叶绍翁：《四朝闻见录》甲集《请斩秦桧》，中华书局，1989，第 27 页。
⑥ 《忠正德文集》卷八《丁巳笔录》，文渊阁四库全书本。
⑦ 《要录》卷一一八，绍兴八年正月乙巳条，第 2192 页。
⑧ 高纪春：《赵鼎集团的瓦解与洛学之禁》，《中国史研究》1997 年第 2 期。
⑨ 参见王兆鹏、吕厚艳《家谱所见李光墓志及李光世系考述》，《文献》2007 年第 2 期。

期中兴名相，身陷诏狱自然为士大夫不满，对其评价也多不出忠良论辞。绍兴末年，太学生程宏图曾上书说："自赵鼎以不任和议而窜逐海外，身灭而家亡，则学士大夫忠愤之气沮矣。"① 赵鼎的忠良之举甚至使其牌位得以配享高宗室②，与吕颐浩、韩世忠、张浚同为中兴将相勋烈的代表。虽然张浚的功过一直为世儒争论不一，但其忠良一直为宋人所称道。绍兴更化之后，金人再次南犯，殿中侍御史陈俊卿曾向高宗建言："浚忠义，兼资文武，可付以阃外。"③ 朱熹撰《张浚行状》更是赞颂张浚说："忠贯日月，孝通神明，盛德源于生禀，奥学妙于心通，勋存王室，泽被生民，威镇四夷，名垂永世。"④ 杨万里撰《张浚神道碑》更云："出将入相，捐躯许国，忠义勋名，中兴第一。"⑤ 李光敢于骂秦桧"窃权误国"，其忠节品格也为宋儒所称道。朱熹在其墓志中尤云："公与丞相赵鼎俱以沮和议，为秦桧所挤，至书名于阁，誓必杀之。幸桧先死，公得令终。惜乎精忠耿耿与九泉，后之拜公墓者，空为之慨忆！"⑥

　　岳飞之死，在历代儒家道德语境里均掀起不小的波澜，成为诠释传统忠良观念的经典案例。宋儒对岳飞的忠良之举最初并未广泛认同，岳飞死后二十年间仅有两个太学生上书，要么请求复岳飞官爵及录其子孙，"以谢三军之士，以激忠义之气"⑦；要么指斥"自岳飞决意用兵，而诬陷大逆，身戮而族诛，则三军将士忠愤之气沮矣"⑧。随着宋高宗的退位及死去，岳飞的精忠遂成为时儒评判他的诏狱的基本标准，南宋人的笔记及杂史中有关岳飞忠良的评价足以反映时儒的价值取向。南宋人黄文雷在过东林岳飞墓时曾赋诗："欲坏长城岂自由，江人重唱白符鸠。熏天富贵还须尽，从古忠良类若仇。"⑨ 地方官幸元龙在审判岳飞后人与万俟卨后人经济纠纷时说："岳武穆一代忠臣，万俟卨助桧逆贼，虽籍其家，

①　《会编》卷二三七，绍兴三十一年十月二十九日，第1703页。
②　周辉：《清波杂志校注》卷一《配享》，刘永翔校注，中华书局，1989，第21页。
③　《要录》卷一八八，绍兴三十一年岁次己亥，第3647页。
④　朱熹：《晦庵先生朱文公文集》，上海古籍出版社，2002，第4442页。
⑤　《诚斋集》卷一二一《张浚神道碑》。
⑥　王兆鹏、吕厚艳：《家谱所见李光墓志及李光世系考述》，《文献》2007年第2期。
⑦　《会编》卷二三六，绍兴三十年十月十九日，第1694页。
⑧　《会编》卷二三七，绍兴三十一年十月二十九日，第1703页。
⑨　厉鹗：《宋诗纪事》卷六九，上海古籍出版社，1981，第1722页。

不足以谢天下。"① 文人林弓寮过岳飞墓赋诗："天意只如此，将军足可伤。忠无身报主，冤有骨封王。"② 不过，岳飞的忠良只是一种文化范式，虽然得到后人的长久追念，但与宋儒以忠君为核心的忠孝观念仍有距离。相传岳飞身陷牢狱时，"有狱子事飞甚谨，至是狱子倚门斜立，无恭谨状。飞异之，狱子曰：'我平生以岳飞为忠义，故伏侍甚谨。今乃逆臣耳！'飞请其故，曰：'君臣不可疑，疑则为乱。君疑臣则诛，臣疑君则反。君今疑臣矣，少保若不死，出狱则复疑于君，安得不反？反既明甚，此所以为逆臣也。'飞感动，仰天移时，索笔署押。狱卒伏伺恭谨如初。"③ 刘子健先生曾指出，这一故事反映了士大夫们对忠君之忠的社会认同，这与朱熹所谓"父子君臣，天下之定理"不无二致④。尽管如此，岳飞之死仍然折射出传统道德观的倾斜，岳飞精忠报国无论在什么时代什么语境下都反映出传统文化积极的一面。

至此可见，政治道德语境里有关南宋初期诏狱的评述，集中体现在宋儒道德观里对功过与忠良两个方面的认识上。当然，功过与忠良并不能涵盖时儒对这些诏狱的所有的道德评述，但这两个方面的评述，至少为我们揭示出南宋初期诏狱事件在一定程度上触痛士大夫道德观的事实。

三　殊途同归：法制与政治共生的断想

综上所述，南宋初期的法制状况不可谓不好，宋高宗的法制理念对于百废待兴的南宋新王朝并不是没有益处。就法制建设而言，南宋初期应该是法制良性发展的时期。然而，南宋初期诏狱事件频现，在这些政治性诏狱的审判过程中，严刑罪名盛行，审判程序简单，案件形式凸显文字狱特征，一定程度上有违中国古代的法制思想。从文献资料里对这些诏狱的不同描述来看，法制层面上案件审判过程凸显有罪推定逻辑思想，伦理观念里忠良与功过成为士大夫们对这些诏狱事件最好的道德批判。南宋初期的法制环境与诏狱面相实在是相互矛盾，一方面这些政治性诏狱事件几乎忽视法制的存在，另一方面宋高宗在追求王道天下之时

①　陆心源：《宋史翼》卷二二《幸元龙传》，中华书局，1991，第233页。
②　四水潜夫：《武林旧事》，西湖书社，1981，第86页。
③　丁传靖辑《宋人轶事汇编》卷一五，中华书局，1981，第799页。
④　刘子健：《岳飞》，《两宋史研究汇编》，联经出版事业公司，1987，第203～204页。

不遗余力地推动法制建设。由此看来，南宋初期多发政治性诏狱与南宋初期宋高宗政权的法制重建相互背离，简直就是大相径庭。且不说这些诏狱事件如何在审判中违反儒家法制思想，仅仅是其频发性、群体性特征就已折射出南宋初期法制建设与司法行为的矛盾和乱象。北宋人张方平曾痛言汉、唐两代之衰，"诏狱"之弊为乱政之首：

　　　盖一成之法，三尺具存。而舞文巧诋之人、曲致希合之吏，犹或高下其手，轻重在心，钩摭锻磨，罔用灵制。又况多张网阱，旁开诏狱。理官不得而议，廷臣不闻其辨。事成近习之手，法有二三之门哉。是人主示天下以私而大柄所以失于下，乱所由生也。①

　　诏狱显然并不是良性法制环境下的常规司法行为，诏狱在审判特殊政治案件中的高效性背后也一定潜藏着诟病。有学者即指出，"由于皇帝'钦定'立案的特性，使得诏狱的审理程序、规格等都较一般狱案有明显不同；而皇帝意旨对判决结果的影响，也往往会践踏既有的司法审判程序"②。那么，我们该如何解释南宋初期诏狱多发的法制现象，抑或如何看待诏狱事件与法制建设的矛盾呢？

　　西方法学家施塔姆勒曾说，一个充分发达的专制统治是一个仅由一个条款组成的法律秩序，即在服从法律的那些人之间的法律关系将仅仅根据个案中统治者的具体决断而判决并赋予法律效力③。这样的认识当然可以完全解释南宋初期多发政治性诏狱存在的合理性，但遮蔽掉了中国传统帝国时代官僚制度的作用④。实际上，宋高宗法制思想里的"好

---

① 张方平：《乐全集》卷一二《诏狱之弊》，文渊阁四库全书本。
② 张忠炜：《"诏狱"辨名》，《史学月刊》2006 年第 5 期。
③ 转引自尤根·埃利希《法律社会学基本原理》，叶名怡、袁震译，中国社会科学出版社，2009，第 284 页。
④ 迄今为止，对历史时期帝国皇权专制下集权的认识在学界几乎达成共识，中古时期由唐入宋中央集权进一步发展，但并不意味专制加强，而是制衡皇权的官僚制度渐次成熟。有学者就提出中国古代专制权力与官僚常规权力是长期互动发展的，片面强调"专断"不过是君主的常规活动，君主很大程度上受到顾问班子的操纵或君臣之间的冲突只是一种假象，都不能对以上两种权力相互消长的态势真正了解。参见孔飞力《叫魂：1768 年中国妖术大恐慌》，第 246 页。这一论断显然说明，中国帝制时代皇权专制有时候可能对官僚常规权力有所让位，常规权力在国家政治中也承担着重要角色。

生之德"，足以透露出南宋初期宋高宗政权并不在法制建设上无作为，谏官体制及宰臣轮对体制也并非空设，所谓诏狱非诏旨不是缘于宋高宗的专制极权或常规官僚体系的丧失。严耕望先生曾指出，宋代政治上皇帝虽集大权于一身，但皇帝与大小臣僚接近，有群臣轮对之制，群臣得尽所欲言，而祖训不杀谏官，不杀大臣，亦促使士气高涨，对皇权产生制衡作用①。这在南宋初期政治文化重建时期仍然有所体现，但皇权与官僚常规权力在不同政治行为上进行了分治。常规法制管理与皇帝主导下的诏狱，都是国家政治行为的重要内容，只不过两者适用于不同的政治环境或政治选择。皇帝主控下的诏狱，本身就是超越常规法制权力的专制权力体现，但诏狱的审判思想并没有超越传统法制的基本精神，诏狱与常规案件的差别是案情牵涉国家大政或君亲孝忠，审判机构也由高级中央官员委任。这里唯一的疑问是南宋初期多发性诏狱案件的审判程序并不规范，不乏冤狱案件滋生其中，到底是否非诏旨所致是本文研究的视角所在。

　　有学者曾称，虽然皇帝参与司法在宋代司法中的分量只是九牛一毛，但皇帝对司法的控制管理、对司法问题的态度及对司法官吏的选任和监督上所表现的思想倾向，对宋代司法的引导作用是巨大的②。宋高宗时代亦然，赵鼎、张浚、秦桧相权争夺中，并不曾遮蔽高宗对司法的控制，所发生的诏狱大多还是取得了高宗的默许。然而，我们必须清楚的是，诏狱本身不属于常规狱案，审判过程本来就受到权力限制而不透明或有违公正原则，多发性诏狱更是与传统时代良性法制建设不相符，皇帝对诏狱的不懈掌控必然与时代性政治选择或政治环境存在关系。事实上，传统语境里我们对诏狱泛滥与法制建设之间的矛盾耿耿于怀，是因为我们站在政治规则或社会规约层面来看问题。

　　从南宋初期诏狱现象中不难看到，所谓严刑罪名及诏狱形式、种类，都不过是宋高宗政治手段的体现。诏狱的审讯过程暴露出来的非秩序、非逻辑性告诉我们，南宋初期的诏狱实质上多是涉及特殊社会环境下的政治案件。这些案件的共性是冤假错乱的有罪推定精神贯穿始终，表相

---

① 严耕望：《中国政治制度史纲》，上海古籍出版社，2013，第 181 页。
② 吕志兴：《宋代法制特点研究》，四川大学出版社，2001，第 294 页。

是触动我们道德神经的冤狱，使得我们在对这些狱案背后的政治问题往往忽略或不去重视。宋高宗南渡建立新政权，首要政治诉求是政局稳定，对法制建设的重视恰到时机。他所倡导的重生王道观，也直接缘于南渡以后复杂的社会背景。在高宗政权既缺乏武力又缺乏财力的特殊情况下，所依托的唯有士大夫群体的耿耿忠心，"收人心，厚风俗"，恰好符合当时的政治状况。而严刑举措所针对的官吏失职罪、犯赃罪、销金罪三个方面，并不与重生王道观相背离，也是树立权威、实现时代政治利益的重要策略。看似相反，南宋初期的法制建设及宋高宗的重生王道观，对社会道德建设具有一定的作用，诏狱事件泛滥却与儒家伦理道德观念背道而驰。即使如此，我们也不能回避宋高宗政权在南渡建国初年对政治文化重建的积极努力，道德评判在这个内忧外患的政治环境下可能显得苍白无力，道德标准往往消解于执政者对政治利益的选择之间。从建炎至绍兴，从绍兴至乾道，宋高宗政权导演一幕幕政治狱案，这些诏狱性质的案件背后潜藏的是南渡建国之初"收人心"重建文化语境，以及维持宋金相对和平的关系，进而巩固、稳定绍兴和议后的政治基础。由此来说，南宋初期宋高宗政权的法制建设与诏狱多发在多元政治选择上并不矛盾，法制与政治在一定程度上还实现了契合。当然，这只是我们就诏狱本身特征及皇权对法制的钳制，结合即时政治环境对南宋初期政治行为的一种推断，也恰恰是本文意欲展开研究的动机所在。

第二章　个体诏狱与政治文化的
融通

谈及南宋初期的诏狱事件，论者多知晓宋高宗、秦桧政治集团为谋求宋金和议而制造群体性诏狱事件，至于南宋初年张邦昌、宋齐愈、曲端等个体诏狱事件，或因为正史的歪曲评价，或因为文献记载的散失，直到今天未有定论。本章中我们将要谈到的张邦昌、宋齐愈诏狱，以及洪刍等八人案，都与建炎年间惩治围城罪人相关，而建炎末绍兴初发生的曲端诏狱则关系到南宋初期宋高宗政权的政治本位问题。南宋初期百废俱兴，这些诏狱的发生不仅折射出宋高宗政权的政治取向，更与政治文化的变迁存有潜在的表里关系。笔者在本章将对以上提及的个体诏狱进行深入细致的分析，并对南宋初年道学取得的"长足发展"进行深入浅出的文化解释，以期透析两者之间的因果联系，同时为我们认识南宋初年的政治变迁做好铺垫。

第一节　同质异构：有关南宋初期几起
诏狱个案的分析

一般来说，南宋初期宋金关系是宋高宗政权始终需要面对的政治课题。但南宋立国之初，宋高宗政权急需政局稳定，重组官僚群体及处理中央与地方关系成了更为紧要的政治课题。大致在绍兴八年之前，处理围城罪人及勾画地方阶层的向心力接替被纳入政治日程。建炎年间发生了张邦昌诏狱、宋齐愈诏狱、洪刍等八人狱案，直接勾勒出宋高宗南渡后的大致取向，而绍兴初年张浚制造的曲端诏狱，则为我们认识南渡后国是政策迁移的细微迹象。

一　建炎宋廷重建时期的个体诏狱

一如前文所言，张邦昌诏狱、宋齐愈诏狱、洪刍等八人案都很少有人问津。除了张邦昌的政治经历记载较为详细，也可能遗臭万年之外；宋齐愈之死将永远成为历史上轻描淡写的一笔，对后人来说无足轻重；洪刍等八人案，或许又因文人们对洪刍的爱怜，而永远定格成历史冤案。历史就是这么简单又复杂地模糊了诸多真实的面目，但这些诏狱事件背后所隐蔽的政治情节，没有理由被我们忘记。笔者通过对这几个案例的考察分析，尽可能还原它们真实的面目，指出它们发生的政治含义。虽然它们案情内容及审讯过程都不相同，但都关系到南宋初期政治运作的某些特征，这将有助于我们更为深入地探究宋高宗政权的政治选择。

　　1.“篡逆叛臣”——张邦昌诏狱的历史轨迹

　　关于张邦昌之死，历来少有人论及，原因很简单，官修《宋史》将他列入“叛臣传”，这便意味着他将永无翻身之日，即使今天已有学者能够正视张邦昌其人其事①，但也未必有人会去追究他为何而死，他的死是不是一宗冤案，他的死有何影响。由于正统王朝观超越了正义的视点，所以社会道德被扭曲成皇权的保护伞。在本节里，笔者试将张邦昌一案进行梳理，希望以此透视一些曾被忽略过的政治问题。

　　（1）从“篡逆”到归政——张邦昌三十三天皇帝生涯始末

　　关于张邦昌仕宦，《宋史》卷四七五《张邦昌传》云：

　　　　张邦昌字子能，永静军东光人也。举进士，累官大司成，以训导失职，贬提举崇福宫，知光、汝二州。政和末，由知洪州改礼部侍郎。首请取崇宁、大观以来瑞应尤殊者增制旗物，从之。宣和元年，除尚书右丞，转左丞，迁中书侍郎。钦宗即位，拜少宰。②

---

①　张伟指出，张邦昌的登位确系金人胁迫。参见张伟《论张邦昌“伪楚”政权及其影响》，《宁波大学学报》（人文科学版）1999年第3期，第57页。何忠礼也认为，张邦昌力主向金人屈膝投降，固然应该受到谴责，但他的一时“僭逆”，却有特定的历史时代背景和不得已的苦衷。见何忠礼《宋代政治史》，浙江大学出版社，2007，第294页。路育松也指出，张邦昌在北宋灭亡后，虽没有径死尽忠，但也无篡逆之心，是在金人的威逼和百官的劝诱下，被推逼登基的。见路育松《试论北宋忠节观建设的成效——以楚政权和南宋建立为中心的考察》，《求是学刊》2009年第6期，第144页。姚大勇也认为，张邦昌入主伪楚政权实为被迫之策，并非出于本心，也并非乱臣贼子。见姚大勇《张邦昌僭伪考辨》，《文史知识》2009年第11期，第91~92页。

②　《宋史》卷四七五《张邦昌传》，第13789~13790页。

从史书记载来看，张邦昌此后与康王赵构一起被扣押在金营，应该是少宰身份。我们习惯上认为，张邦昌首错即为他力主和议，其次是他"要钦宗署御批无变割地议""请以玺书付河北"，至于议和之策是否说明他"私敌"，此处暂且不论。从"朝廷议割三镇"来看，表明钦宗及决策臣僚对割地并无异议①，而姚平仲夜袭金营失利之后，"诏割三镇以北二十州地"②，张邦昌再进太宰兼门下侍郎，仍为河北路割地使，也透露出割地的主张并非出自张邦昌。就宋朝方面来说，张邦昌之过也是有其时间性。姚平仲夜袭金营失利之后，直接刺激金人用兵，而此时北宋臣僚"上书者攻邦昌私敌，社稷之贼也。遂黜邦昌为观文殿大学士、中太一宫使，罢割地议"③。

我们一向将持和议政策的臣子解释为叛臣，从这个角度来说张邦昌是叛臣再恰当不过了。因为他主张和议，同时他又是金人"别择异姓"的最佳人选，所以历史的罪过只能由他来承受。实际上，宋金议和并非宋廷一厢情愿之事，金国上层最初也有此意向，只不过由于宋失信于盟约，金国才攻破汴京④。即使徽、钦被北掳，宋金双方仍尝试以"帝姬和亲"的模式解决危机。然而，由于宋徽宗觉得和亲外交有失颜面，再加上金相宗翰与皇子宗望和亲意向并不坚定，所以金人最后决定废掉宋钦宗改立张邦昌⑤。据史载，宋钦宗也曾明确表态，他是支持"帝姬和亲"决策的⑥。虽然"帝姬和亲"之事很少见诸正史，但足以说明宋朝

---

① 宋钦宗曾下诏书曰："应中山、河间、太原府并属县镇及以北州军，已于誓书中议定，合交割与大金。"（佚名编，金少英校补，李庆善整理《大金吊伐录校补》第51篇《宋少主敕太原府守臣诏》，中华书局，2001，第162页）即使此后又下诏不割三镇，谓"祖宗之地，尺寸不可与人，且保塞陵寝所在，誓当固守"（《大金吊伐录校补》第74篇《诏河北三帅固守三镇》，第221页），也不过是缘于一些大臣和太学生的激烈反对，从钦宗及上层决策臣僚来说，割地议和并无异议。

② 《要录》卷一，建炎元年元月辛巳，第13页。

③ 《宋史》卷四七五《张邦昌传》，第13790页。

④ 可参见赵永春《金宋关系史》第二章，人民出版社，2005，第39～118页。

⑤ 此论可参见梁伟基《从"帝姬和亲"到"废立异姓"——北宋靖康之难新探》，《新史学》2004年第3期。

⑥ 《南征录汇笺证》载：靖康二年正月十一日，"少主（钦宗）令王宗沔入城面奏，并手诏留守开封府曰：'比者金人已登京城，按甲议和，不使我民肝脑涂地。时事至此不获已，已许帝姬和亲，立大河为界'"。见确庵、耐庵编《靖康稗史笺证》卷四，中华书局，1988，第134页。

政府能够接受和议甚至比和议更屈辱的解决方案。由此看来，张邦昌只是其中一枚棋子而已，但这枚棋子阴差阳错也恰好符合金人"别择异姓"的人选。

史载，靖康二年元月乙巳，"金人将易代，惧民不听，欲以中原地择人君之，度大臣无肯任者，乃议即军中取前太宰张邦昌立之"[①]。也就是说，金人将立张邦昌为帝并非即时决定。而张邦昌之立也并非自愿，他曾读金人推戴文字后说："赵氏无罪，遽蒙废灭，邦昌所不敢闻。必欲立邦昌，请继以死。"金人一方面诱骗他说，立宋太子，以他为相；另一方面，威逼宋朝臣，"限三日立邦昌，不然下城，尽行焚戮"。宋朝方面，百官力劝张邦昌不死，救一城百姓；钦宗及朝臣承认失德失信于金人，虽为反驳之词，却又佐证了张邦昌称帝的某种合法性。总之，靖康二年三月丁酉，张邦昌"服赭袍、张红盖，百官导引步，自大庆殿至文德殿前"[②]。然而，张邦昌并未有愉悦之情，"不御步升殿，于御榻西别设一椅"，甚至遣阁门传令说，自己"本为生灵，非敢窃位"。百官遽拜时，他急忙回身面东拱手而立。当了皇帝的张邦昌也并不舒坦，不敢把自己视做皇帝，规定自己的命令不称"圣旨"，议定及面陈得旨事称"面旨"，内批称"中旨"，传谕所司称"宣旨"，手诏称"手书"，"处大内，多不敢当至尊之仪""不御殿，不受朝"。

不过，这样一个"胆小无能"[③]的皇帝，仅在位三十三天，也曾尽力为社稷，忠心不忘赵氏，当金人洗劫京城民不聊生之时，他还诣青城请金人"不毁赵氏陵庙、罢括金银、存留楼橹、借东都三年、乞班师、降号称帝、借金银犒赏"[④]。甚至他还不计前嫌，遗金人书说："孙傅、张叔夜、秦桧，缘请存于赵氏，遂留置于军中。既知徇义于前朝，必能尽心于今日，宜蒙宽宥，使遂旋归。"[⑤] 所以说，将张邦昌定为叛逆贼

① 《要录》卷一，靖康二年元月丁未，第29页。
② 《要录》卷三，靖康二年三月丁酉，第76页。
③ 《回天录》曾云："（张邦昌）小胆怕事特甚。"（见《会编》卷九二，靖康二年四月九日条引，第681页）靖康元年，闻知出使金营，身为少宰的张邦昌，竟吓得垂泪不已，赵构曾据此说他"小心畏慎"（见《会编》卷一〇二，建炎元年五月三日壬辰，第752页）。
④ 《要录》卷三，建炎元年三月乙巳，第84页。
⑤ 《要录》卷三，建炎元年三月戊午，第94页。

子，无论如何都有失公允。金人退兵之后，张邦昌在吕好问的建议下，按前朝旧例，请元祐皇后入居延福宫，又密上皇后书，"具述复兴之事"，"元帅府檄至京师，邦昌命开封府榜谕士民"①，并遣谢克家往山东迎大元帅赵构。无论迫于局势也好，倾心悔过也罢，张邦昌最终的举措必有助于南宋高宗政权的确立。

（2）恶逆当死——张邦昌的囚旅生涯

此前的学者多论张邦昌僭逆经历，至于归政之后的身份变化却少有论及。有人以忠节观探讨南宋初期士大夫对围城罪臣的态度，有人以政党之争来解释围城士大夫的取舍问题，而建炎士大夫对围城罪臣的态度，到底出于何种意图，研究者却莫衷一是。

从史书记载来看，张邦昌的归政多半是吕好问的功劳。从请元祐皇后入宫到推戴康王，无不始出吕好问之口。吕好问曾劝张邦昌说："公宜遣使推戴康邸，则城中便为功臣，若先为诸道所推，则城中即叛臣矣，为功臣，为叛臣，在此一举，岂可少缓？"② 事后看来，这样的忠节之语，再与王时雍的"骑虎势不得下"形成鲜明对比，从而更增加了他的功臣筹码。与吕好问同样劝张邦昌归政的还有胡舜陟，他说："君臣大义，岂可一日而废！……谓自古有亡必有兴，此皆轻虑浅谋，不识祸福之机者也。本朝自祖宗以来，恩德在人，至深至厚，九州四海，岂有一夫不心怀赵氏者？"③ 实际上，祖宗恩德或恩泽的言辞不唯胡舜陟一人之口，围城前后的士大夫多论及此，这也便是宋廷一直倡言的祖宗映像。历来以忠义著称的宗泽也曾谈道："自古人臣，岂有服赭袍、张红盖、御正殿者？况邦昌改元肆赦，又挟孟氏以令天下，欲散诸路勤王之兵。其篡乱踪迹，无可疑者。自古奸臣，初未尝不谦逊，而中藏祸心，况恶状彰著如此？"④ 也就是说，人臣之分的礼教在两宋之交非但没泯灭，反而愈发膨胀，这也正是建炎年间批斗围城罪臣那些士大夫的政治视点。

其实，士大夫的价值观若仅是体现在仁义道德层面，南宋乃至任何朝代的历史似乎都将改写。同样是为了劝降张邦昌的马伸，似乎道出了

---

① 《要录》卷四，建炎元年四月癸亥，第 107～108 页。
② 《要录》卷四，建炎元年四月癸亥，第 108 页。
③ 《要录》卷四，建炎元年四月丙寅，第 112 页。
④ 《要录》卷四，建炎元年四月乙丑，第 112 页。

忠义背后的真实一面。建炎元年四月，监察御史马伸曾告诉张邦昌："望速行改正，易服归省，庶事取太后命而行，仍速迎奉康王归京，日下开门抚劳勤王之师，以示无间。应内外赦书施恩惠、收人心等事，权行拘收，俟立赵氏日，然后施行，庶几中外释疑，转祸为福。不然，伸有死而已，必不敢辅相公为宋朝叛臣也。"① 可见，叛臣之名令大多士大夫望而生畏。出乎预料的是，张邦昌并未被碎尸万段，竟得高宗诏曰："张邦昌知几达变，勋在社稷。朕宠以王爵，欲与同理万务，而牢避莫夺。可依文彦博例，一月两赴都堂，急速大政，令宰执就第商议，以称朕优贤倚赖之意。"② 显而易见，张邦昌由祸转福主要还是缘于金人，宋高宗曾直言不讳说："朕欲驭以王爵，使异时金人有词，则令邦昌以天下不忘本朝，而归宝避位之意告之。"③

另外，李纲论张邦昌僭逆之时，高宗曾提醒说执政中有与他意见不同者，但李纲仍坚持正典刑。吕本中《杂说》云："金人再犯京师，谢克家、耿南仲党人往往在围城中，皆前日力攻李纲者。纲既相，复以围城中事中伤之。以邦昌借号叛逆，凡在围城中，皆次第定罪。"④ 李纲荐进的邓肃，也力请窜斥张邦昌等伪命之臣，还将围城中叛臣分为诸多等级类别加以打击。纵观李纲等人的举措，不难看出这是一个群体整治围城罪人的大规模行动，主要是为了重组新的官僚群体，其政治高度完全可以遮蔽政治事实。吕好问即曾告知高宗："今若不速自引退，使言者专意于臣，而忘朝廷之急，则两失其宜。"⑤

事实上，无论是高宗所言的"执政"，还是围城忠节之臣吕好问，至少在处置围城罪臣的问题上都表现出近似的理性态度。当然，我们不能说这类人的观点是否一定客观，他们毕竟都是张邦昌与赵构之间起决定性作用的谋臣，他们抑或尚存私利的认识大致符合当时的社会背景。

（3）金人扼杀？——张邦昌之死的真正原因

按建炎元年五月壬辰，高宗问何以处张邦昌，黄潜善等曰："邦昌罪

① 《要录》卷四，建炎元年四月丁卯，第115页。
② 《要录》卷五，建炎元年五月辛丑，第146页。
③ 《要录》卷五，建炎元年五月壬辰，第135页。
④ 《要录》卷六，建炎元年六月癸亥条引注，第169页。
⑤ 《要录》卷七，建炎元年七月癸卯，第207页。

在不贷，然为金人所胁，不得已而从。权今已自归，惟陛下所处。"① 高宗即"驭以王爵"，以免金人拿张邦昌为借口生事。但建炎元年九月壬子，张邦昌还是被赐死于潭州，原因是张邦昌"始知在内中衣赭衣、履黄袍，宿福宁殿，使宫人侍寝，心迹如此，甚负国家，遂将盗有神器。虽欲容贷，惧祖宗在天之灵。尚加恻隐，不忍显肆市朝"②。由此可见，张邦昌之死似与金人无关，只因三十三天皇帝生活里他与宫人侍寝，触动了"道德至上"的高宗的软肋。原因是张邦昌在围城"称帝"之时，华国靖恭夫人李氏曾命宫人私侍张邦昌，待张邦昌还东府时，还有"语斥乘舆"。李纲却认为，张邦昌既僭位号，只是小事一桩。但高宗不那么认为，有诛张邦昌之意。从前章所论诏狱常见的罪名来看，"语斥乘舆"属十恶重罪，足以实现宋高宗打击报复的用意。不过，仅因张邦昌与宫人侍寝，就判以死罪，似乎也不合情理，正如李纲所言，张邦昌既已称帝，宫人侍寝实为不足论的小事，并且在当时的状况之下，毕竟他是皇帝身份。

那么，张邦昌之死真正缘由到底是什么呢？李纲首次要求惩治张邦昌之罪时，并未得到执政黄潜善、汪伯彦等人的认同，在李纲以死论争之下，宋高宗采取了李纲"贷其死而远窜之"③ 的意见，责授张邦昌为昭化军节度副使潭州安置。也就是说，张邦昌之死是有一个阶段性进展的，而左右这个进展的却非李纲，亦不完全因华国靖恭夫人李氏的供词。何忠礼先生曾指出，虽然高宗知道张邦昌的称帝并非出于自己本意，但从维护帝王的一姓尊严出发，心底仍然十分忌恨，李纲的奏议恰恰成了"秋后算账"的一个借口，金人的动向直接导致张邦昌先是被贬官，后被赐死④。史籍所载大致也差不多这样，建炎元年六月庚申，宗翰还屯云中⑤。庚辰，右副元帅宗望薨，汉国王宗杰继薨⑥。对于宋高宗政权来说，来自于金人的威胁似乎有所缓解，张邦昌遭贬为散官潭州安置大概也与此相关。不过，张邦昌被赐死之事，却与金人威胁加大相关。九月

---

① 《要录》卷五，建炎元年五月壬辰，第135页。
② 《要录》卷九，建炎元年九月壬子，第254页。
③ 《要录》卷六，建炎元年六月壬戌，第166页。
④ 何忠礼：《宋代政治史》第十章，第294页。
⑤ 《宋史》卷二四《高宗本纪》，第445页。
⑥ 《金史》卷三《太宗本纪》，第57页。

己酉，"以谍报金人欲犯江、浙，诏暂驻淮甸捍御，稍定即还京阙"①。在金人强势进犯的危急时刻，如何稳固宋高宗政权当是首要急务，当时所能做的，除了严加防御之外，更重要的收拢人心，消除皇权直接威胁，而这些又恰恰都与张邦昌的存在相关。

南宋初立之时，宋高宗赵构自身面临的首要问题就是正朔，虽然李纲曾为高宗辩解："夫英宗之曾孙，神宗之孙，道君之子，渊圣之弟，惟有陛下一人而已。天祐我宋，必将有主，主宋祀者，非陛下而谁？"② 但太学生陈东上疏中就曾对他皇位合法性持怀疑③，此事定当触动其痛处。就这一方面来看，高宗绝不容忍侵犯或怀疑自己正朔地位者存在，陈东之死便是其例证，下节所论的宋齐愈之死更由此。那么，张邦昌之死更是必然，关键是因何发生在建炎元年九月。

正如前文引文所载，张邦昌被赐死在九月金人进犯江、浙消息之后，金人进犯的消息对于高宗来说，无疑如临大灾。"秋高马肥，突骑猖蹶，挟借其势"④，然后张邦昌重建伪政权，如此情形当为高宗最为担心的事情。并且，同年十二月金人大举进攻南宋前下发的告书中，也着实提到"如张氏已遭鸩毒，则别择贤人"⑤。另外，先前靠张邦昌修书联络金人感情的举措又被爱国的宗泽搞砸⑥，张邦昌的利用价值似乎不再那么明显，而他的存在形成对自己皇权的威胁却愈加明显，所以说，宋高宗在反复纠结之后，赐死张邦昌又是颇具时效性的。

---

① 《宋史》卷二四《高宗本纪》，第449页。
② 李纲：《梁溪集》卷五八《十议上·议借逆》，文渊阁四库全书本。
③ 赵牲：《遗史》云："东疏中有云，上不当即大位。"转引自《要录》卷八，建炎元年八月壬午条，第234页。
④ 《梁溪集》卷五八《十议上·议借逆》。
⑤ 《大金吊伐录校补》第174篇《伐康王晓告诸路文字》，第495页。
⑥ 史载，"上命京城留守宗泽移所拘金使于别馆优加待遇。泽谓：'二圣在房，必欲便行诛戮，恐贻君父忧，若纵之使还，又有伤国体，莫若拘縻于此，俟车驾还阙，登楼肆赦，然后特从宽贷。'及是诏下，泽上奏曰：'臣不意陛下复听奸臣之语，浸渐望和，为退奔计。营缮金陵，奉元祐太后，仍遣官奉迎太庙木主，弃河东、河西、河北、京东、京西、淮南、陕右七路生灵，如粪壤草芥，略不顾惜。又令迁金使别馆，优加待遇。不知二三大臣于金人情款何如是之厚，而于国家讦谟何如是之薄也？臣之朴愚，必不敢奉诏以彰国弱，此我大宋兴衰治乱之机，愿陛下察之。陛下果以臣言为狂，请投之远恶，以快奸贼。'诏答曰：'卿弹压强梗，保护都城，深所倚仗。但拘留金使，未达朕心。'泽犹不奉诏。"见《要录》卷七，绍兴元年七月丁未，第211页。

　　此外，两宋之交，士节士风的败坏直接威胁着南宋政权的稳固。李纲曾言："近年以来，士知利而不知义，故平居无事之时，惟以保家谋身为得策，而一经变故，坐视君父如行路之人。自非一振国威，大变其风，天下未易理也。"① 高宗也曾下《戒励士风诏》云："日者二圣播迁，宗社几至于颠覆，而伏节死难者罕有所闻……而士大夫奉公者少，营私者多，殉国者稀，谋身者众。"② 整治士风当是即时谋利的重要举措，而对僭逆之臣的处置则是其重要内容之一。

　　总而言之，张邦昌之死，并不是某一单一缘由所致，而是南宋初立的时代背景下，宋高宗政权在诸多利益交错之中实施的某一政治行为。客观来说，张邦昌当是宋高宗政权政治利益谋求中的牺牲品。

　　2. 忠奸之错解——宋齐愈冤案探源

　　宋齐愈其人，史书记载不详，只云"字文渊（一字退翁）。靖康初，官谏议大夫。建炎初，以推举伪楚论死"③。关于他的死似乎没什么可追究之处，所以也一直没有人论及。通过对相关史料的分析，笔者认为，宋齐愈之死实有冤情，并且他的死直接透视出南宋初期党争与政权利益取舍的某一侧面。以下笔者将通过对宋齐愈之案全面的解读，深入分析此案背后的诸多政治问题。

　　（1）三字换腰斩——宋齐愈之死考辨

　　有关宋齐愈之罪，据王宾根勘宋齐愈按款云：

　　　　宋齐愈招金人邀请渊圣皇帝出城，未回，知孙傅承军前，遣吴开等将文字称废渊圣，共举堪为人主一人。及知孙傅等乞不废渊圣皇帝，不许，须管于异姓中选举姓名通申。齐愈知孙傅等在皇城司集议，递到本司，见众官及桌子上有文字，不论资次，管举一人。齐愈问王时雍："举谁?"时雍曰："金人令吴开来密喻，旨意在张邦昌，今已写下，只空姓名。"又看得金人元来文字，请举军前南官，以此参验，王时雍语言即是要举张邦昌。齐愈恐违时雍，别有不测，为王时雍曾说吴开密谕张邦昌，亦欲蚤了图出。齐愈辄自举

① 《梁溪集》卷五八《十议上·议伪命》。
② 《梁溪集》卷三四《戒励士风诏》。
③ 厉鹗撰辑《宋诗纪事》卷四二，上海古籍出版社，1981，第1083页。

笔于纸上书写"张邦昌"姓名三字，欲要于举状内填写，却将呈时雍，称是；又节次遍呈在坐元集议官。齐愈令人吏依纸上所写"张邦昌"三字，别写申状，系王时雍等姓名，分付与吴开、莫俦将去。其举状内别无齐愈姓名。初蒙勘问时，惧罪隐下不招。再蒙取会到中书舍人李会状："二月下旬间，忽有左司员外郎宋齐愈自外至，见商议未定，即于本司厅前取纸笔，就桌子上取纸一片，书写'张邦昌'三字，即不是文字上书，遍呈在坐，相顾失色，皆莫敢应，别无语言。其所写姓名文字系宋齐愈手自将去，会即时起去。是时，只记得胡舜陟在坐，司业董逌午间亦在坐，未委见与不见。其余卿监郎官，会以到局未久，多不识之。"及根取到元状单子勘，方招。①

略读此案卷，便知宋齐愈之罪只是金人欲择异姓之君时，他手书"张邦昌"三字而已，也就是这三个字，置宋齐愈以不忠之臣，"其罪非受伪命臣僚之比"，最终处以腰斩。按建炎元年秋七月辛卯，言官论宋齐愈首书"张邦昌"三字以示议臣，由是获罪下台狱，令御史王宾根勘，癸卯腰斩宋齐愈于都市。从法律程序上来讲，此案从根勘、取证到量刑，都符合宋代诏狱的审讯过程。但是，有关宋齐愈首书张邦昌的史传却有多个版本，甚至有人还质疑审讯过程有弊陋。

张栻《私记》云："张邦昌之挟敌以借也，在金营议已定。宋退翁自会议所归，道遇乡人，问之曰：'今日金所立者谁？'退翁疏书邦昌姓名于掌，以示之。而李丞相以为退翁自会议所即取纸笔书邦昌姓名，造端谋立。丞相与王宾又密谕李会，使妄自析，而归其事于退翁，丞相竟匿会劝进稿，而执其章论退翁死，李公旋罢相。"②从这段文字中，不难看出，张栻把宋齐愈之死完全归罪于李纲，显然是为宋齐愈首书"张邦昌"一事开脱。这里，除了"书邦昌姓名于掌"与他书不同必为捏造外，归罪李纲之言辞或为事实。即使张栻为张浚之子，可能为其父好友宋齐愈辩护，但李纲与宋齐愈的过节定然存在，只不过此处被张栻夸大

① 王明清：《玉照新志》卷四，汪新森、朱菊如校点，上海古籍出版社，1991，第3947～3948页。
② 《要录》卷七，建炎元年七月癸卯条引注，第208页。

而已。

正如张栻曲书李纲那样，他将李会也视为宋齐愈案情的关键人物。实际上，宋齐愈的按款里也已明确指出李会的作用。王明清《玉照新志》卷四亦载："会即时起去。是时，只记得胡舜陟在坐，司业董逌午间亦在坐，未委见与不见。其余卿监郎官，会以到局未久，多不识之。及根取元状单子勘，方招。"① 也就是说，李会不仅在宋齐愈案中起了至关重要的作用，并且还成为一系列围城罪臣的指证者。是否"根取元状单子"，我们无从推知。但此案中有关李会的记载或有疑点。史载，"齐愈初赴狱，以文书一缣囊授虞部外郎张浚曰：'齐愈不过远贬，它时幸为我明之。'此李会劝进张邦昌草稿也。时御史王宾劾齐愈未得实，闻齐愈有文书在浚所，遽发箧取之。宾密谕会，使妄自析，而证齐愈"②。可见，宋齐愈首书张邦昌的真实情况应该在李会劝进草稿之中，而这个草稿并不一定能够置宋齐愈于死地，相反可能还有助于宋齐愈。于是，王宾密嘱李会造假证据以陷害宋齐愈。如果此论及此事记载属实的话，我们大可论断宋齐愈案件审讯不端，宋齐愈之死尚为冤案。然而，从其他资料来看，此处李会用事与其本人德行及当时的政治态度并不相符。

邓肃的叛臣札子中曾提到，李会平日曾对范宗尹说："邦昌实无罪，而陛下责之为非。"③ 从这条资料可以看出，李会本人并不认为张邦昌有罪，主要是得罪于宋高宗。这样一来，宋齐愈按款里的李会难免存有错载之处，那么按款的客观性也就不言而喻。事实上，宋齐愈一案的冤情并不仅是按款的失实及审讯的不端，高宗的态度及南宋初期政局的变动才是其深层的原因。

（2）修怨专杀？——冤案背后的政策迁移

宋人在追述宋齐愈之死时，多将其死归罪于李纲，一方面由于李纲主张深罪围城士大夫，另一方面则由于李纲与宋齐愈有过节。对于前者，我们从张邦昌一案中便已有所认识，而对后者我们表示怀疑，因为史载李纲似非小肚鸡肠之人。吕中《大事记》曰："宋齐愈之罪，当从王时雍等之例，贬而窜之可也，何至是耶。洪刍、陈冲、王及之死，纲尚救

---

① 《玉照新志》卷四，第 3948 页。
② 《要录》卷七，建炎元年七月癸卯，第 207～208 页。
③ 邓肃：《栟榈集》卷一二《辞免除左正言第六》，文渊阁四库全书本。

其死，而独不救宋齐愈，纲于是失政刑矣。中兴之初，大臣有一事之当理，则足以兴起人心；有一事之稍非，亦足以抑遏人心。此所以来，张浚之疏也。浚素与齐愈友，而又潜善客也，以潜善而忌李纲，是以小人而忌君子也，以张浚而攻李纲，是以君子而攻君子，其可乎，岂非张浚初年之见耶。"①可见，在吕中眼里，宋齐愈一案凸显的是君子与小人之别，我们权且不论君子小人有何区别，也暂不追究张浚政见的前后变迁，仅就李纲不救宋齐愈一事，便可推知两人的不和。《张浚行状》曰："宰相李纲，以私意恶谏议大夫宋齐愈，加之罪至论腰斩。"②从张浚与宋齐愈的关系来看，张浚这个行状固然有攻击李纲一面，但李纲是否"私意恶谏议大夫宋齐愈"，当是以下侧重探讨的问题。

　　李纲对宋齐愈的态度是否左右案件的进展，我们无法从史料中获取相关信息。然而，宋高宗赵构在此案中的态度却记载相当清晰。初送宋齐愈御史台根勘时，高宗下制词曰："义重于生，虽匹夫不可夺志；士失其守，或一言几于丧邦。具官某（宋齐愈）蒙国厚恩，为时显宦。方氛祲结萧墙之内，至疆敌谋僭位之人。事既非常，座皆失色。所幸探符之未获，奈何援笔以遽书，遗毒至今，造端自汝。眭孟五行之说，岂所宜言？袁宏九锡之文，兹焉安忍？其解谏垣之职，以须廷尉之平。邦有常刑，朕安敢赦？"③由此可见，高宗从一开始就态度分明，将按常刑处置宋齐愈。不过，常刑有时候也在大赦之列，高宗又该如何抉择呢？尚书省检会建炎元年五月一日赦云："昨金人逼胁使张邦昌僭号，实非本心，今已归复旧班，其应干供奉行事之人，亦不获已，尚虑畏避各不自安，并与放免。法寺称宋齐愈后谋叛以上斩，不分首从，赦犯恶逆以上罪至斩，依法用刑。宋齐愈合处除名，犯在五月一日大赦前，合从赦后虚妄，杖一百，罚铜十斤，情重奏裁。"然而，高宗坚持认为，"宋齐愈身为士大夫，当守节义，国家艰危之际，不能死节，乃探金人之情，亲书僭逆之名姓，谋立异姓以危宗社，造端在前，非受伪命臣僚之比，特不原赦，依断，仍令尚书省出榜晓谕"④。也就是说，宋齐愈之死，可能除了李纲

---

① 《要录》卷七，建炎元年七月癸卯条引注，第209页。
② 《会编》卷一一一，建炎元年七月十五日，第814页。
③ 汪藻：《浮溪集》卷一二《宋齐愈罢谏议大夫送御史台根勘制》，四部丛刊初编本。
④ 王明清：《玉照新志》卷四，第3948页。

与之有过节而发难之外，很大程度上取决于宋高宗赵构。可是，南宋史籍中却多载，李纲罢相与"修怨专杀"宋齐愈，存在直观的连续性。既然宋齐愈之死缘于李纲，那么为何史载中除了谈张浚对此不满外，此案中李纲的行为态度却只字未提，难道因为李纲的道德或主战爱国地位掩盖了其过失？

实则非然，据史载，高宗对宋齐愈的态度没过多久就发生了改变，还对宋的家属进行了慰抚，只因张浚直言宋齐愈不当死，而这些恰恰发生在李纲被贬之后。我们知道汪、黄二人是拥立高宗的元帅府功臣，而张浚仅是围城中未在拥立张邦昌议状上署名的旧臣，在当时来说，两者地位本没有可比性。然而，前者黄潜善等营救宋齐愈无果，而张浚在李纲罢相过程中颇为用力之后，轻而易举地挽回了高宗对宋齐愈的政见。可见，此案前后高宗对宋齐愈态度的迁移，并非张浚言语力劝的结果，而是有关宋高宗政权政策转折的风向标。

寺地遵认为，建炎元年五月至八月间的政治过程里政权中枢内部的政治斗争，主要表现在北宋末期对金强硬论者李纲及宗泽，借由编制对金防卫组织，以克服因北宋灭亡所形成的权力真空状态，并确立继承政权的方向，但这并未得到主张放弃华北，皇帝移往东南的黄潜善、汪伯彦势力的认可①。从相关文献记载来看，此论当为解释李纲失势的最好总结。不过，李纲被贬虽然有权力斗争一面，但主导此时期政治运作的应该是皇权②。事实上，对宋高宗来说，如何维系新政权的存在，有两方面任务要做，一方面是重塑士大夫的忠君理念，以达到风俗之正；另一方面，拥有一定的军事力量至关重要，这些军事力量不一定要与金抗衡或收复北方，最起码成为议和的筹码也是不错的选择。当然，在当时分崩离析的社会状况之下，议和之论并不一定只是北宋末期议和卖国求安政策的延续，而是一种即时背景下的被迫之举。不过，这种认识可能在李纲、宗泽等主张抗战的大臣眼里实属误国之举，组建新的军事力量对付金人当为时务，这些新建军队可能来自于民间武装力量的整合，另外，设置藩镇加强两河防御，既加强了军事力量，亦成为维护南宋政权

---

① 寺地遵：《南宋初期政治史研究》，第 75 页。

② 寺地遵曾指出，南宋初期政治过程是以皇帝为中心，土豪、地主官僚、权力集团三种势力运作纠葛的过程。参见寺地遵《南宋初期政治史研究》，第 39 页。

安全的屏障。从南宋政权成立来看，高宗最初是接受李纲的藩镇政策，但是否能够说明高宗对这种政策持完全认可态度，便就难说了。

南宋初立，李纲被招为相，多半由于他"被遇两朝，延登四辅，出专将钺，宣威久去于周行，总治王畿"①，"威望隐然如长城，民恃以无恐"②。他的人格、声望必有助于风俗大坏之际政局的稳固。李纲入相后，便着手两方面的工作，其一是提倡藩镇政策；其二是惩治围城罪臣，革新士风。从当时局势来看，前者不仅是国防所需，重要的是还有利于收拢人心；而后者完全符合高宗个人政治利益诉求，也十分重要。就当时宋金双方的军事势力而言，根本无甚可比，南宋方面军队素质与金差距多远史无所载，令人担忧的是南宋初立之时并无系统的国家军队，收编或整合民间武装力量当为急需之事，而将这些力量转型为藩镇力量则是任何皇权都不乐见的。此外，这样的军事势力状况下，宋金双方议和之策并非不可取，而这又是主张强硬态度的李纲、宗泽势必反对的。总之，南宋政治主体之中心的宋高宗与主战的宰相李纲，从开始的相对和谐发展到最终的矛盾激化，他们在惩治围城罪臣中达到的某种默契，最终撕裂成双方矛盾的导火索。抛开时间上的细微差异，宋齐愈之死当为李纲罢相的某一筹码。

3. 新政与士大夫之治——洪刍等八人案的政治注解

和宋齐愈冤案一样，洪刍、陈冲、王及之等八人案历来很少有人问津。宋人著《枫窗小牍》载："比汴京失守，粘没喝勾括金银。驹父（洪刍）以奉命行事，日惟觞酌，幸醉中不见此时情状。竟为纲纪自利峻干搜索，坐贬沙门，亦大冤也。"③ 单就此案牵涉众多士大夫来看，无论此案是不是冤案，都将关系到南宋初期士大夫之治及宋高宗政权的政治路线。所以说，以本案的发展情况为探讨对象，深入分析其中的利害冲突问题，将有助于我们进一步了解南宋初期宋高宗政权的政策实施情况。以下笔者将借助零散的相关史料，粗略地勾勒出该案的发展特征，从而探究与之相关的政治问题。

洪刍等八人案，始于建炎元年五月十八日，《要录》仅记："左谏议

① 《会编》卷一〇二，建炎元年五月五日甲午，第754页。
② 杨时：《杨龟山先生集》卷二二《与李丞相书》，影印和珍本。
③ 袁口：《枫窗小牍》卷上，丛书集成新编本，新文丰出版公司，1985，第5页。

大夫洪刍等坐诱纳宫人及括金银自盗，诏御史台鞠之。"① 《玉照新志》
卷四转载了侍御史黎确奉圣旨根勘此案后的刑名案卷：

降受朝散郎、前太仆少卿陈冲，差往亲懿宅抄札，将王府果子
吃用，摘花归家，与内人同坐吃酒，令内人唱曲子；见牙简隐匿，
公然受犒赏酒，并钱将出，剩金银，待隐匿入己收掌，未曾取。讨
绢六百一十五匹。除轻罪外，准条监主自盗，合绞刑，赃罪处死，
除名，该大赦原免，缘五月十八日奉圣旨"难以一例宽贷"，根勘
闻奏。前大理卿周懿文抄札景王府，吃蜜煎等，将摩孩罗、士女孩
儿等归家，受犒设酒，及吃宫人酒果交观，计赃六匹六尺。除轻罪
外，准条行下合杖六十；公罪赃外，笞五十。不曾计到摩孩罗赃，
如不满百文，系城内窃盗，杖八十；如满百文，杖一百，赃罪定断
议赃外，杖九十，罚铜九斤，入官。放罢。在赦前，合原朝议大夫、
前刑部郎中张卿材差起发懿亲宅金银，吃内人酒果等，与内人边氏
离三四步坐吃酒，令内人张福喜唱曲子，受犒设酒，将抄札扇儿、
摩孩罗等归家，受酒估赃，计绢八匹罗七尺。除轻罪外，准条与所
部接坐，合徒二年；私罪官减外，徒二年半。罚铜三十斤入官。放
朝散大夫洪刍差抄札见景王府祗候人曹三马，后嘱托余大均放出，
将来本家同宿，顾作祗候人。准条监守自犯奸，合流三千里。私罪
议减外，徒三年，追一官，罚铜二十斤，除名勒停。朝请郎、前吏
部员外郎王及之抄札金银，见官属将宁德皇后亲妹追提苦辱，并不
施行，及吃受沂王府婕妤位酒食，不钤束觉察人吏，与郑绅家女使
娇奴等私通。及犒设酒，根括金银，买抵包换入己。计赃二十五匹。
除轻罪外，准条系以私物贸易官物计利，以盗论，合加徒流赃罪，
追六官，除名勒停。朝散大夫、前司农卿胡思推择张邦昌表内，添
入谄奉语言，及抄札棣华宅，有祖宗实录借看，及罢馆伴，不合借
破马，太仆寺差到，马点数不见，是大王府公然乘骑；不见实录十
册，认是亲事官失去。除轻罪外，系不应为重，合杖八十，赃罪外，
杖六十，先次据于照人说出逐人罪犯。朝请郎、前添差开封少尹余

---

① 《要录》卷五，建炎元年五月丁未，第152页。

大均往景王府乔贵妃位抄札到金银，与内人乔念奴并坐饮酒唱曲子，以赍首金银为由，放乔念奴乘马归家，收养作祇候人；隐藏根括笼子一只，寄金银库内，于内取出麝香二十脐、余被府尹纳了。除轻罪外，据内不估到所盗麝香钱，如满十贯，系监主自盗，加役流远，追举官，除名勒停。如满三十五匹，合绞刑，赃罪除名。朝奉郎、主客员外郎李彝差往王府抄札，与内人曹氏等饮酒，及与内人乔念奴等饮酒并坐，知余大均、洪刍等待雇买曹氏等，放令逐便，请洪刍等筵会，令曹氏女使唱曲子。除轻罪外，准条，李彝系不应出谒而出谒，合徒二年，私罪追两官，勒停。案后收坐，该赦原。①

据以上五月十八日台狱根勘刑名，按三省、枢密院进呈法寺所议，此八人当弃市。宋高宗认为，王及之等犯按法当处死，但新政非重于杀士大夫②。汪伯彦、李纲、黄潜善更以"祖宗好生之德"之词施救，以致余大均、陈冲、洪刍除名，长流沙门岛。张卿材责授文州别驾、雷州安置，李彝责授茂州别驾、新州安置，王及之责授随州别驾、南恩州安置，周懿文责授陇州别驾、英州安置，胡思责授沂州别驾、连州安置。不难看出此案中，减刑是因为宋高宗觉得新政不当杀士大夫，以及宰辅们的倾力救助。撇下宰辅们救助暂且不说，仅就宋高宗所谓的"新政"一词，便值得我们深究。

从本案刑名记载来看，若证据翔实，当比宋齐愈一案更为严重，同样汪、黄二臣亦施救，不同的是前者宋高宗执意判以腰斩，而后者皆贷死有差，难道只差别在李纲施救与否。其实不尽然，主要原因还在于宋高宗的态度。宋高宗所提到的"新政"，简单地说应解释为南宋初期的政治，其主旨应该是革北宋末之坏风俗，重塑政令分明、礼乐和睦的社会风气。不过，这里所谓的"新政"，当有其更为深刻的寓意。

史载，建炎元年五月丙辰，监察御史张所上书论黄潜善兄弟奸邪不可用，"恐害新政"③。同年八月乙亥，张浚论李纲，"虽负才气、有时

① 王明清：《玉照新志》卷四，第3950~3951页。
② 《要录》卷八，建炎元年八月戊午朔，第223页。
③ 《要录》卷五，建炎元年五月丙辰，第156页。

望，然以私意杀侍从，典刑不当，有伤新政，不可居相位"①。次年元月壬子，中书舍人卫肤敏因为论外戚孟忠厚遭贬官，朱胜非云："陛下即位之始，四方拭目，以观新政，今乃从外戚而去谏臣，非所以示天下。"②由此可见，新政第一内涵当是"祖宗好生之德"的优良传统，其次是忠君秉正的士大夫思想，最后是天下臣子价值观念的依归。正如前章所论，宋高宗的法制思想里始终灌输着"好生之德"的理念，而这并不能从其本人的良知解释，而是一种政治需求。"好生之德"又是祖宗家法的重要内容之一，这又与宋高宗一再提及的"爱元祐""遵嘉祐"③ 如出一辙，在外有强敌、内部诸事草创、生死未卜的客观条件下，收揽人心当是其首要任务。洪刍等人的社会背景，也是我们不可忽视的。从相关史料来看，洪刍、洪炎兄弟曾是南宋初年江西诗派的骨干成员④。孙觌曾指出："元祐中，豫章黄鲁直独以诗鸣。当是时，江右学诗者皆自黄氏，至靖康、建炎间，鲁直之甥徐师川、二洪驹父、玉父，皆以诗人进居从官大臣之列，一时学士大夫向慕，作为江西宗派，如佛氏传心，推次甲乙，绘而为图，凡挂一名其中，有荣耀焉。"⑤ 可见，洪刍兄弟在当时士大夫中的影响之大，这样的文化地位势必为百废待兴之后的宋高宗政权所重视。

不过，围城中洪刍八人所犯下的罪过，并不简单是大赦或宽容性新政能够包容的。南宋初年宋高宗政权面临的大问题还有士大夫忠君秉正与否，这将是宋高宗政权能否维持的重要因素之一。忠君之论显然是建立在北宋末年以来奸臣误国的基础上，较之祖宗之法更具时效性，尤其在大规模处置围城罪臣的状况下，对群臣道德意识的考量更是不失时机

---

① 《要录》卷八，建炎元年八月乙亥，第 230 页。

② 《要录》卷一二，建炎二年元月壬子，第 319 页。

③ 绍兴初，高宗与范冲谈论神宗、哲宗两朝政治是非时，坦言："朕最爱元祐。"（《要录》卷七九，绍兴四年八月戊寅条，第 1487 页）建炎初年的赦书亦多次提到"遵用嘉祐条法"（胡寅：《斐然集》卷二五《先公行状》）。关于此论，笔者将在下节中详细考究。

④ 南宋胡仔曾云："吕居仁（本中）近时以诗得名，自言传衣江西，尝作《宗派图》，自豫章（黄庭坚）以降，列陈师道、潘大临、谢逸、洪刍、饶节、僧祖可、徐俯、洪朋、林敏修、洪炎、汪革、李锦、韩驹、李彭、晁冲之、江端本、杨符、谢薖、夏倪、林敏功、潘大观、何觊、王直方、僧善权、高荷，合二十五人以为法嗣，谓其源流皆出豫章也。"见胡仔《苕溪渔隐丛话·前集》卷四八，人民出版社，1984，第 327 页。

⑤ 孙觌：《鸿庆居士集》卷三○《西山老文集序》，文渊阁四库全书本。

地被提上了日程。李纲《建炎时政记》载："（建炎元年）六月四日，臣同执政奏事……又进呈《论受伪命臣僚》劄子。上宣谕曰：'国家颠覆，士大夫不闻死节，往往因以为利。如王及之坐蕃衍宅门诟骂诸王，余大均诱取宫嫔以为妾，卿知之否？'臣奏曰：'自崇、观以来，朝廷不复敦尚名节，故士大夫鲜廉寡耻，不知君臣之义。靖康之祸，视两宫播迁如路人然，罕有能伏义死节者。在内惟李若水，在外惟霍安国，死节显著，余未有闻。愿诏京畿诸路询访，优加赠恤。如王及之、余大均，朝廷见付御史台推鞫，必得其实。臣闻方金人欲废赵氏，立张邦昌，令吴开、莫俦传道意旨，往返数四，京师人谓之捷疾鬼。王时雍、徐秉哲奉金人旨，追捕宗室戚里，令居民保结，不得容隐，以衣袂联属以往，若囚系然。其后迫道君、东宫、后妃、亲王出郊，皆臣子之所不忍言。又受伪命，皆为执政。此四人者，宜为罪首。'上以询吕好问，而好问以为有之。得旨：'皆散官安置，余以次谪降。内王及之、余大均、周懿文、胡思、陈冲等，并令御史台速疾取勘，候案到日取旨。'"① "士大夫不闻死节"或"朝廷不复敦尚名节"，无疑是南宋初年宋高宗政权最担心的问题。如果说南宋初年宋高宗政权摒弃王安石新学是为了推卸宋徽宗亡国之责的话，那么，士大夫不闻忠节当是宋高宗政权意识里新王朝重建的首要障碍。

　　如何惩治围城中失节的士大夫，当是宋高宗政权急需面对的问题，这一点在前面章节里笔者已粗略谈及，但洪刍等八人或与张邦昌、宋齐愈涉案程度及罪过的认定情况有所不同。据史载，建炎元年五月，延康殿学士赵子崧首言围城罪人时说："臣闻京城士人籍籍，谓王时雍、徐秉哲、吴开、莫俦、范琼、胡思、王绍、王及之、颜博文、余大均皆左右卖国，逼太上皇，取皇太子，污辱六宫，捕系宗室，盗窃禁中之物，公取嫔御。都城无大小，指此十人者为国贼，此天下之所不赦者也。"② 若按建炎元年七月右正言邓肃请窜斥张邦昌伪命之臣三等定罪，胡思、周懿文当属叛臣之上者，而洪刍当属叛臣之次者③。至于张卿材、陈冲之过，史载：建炎元年三月，"尚书刑部郎中张卿材、太仆少卿陈冲，同干

---

① 李纲：《建炎时政记》上，《全宋笔记》第三编，大象出版社，2008，第107～108页。
② 《要录》卷五，建炎元年五月辛丑，第147页。
③ 《要录》卷七，建炎元年秋七月辛丑，第204～205页。

办总领起发懿亲宅物色，冲等至徐王府，日呼宫人饮酒歌笑，闻者愤之"①。也就是说，从忠节之失来看，胡思、王及之、余大均、周懿文当属罪过最重者，洪刍次之，张卿材、陈冲之徒与前者相比来说失节并无过及②，李彝之过当最轻。然而，该案审判的结果却依照赃罪程度为标准，将余大均、陈冲、洪刍长流沙门岛，而其余五人均不同程度贬为州别驾安置。洪刍等八人案透露给我们，宋高宗政权在南宋初年处理围城罪人的实际操作中，并没有将忠节放在第一位，而是将收人心、革风俗的宽容性士大夫之治放在了首位。为了减洪刍等八人死刑，宋高宗以他们的赃罪为审判标准，既对围城罪人进行了一定的惩治，又从特殊政治环境角度收买了士大夫之心。实际上，这样的宽容士大夫之治，也基本与南宋初年政治文化的变迁并行一致。

二　曲端狱案与南宋初期的政治本位

读史者无不知晓，曲端与岳飞均为南宋抗金名将，有功而被枉杀。关于曲端之死，虽未如岳飞之死一样众说纷纭，古今论史者对他的死因却也争执不休。多半原因是曲端被抗金忠臣张浚所杀，而岳飞则被权臣秦桧所害，两者罪责都可谓莫须有，后世评论却不尽一致。那么，到底曲端是否该杀，抑或曲端冤死的主要原因是什么，我们又该如何定性这起案件，这需要我们结合曲端的政治经历及南宋初期的政治趋向深入论析。

1. 功过参半：曲端之死的两种评说
曲端之死，传世文献中尚存两种截然不同的评说：一是认为曲端是

① 《要录》卷三，建炎元年三月乙卯，第91页。
② 史载："是日，再括金银。留守司差官百员，分坊巷遍加根检。左谏议大夫洪刍等分诣懿亲、蕃衍宅，诸妃嫔位，所至与宫人饮，又颇匿余金以自奉。吏部员外郎王及之至沂王府，遂坐蕃衍宅门骂诸王。"见《要录》卷二，建炎元年二月乙酉条，第65页。同书载："金人来取宗室，徐秉哲令坊巷五家为保，毋得藏匿。开封少尹夏承力争不听。添差少尹余大均主其事，前后凡得三千余人。"见《要录》卷三，建炎元年三月庚子条，第79页。同书载，延康殿学士赵子崧言："（徐）秉哲、（余）大均追捕宗室，急于寇盗，至拘济王夫人于柜坊，闭如牢狱，开、傅邀请上皇，词气轩鹜，上皇至泣下。皇后及东宫将出，都人号泣遮道，琼斩数人以徇，（王）及之为敌人搜索宫嫔，而藏其美者，邦昌既借号，（胡）思献赦文，直用濮安懿王讳。"见《要录》卷五，建炎元年五月壬寅条，第148页。

无罪致死，当属冤死，张浚虽然听信王庶、吴玠之言，但张浚亦有过失；一是认为曲端之死因其专横跋扈、不听从上级领导。两种评说固然有其合理之处，原因是都将曲端之死指向其功过是非。关于曲端之死的原因及两种评说，传世文献都有不同记载，此前研究的学者也有迥异的论断，再次去复述两种评说实在无甚意义。不过，为了能够深入细致地分析曲端之死真实的缘由及其政治意义，我们还是有必要对此两种评说进行复原和梳理。

首先，我们必须清楚，虽然曲端之死尚存两种说法，但一般认为曲端冤死的说法，几乎成了历史定论。自曲端被贬官起，"时西人多上书为端诉冤者"，下狱后，"时人莫不冤之"①。曲端死后，御史中丞辛炳、侍御史常同亦弹劾张浚"妄杀良将，致失五路"②。宋元之交，周密记载此事说："至今西北故老，尚能言其冤。"③ 元代史学家揭傒斯亦云："宋之南渡，不能复振者，本于张浚抑李纲，杀曲端，引秦桧，杀岳飞父子。"④ 元人张宪《悲建绍》亦云："张都督，杀曲端，关中断右腕，中兴天子无相干。"⑤ 明人朱彝尊亦云："至曲端之诛，与桧之杀岳飞何以异。"⑥ 曲端冤死可谓得到历代学人的共识，尽管不同时代评判曲端冤死的标准多有差异，但冤死的事实似乎坚不可摧。那么，古人评判曲端冤死的理由都是什么呢？

据文献记载，有关曲端冤死的理由集中起来主要有两个方面的原因。其一，曲端在西人眼里很有威望，"皆恃端为命"，西人谚语有云"有文有武是曲大"⑦；其二，张浚判曲端之死的理由不够充分，曲端之死与陕西五路失守密切相关。这两个原因，归结起来都是说曲端有功，虽有过不至于死。曲端的过失在其冤死论里也略有提及，《齐东野语》云："浚以端沮大议，意已不平；而王庶与端有龙坊之憾，因潜之曰：'端有反心

---

① 周密：《齐东野语》卷二《张魏公三战本末略》，中华书局，1983，第23页。
② 《会编》卷一四七，绍兴元年四月二十一日条，第1066页。
③ 《齐东野语》卷一五《曲壮闵本末》，第270页。
④ 揭傒斯：《揭文安公全集》卷一四，四部丛刊初编本。
⑤ 张宪：《玉笥集》卷二《悲建绍》，丛书集成初编本。
⑥ 朱彝尊：《曝书亭集》卷四五《书宋史张浚传后》，四部丛刊初编本。
⑦ 陆游：《老学庵笔记》卷五，中华书局，1979，第55页。

久矣，尽早图之。'浚乃罢端兵柄，迁之秦州狱。"① 张浚因曲端反对和战决策而降罪曲端，这是曲端被贬官的直接原因，至于曲端与王庶的龙坊之憾，只是私情所致，并非曲端被贬的官方判词。曲端反对与金人交锋的理由是交战双方实力不等，宋人必须休养生息再图恢复，这是战术方面的认识，所以曲端违反上司旨意的举措，并不被持其冤死论者接受。另外，曲端在龙坊夺王庶印及谋图王庶，皆被王庶谗言及曲端战功所淹没。由此来看，曲端之死大可归结为张浚、王庶心胸狭窄，以莫须有的过失谋害曲端。

我们还必须注意的是，曲端冤死论多是后人评说，皆以曲端死后张浚的政治得失为视角。朱胜非《秀水闲居录》云：富平之战后，曲端陷狱冤死，"将士由是怨怒，俱发，浚仅以身免，奔还阆州，关陕之陷，自此始，至今言败绩之大者必曰富平之役也"②。朱胜非将关陕之陷归罪于张浚杀害曲端，主要是以富平之败后五路失守的结果为依据，我们且不说朱胜非的认识是否缘于他和张浚之间的私人恩怨，单就朱胜非观点的依据便可见当时人物评价的滞后性。侍御史辛炳尤言，浚以私意作威，如曲端、赵哲之良将，皆不得其死，"轻失五路，坐困四川"③。说的也是张浚私意杀害曲端，后来导致五路尽失，四川受困。由于张浚曾与李纲政见不和，且引荐秦桧，致使秦桧杀害岳飞，所以元明人往往将此归结为南宋偏安东南的政治根源，曲端之死也便顺理成章成为南宋偏安东南的原因之一。也有人将张浚杀曲端与秦桧杀岳飞等同视之，言外之意也是指曲端之死关系到宋金和战的结果。实际上，以历史结果为依据评判历史人物的视角本身就存在不足，以历史人物评判来审视历史事件更不可取。

其次，我们必须客观面对的是，有一部分人认为曲端之死尚不为过，专横跋扈、不受上级节制是其被杀的主要原因。王之望《西事记》云："使端不死，一日得志，逞其废辱之憾，一摇足则秦蜀非朝廷有，虽杀之可也。"④ 官修《中兴四朝国史》亦云："曲端之死，时论或以为冤，然

---

① 《齐东野语》卷二《张魏公三战本末略》，第 22 页。
② 《要录》卷三八，建炎四年冬十月庚午朔，第 847 页。
③ 《齐东野语》卷二《张魏公三战本末略》，第 23 页。
④ 朱熹：《宋名臣言行录·别集》卷三下《张浚》，顺治辛丑林云铭刊本，第 10 页。

观其狠愎自用，轻视其上，纵使得志，终亦难御，况动违节制，夫何功之可言乎?"① 明人何乔新《张浚杀左武大夫曲端》又云："使其（曲端）不死，亦将如关师古举关陕以降金耳，岂能效节以立功哉。"② 这些论点，基本是以曲端专横跋扈、不受上级节制为之过，遂得出曲端死不足惜的结论。值得深究的是，得出这一结论的前提还有曲端自身在关陕地区的威望，若没有他在这些地区的影响力，也就没必要关注他上违节制所造成的后果。持这一结论的古人，一般将曲端和张浚的关系轻描淡写，至多是提及曲端"心常少浚，浚乃废之"③。不过，南宋史学家李心传并不认为两人的私怨是张浚处置曲端的主要原因。他曾考证："按浚黜端，止谓其沮出师之议，非以其少浚也。"④ 既然曲端被杀并非缘于他与张浚的恩怨，曲端之死的合理性就只能归结为他个人的过失。

　　关于曲端的过失，持曲端冤死论的学者多是轻描淡写，多是从功过观来评判曲端之死的非合理性。但持曲端非冤论的学者并不这么认为，他们着眼于曲端过失的危害性，当然也是以发展的眼光来看待这一问题。史载，建炎二年十一月，金人攻鄜延，时王庶为龙图阁待制，节制陕西六路军马，曲端不受其节制，意欲夺其兵柄，遂有龙坊之怨。曲端唆使谢亮杀王庶未遂，遂拘禁王庶官属，夺其节制使印⑤。建炎四年春，金将娄室攻陕州，宣抚处置使张浚命都统制曲端以泾原兵往援，但曲端妒忌守臣李彦仙声绩逾己，借故不出兵救援，以至于陕州失守，李彦仙战死⑥。如果说张浚忌恨曲端的话，此举当恨之无愧。有学者即指出，曲端拒命增援陕州，给张浚与曲端的关系带来了致命的嫌隙⑦。同年三月，金将娄室率兵长驱入关，曲端遣吴玠及统制官张中孚、李彦琪拒金兵于彭原店，吴玠先胜后败，曲端劾吴玠违节，降贬其官职⑧。曲端专横跋扈，不受上级节制，不听上级调遣，心胸狭隘，失恩于下属，似乎都是

---

① 《齐东野语》卷一五《曲壮闵本末》，第 270 页。

② 何乔新：《椒邱文集》卷六《张浚杀左武大夫曲端》，文渊阁四库全书本。

③ 《宋名臣言行录·别集》卷三下《张浚》，第 10 页。

④ 《要录》卷三六，建炎四年八月癸未，第 817 页。

⑤ 熊克：《中兴小纪》卷四，建炎二年十一月己丑，文海出版社，1937，第 114 页。

⑥ 洪迈：《容斋随笔·五笔》卷六《李彦仙守陕》，中华书局，2005，第 897～898 页。

⑦ 粟品孝：《南宋军事史》，上海古籍出版社，2008，第 148 页。

⑧ 《要录》卷三二，建炎四年三月甲辰，第 732 页。

无法规避的事实。这么看来，曲端并不可能取得南宋朝廷的认同，尤其与宋高宗当时的政治诉求并不一致。

最后，我们还需认识的是，曲端之死的两种评说都是以其功过为视点，曲端之功是其冤死的重要支撑点，随着关陕五路之失的结局发生，其冤愈发明显；曲端之过是其被刑罚的重要证据，但其存在的危害性只停留在推断阶段。两种评说并无本质的差异，都是单一地从某一角度来论断。我们不能否认，曲端的专横跋扈是其取死的重要原因，我们更不能否认，曲端之死与关陕五路之失不无关系。南宋及其后历代学者都有对曲端一案的不同评判，但只有《宋史·曲端传》的评判最为中允，脱脱曾评价说："曲端刚愎自用，轻视其上，劳效未著，动违节制，张浚杀之虽冤，盖亦自取焉尔。"① 由此可见，曲端被杀实属冤案，但从他自身的过失来看也不为过，关键是站在什么立场，从什么角度来看待这个事件。

南宋人评判曲端之死时所持的两种观点，或出于私情，或出于公论，或出于远观。据史载，曲端被贬官，"时西人多上书为端诉冤者，浚亦忌其得众心，乃杀之于秦州狱，时人莫不冤之，军情于是愈沮矣"②。且不说张浚如何妒忌曲端得众心，陕西人认为其冤，及军队离心，都有一定的原因。曲端在陕西屡立战功，"西人以为能""皆恃端为命"，这是陕西人器重曲端的缘由。关于曲端在军队的威望，史书上也曾提到曲端治军极严，不顾亲情，诛杀战败叔父；尚兵略，悉纵五鸽集军。不过，时人惋惜曲端之死与军情骚动还是应该区别而论，军情愈沮很大程度上是因为曲端死后群龙无首，将士失去了依靠。曲端被贬后，属将张中孚、李彦琪、赵彬相继降金，五路尽陷，无疑是军情已沮的最好解释。至于当时御史中丞辛炳、殿中侍御史常同论曲端之冤，则主要出于对张浚的政治攻击，朝中更有人以曲端之死为筹码博得政治利益。朱熹在《张浚行状》中尤云："公承制黜陟，悉本至公，虽乡里亲旧，无一毫假借。于是士大夫有求于宣司而不得者，始纷然起谤议于东南矣。有将曲端者，建炎中任副总管，逼逐帅臣王庶，夺其印，又方命不受节制。富平之役，

① 《宋史》卷三六九《曲端传》，第11494页。
② 《齐东野语》卷二《张魏公三战本末略》，第23页。

张忠彦等降虏，皆端腹心，实知其情。公送狱，论端死，而谤者谓公杀端及赵哲为无辜，且任刘子羽、赵开、吴玠为非是，朝廷疑之。"① 当然，朱熹与张浚次子张栻道学上的深交，或成为他掩盖张浚冤杀曲端的口实。

元明人评判曲端之死多出于远观，多以曲端死后南宋的政治得失为考量标准。以朝代比较来看，南宋偏安东南固然为儒学家所耻，张浚的政治影响也会随着宋亡而消失殆尽。这样一来，张浚的政治得失便成为曲端冤死的政治结果。就道学在元明时代的发展而言，儒家道德伦理观念当更加张扬，南宋偏安东南的政治局势非但不能得到充分、客观的评价，还会陷入道德评判的俗套。张浚抑李纲，杀曲端，引荐秦桧，秦桧杀岳飞，本来是政治发展中毫无关联的事件，却被元明人牵强附会用来追究南宋偏安东南不得复振的原因。那么，究竟如何理解曲端之死，抑或如何解释曲端死因？笔者认为，曲端之死并非简单的嫉贤妒能所致，当关系到南宋初期的政治本位。

2. 或非纯臣：曲端之死的历史真相

关于曲端之死，明人何乔新并不认同元明人单方面批判张浚的观点，他曾撰《张浚杀左武大夫曲端》云："张浚之杀曲端，议者以为端善抚将士，长于兵略。浚以王庶、吴玠之谮，而置之死，岂其罪哉，此所以来谗慝之口也。予谓端之死，实有以取之，非特浚之过也。当南渡之时，金兵蹂躏中原，銮舆漂泊江表。为臣子者，降心以相从，谋协以相济，共图恢复可也。然罗索之取延安，庶帅师救之，而端按兵不进，曷尝念宗社之阽危耶。既乃逐庶而夺其印，又欲并王燮兵，非蓄不臣之心，讵敢为此哉。其语张彬破金之策，欲按兵据险，时出偏师扰之，其说亦非也。娄室悬兵深入，方图进取，而不乘时图之，使彼食足守固，又岂可破耶。迹端举措而察其心，不可谓之纯臣。使其不死，亦将如关师古举关陕以降金耳，岂能效节以立功哉。"② 观此论，固知张浚杀曲端实因曲端并非纯臣。且不说曲端的破金之策是否可取，仅从其专横跋扈的事迹来看，便知其有不臣之心。何乔新的这段文字，虽论据有失偏颇之处，

---

① 朱熹：《晦庵先生朱文公文集》卷九五上，第 4374 页。

② 何乔新：《椒邱文集》卷六《张浚杀左武大夫曲端》。

但亦有两点可取之处。

其一，何乔新以关师古降金类推曲端也将有不臣之举，曲端立功效节便为泡影。这样的认识旨在说明曲端与关师古有着相同的社会身份，所选择的政治主张也或相同。据史载，张浚出使川陕时，关师古为秦凤第十将，率兵二千五百人，马千匹。未叛之前，曾聚兵二万余众，粮草仅靠岷州管下大潭、长道两县和籴供给，所据洮、岷两州也别无所产，宣抚司更别无供给，累年到伪齐讨粮，最终叛降伪齐①。曲端与关师古都为川陕地方势力的代表，聚兵之策与养兵之方几近相同。关师古叛敌起因于粮草短缺，潜在因素则指向宣抚使司与地方武力的矛盾，这种矛盾扩大来看则是中央与地方的矛盾，并且这种矛盾也不完全体现在经济方面，曲端的养兵之策及其专横跋扈事迹即折射出这种矛盾。何玉红博士曾指出，南宋初年设置统掌川陕事务的川陕宣抚处置司是为了节制地方武将力量，曲端之死正是南宋政府在陕西建立中央权威、节制地方武将势力的必然结果②。

其二，何乔新据曲端专横跋扈事迹论其有不臣之心，由此推断他并非纯臣。宋人的纯臣概念非常清晰，唐介曾问王安石："（冯）道为宰相，使天下易四姓，身事十主，此得为纯臣乎?"③ 景德二年，李沆去世时宋仁宗曾恸哭大呼曰："天乎! 忠良纯臣，合享遐寿。"④ 赵甡之《中兴遗史》曾论伪楚时围城之中宋齐愈与李擢"皆非纯臣"⑤。由此可见，纯臣之义或仅为忠君。宋齐愈之死即因其非忠君，曲端之死亦因其非忠君。就曲端之死，若论其专横犯上，不听调遣，即可谓不忠。尤其在宋廷看来，地方势力膨胀的同时，权力向心是最紧要的政治诉求，而曲端在关陕地区的威望，恰恰是宋高宗政权最为可喜又最为担心的事情。何乔新之所以说曲端"按兵据险"、蓄养兵力的决策并不可取，主要还是担心宋高宗再次重蹈覆辙被金人赶向海道，这恰恰还是从忠君思路进行的考虑。建炎四年八月，张浚推测金人再次南犯东南，决议与金人全线

① 《要录》卷七二，绍兴四年岁次己卯，第1392页。
② 何玉红：《地方武力与中央权威：以曲端之死为中心》，第67页。
③ 魏泰：《东轩笔录》，中华书局，1983，第99页。
④ 释文莹：《玉壶清话》卷第六，中华书局，1997，第53页。
⑤ 《要录》卷七，建炎元年七月辛卯，第198页。

开战时曾说："事有不可拘者，假如万一有前日海道之行，变生不测，吾侪虽欲复归陕西，号令诸将，其可得乎？"①张浚的决策显然超出了他的能力之外，但折射出曲端非忠的同时彰显了自己的忠君态度。王之望尤云："浚为人，忠有余而才不足；虽有志，而昧于用人，短于用兵。"②张浚举川陕全部兵力与金人决战，全线溃败的结局也再次印证他的才能有限，但宋高宗仍认为"若孜孜为国，无如浚"③的人固不少，言外之意也是说张浚的忠君，宋高宗如此器重张浚的主要原因也正在于此。

从以上分析可见，明人何乔新的看法得益于他对南宋初年中央政府政治本位的认识。无论是曲端拥有陕西武将势力身份也好，还是曲端有不臣之举也罢，都不是其遭遇杀身的单一因素，只有将两者综合起来，以南宋朝廷的政治本位为视角，我们才能理清曲端之死的真正原因。前文我们已经探讨过曲端之死的两种评说，两种评说都以功过为视角，但两种评说说到底还是以人物评价为基点。明人朱彝尊《书宋史张浚传后》云："三代直道之遗也，宋之南渡，将帅有人，可以战，可以守，自寄阃外之权于浚，丧师动数十万，元气重伤，譬诸屠夫不能复起矣。浚于李纲、赵鼎辈则劾之，于汪伯彦、秦桧等则荐之，尚得云好恶之公乎，至曲端之诛，与桧之杀岳飞何以异？而读史者务曲笔以文，致端有可死之罪，不过因浚有子讲学。浚死，徽国公为之作状，天下后世遂信而不疑尔。袁中郎《宿朱仙镇》诗云：祠前箫鼓赛如云，立石争镌吊古文，一等英雄含恨死，几时论定曲将军。"④这里将张浚杀曲端与秦桧杀岳飞等同论之，实际并不为过，认为"读史者务曲笔以文"，朱熹为张浚作行状掩盖了事实，也或为事实。然而，我们必须清楚的是，这样的观点是出自对张浚的人物评价，这样的人物评价多是停留在道德层面。

张浚杀曲端是否合理，抑或是否是冤案，其根本问题在于该事件是否合法。当然，军法处置军人不能与民事法同日而语，但也有其依据可追究。持曲端冤死论者认为张浚杀曲端出于张浚嫉妒曲端，以及张浚听信了王庶、吴玠的谗言。持曲端非冤论者认为曲端专横跋扈，不杀则陕

① 《要录》卷三六，建炎四年八月癸未，第815页。
② 徐自明：《宋宰辅编年录》卷一四，王瑞来校补，中华书局，1986，第930页。
③ 《要录》卷四三，绍兴元年三月庚子，第915页。
④ 朱彝尊：《曝书亭集》卷四五《书宋史张浚传后》。

西尽失。从道德层面来看，两种论据都有一定的合理性，至于冤死论据是否为写史者曲笔则另当别论，单就这样的论据来说，并不能判断该案的根本问题。由史料所知，即使曲端不死，也未必能为南宋立功，换句话说，曲端的功绩未必属实。宋金彭原店一战，曲端自拥大兵"以为声援"①，吴玠与金人交战，"胜负未决，而端退走"②，以致彭原店之败。读史者多记"啼哭郎君"③，而忽略彭原店之败。李心传评述建炎三大战败绩时曾云："曲端者，本王子，尚部曲，张魏公收为主将，端骤得志而骄，白原（彭原店）之败，其气已沮，故富平之役，曲端以为难。"④ 由此可见，曲端最初被贬的根本原因并不完全是王庶的谗言。至于曲端刚愎自用可能导致川陕尽失的认识，也只是一种推测，并不能作为张浚杀曲端的合理论据。实际上，张浚杀曲端并不违法，吴玠手书"曲端谋反"及曲端"不向关中兴事业，却来江上泛渔舟"的诗句，完全符合审判证据，被冠以"指斥乘舆"的罪责，实属死罪。从这个定罪过程来看，曲端之死确为冤杀，但我们也不能忽视冤狱背后的政治隐情。

　　抛开道德评判不论，曲端狱案的政治隐情并不完全指向他存在的隐患。南宋人何俌曾评论张浚云："富平一战，偶为赵哲离部以取败，夫胜负兵家之常，邓禹有关中之败，子仪有相州之败，孔明有街亭之败，而富平之以速战败者，公非不知陕西兵将上下之情未通也，又非不知临行天语'三年而后出师'也，痛念向者海道之幸，已出襄、汉，今也虏驻淮甸，有再入吴越之谋。万一犯属车之清尘，纵欲提兵问罪，亦何及矣。此公所以不顾利害，不计胜负，而决于一战也。"⑤ 张浚富平之战的失败历来被史家所不耻，此事也再次印证张浚的军事才能之短浅。然而，何俌却认为，张浚之所以不顾宋高宗临行嘱托执意与金决战，主要是考虑阻止金人南犯吴越，以免宋高宗再度逃亡海上，这样的考虑可能胜过一切的顾虑。若此论合乎一个纯臣的政治标准的话，张浚当受之无愧。我们再来看曲端的作为及其政治主张，会发现他并不符合忠君标准，其犯

① 不著撰人：《皇宋中兴两朝圣政》卷七，建炎四年三月甲辰，文海出版社，1967，第693页。
② 《会编》卷一三七，建炎四年三月，第999页。
③ 《齐东野语》卷一五《曲壮闵本末》，第270页。
④ 李心传：《建炎以来朝野杂记》甲集卷一九《建炎三大战》，中华书局，2000，第450页。
⑤ 《要录》卷三八，建炎四年冬十月庚午条引注，第847页。

上欺下更是有违宋高宗的政治期许。曲端抑王庶、驱王燮、罪吴玠、忌李彦仙，这些个人私利所为致使延安沦陷、彭原店惨败、陕府失守，这些事迹断不可与其赫赫战功同日而语。王智勇曾评价曲端说，曲端抗金浪得虚名，主要因其凌辱上属、排挤同列、专横跋扈，借抗金之名行扩大自己势力之实①。这一评价几乎掩盖了曲端的政治功绩，但至少告诉我们曲端的政治情操与南宋初年的政治本位大相径庭。

关于南宋初年的政治本位，前面章节已略有提及。宋高宗南渡之后即面临政权重建，但百废待兴之际他必须依靠地方武将势力才能保全政权。然而，地方武将势力的向心力远不如中央文臣，军备补给、军员人数，中央可谓一无所知，地方将领各自为政，这不能不说是宋高宗最为头疼的事情。张浚杀曲端之后曾上报朝廷说："缘端跋扈之迹显著，臣受陛下重寄，岂有主兵之官，却用藩府荐用？万一事出于意外，臣将何辞以报朝廷？"② 藩府之政在南宋初年曾短暂使用，李纲曾借此凝聚军事势力，绍兴四年之后更成为中央政权难以控制的地方势力，绍兴十一年宋高宗政权收四大将兵权正由此。张浚所云"藩府荐用"，旨在说明曲端跋扈，这在苗、刘兵变爆发之后，对于宋高宗政权不能不说是一个重大的刺激。黄宽重先生曾指出，苗、刘兵变之后宋高宗就认识到武将跋扈的危害性，但在绍兴五年之前尚无能力削弱武将兵权，为稳固政局，抵御金人，只有以高官厚禄、土地财货来拉拢大将，以强化他们对中央的向心力③。徐秉愉先生亦曾指出，在苗、刘事变中，武将逼迫宋高宗禅位，文臣攻其施政，甚至降其位号等冲击中反弹出来，给往后高宗对内和对外政策的制定产生相当重要的影响，以至于此后宋廷对内政策里关于储嗣问题不容妄议，对宗室常加防范，对称王或称帝的盗贼必欲剿平，乃至收大将兵权等皆有强调君主绝对权威之含义④。

由此可见，南宋初年的政治本位既有抵御外寇，亦有控制内部武将势力。曲端与张浚决策上的不和并非粗浅的军事论能够解释，张浚杀曲

---

① 王智勇：《论曲端》，《宋代文化研究》第 8 辑，巴蜀书社，1999，第 100～101 页。
② 《要录》卷五〇，绍兴元年十有二月甲子朔，第 1033 页。
③ 黄宽重：《从害韩到杀岳：南宋收兵权的变奏》，《南宋军政与文献探索》，新文丰出版公司，1990，第 111 页。
④ 徐秉愉：《由苗刘之变看南宋初期的君权》，《食货月刊复刊》16 卷 11～12 期，1988，第 35 页。

端也并非即时的选择，张浚以全家老小保举曲端不反，正值宣抚川陕急需稳定民心之时，但曲端后来彭原店之败及致使李彦仙失守陕府的军事行为，以及与张浚决策分立，则促使张浚认识到曲端实难控制。论史者云曲端冤死，多以抵御金人之功言说，但曲端彭原店之败"其气已沮"。曲端的专横跋扈与南宋初年宋高宗政权急需向心力的地方势力大相径庭，这是曲端之死的根本政治因素，论史者不可不知。

综上所述，我们可以基本弄清楚曲端狱案的性质，曲端狱案尽管表面上是张浚宣抚治狱，但实质上是一桩不折不扣的诏狱案件，其主要原因还是曲端所为触犯了南宋即时的政治本位。

第二节　道学重建与南宋初期的政治取向

余英时先生指出，"宋代士大夫的政治文化本来便是政治与文化两系列发展互动的最后产品"，"政治现实与文化理想之间怎样彼此渗透、制约以至冲突——这是政治史与文化史交互为用所试图承担的主要课题"①。南宋初年正值百废待兴，不仅面临来自金人的武力威胁，北宋亡国之过也成为急需解决的时务。追究治道之过，当为新王朝确立的重要基础，一方面，必然将矛头指向围城罪人；另一方面，必然批判治道之过的王安石新学②。综合这两方面问题，以伊洛道学派为主的元祐党人便恰逢时机地跻身于政治场域③。道学崇高的道德观念演绎成医治时弊的良药，宋廷政治利益的诉求亦彰显出虚伪的道德关怀。正因为政治的关照，

---

① 余英时：《宋明理学与政治文化》，吉林出版集团，2008，第14页。
② 漆侠先生曾指出，宋高宗之所以打击压制王安石变法、荆公学派，旨在把靖康之难推给蔡京、王黼，再拐弯抹角地推给王安石本人，以开脱宋徽宗的亡国罪责，见氏著《宋学的发展和演变》，河北人民出版社，2002，第521页。何俊亦提到，宋高宗为了洗脱徽宗、钦宗的责任，顺应时论，将北宋之灭归咎于王学。见何俊《南宋儒学建构》，上海人民出版社，2004，第9页。
③ 李泽厚先生针对北宋以来已有那么多科学材料和内容的宇宙论和科学观点，道学却没有向实证的自然科学方向开展，提出疑问并猜测这大概与北宋中期以来相当紧张的内忧外患和政治斗争（如变法斗争的严重性、持续性、反复性）密切相关，社会课题和民生凋敝在当时思想家头脑中占据了压倒一切的首要位置。见李泽厚《中国古代思想史论》，安徽文艺出版社，1999，第234页。漆侠先生认为，南宋初反动统治对王安石变化和荆公之学的打击、压制，是从政治上到学术上的一个粗暴干涉，从而给程学发展以可乘之机。见漆侠《宋学的发展和演变》，第522页。

道学似乎在南宋初年取得了长足的发展。纵观南宋初年的政治文化变迁，我们无法回避道学与政治文化的互动发展，或者说南宋初年道学与时政达到了前所未有的交融。当然，我们并不否认，新学在南宋初年经济紧迫的情况下解决了颇具时效性的诸多物质问题，但南宋初年道学的发展及其与时政的互动融通，或为有效地解释这一时期诏狱的最佳答案。在本节中，我们将通过诸多翔实的史料，对南宋初年政治文化的迁移进行深入的考察，考察中除了借鉴已有关于社会背景下学术文化发展特征的研究成果之外，本节论点主要集中于道学道德观的时代政治意义与政治行为客观诉求的内在联系，所论时段大致自南宋立国至绍兴初年。

一 拨乱反正：道学与新兴时代之诉求

靖康元年，蔡京集团瓦解之际，最先站出来问罪的程氏弟子杨时，抛开蔡氏的援引之恩，公然上疏钦宗说："王安石著为邪说，以涂学者耳目，使蔡京之徒，得以轻费妄用，极侈靡以奉上，几危社稷。乞夺安石配享，使邪说不能为学者惑。"[①] 实际上，杨时认为王安石著为邪说，只是学术层面的诋毁，而蔡京所主导下的"绍述"新党对元祐年间以洛学士大夫为主的集团的迫害多是政治层面的问题。但钦宗当政后士大夫言论得以解禁，这样的政治背景下才泛化了言论的范围，同时也将论争推向另一个党争的漩涡[②]，"士大夫争法新旧，辩党邪正"[③]，似乎正昭示着这种党争的开始。当然，我们并不能否认新党与元祐党人论争之外洛学与新学的学术角逐[④]，应该深入考究的是道学如何与政治融通，这种融通是否建立在道学内在肌理与时代政治需求的理论层面，是否亦游离于

---

① 《宋史》卷一五七《选举志三》，第3669页。

② 沈松勤认为，"元祐学术"是北宋后期新旧党争的产物，不是某一学派的自称，而是有敌意的他称，是"绍述"新党排斥政敌的一个专门术语，功能上具体表现为排斥"荆公新学"、废弃熙丰新法、打击变法"小人"，最终恢复"祖宗旧法"。参见沈松勤《论"元祐学术"与"元祐叙事"》，《中华文史论丛》2007年第八十八辑，第214页。

③ 吕中：《大事记讲义》卷二三《朝廷无定议论》。

④ 余英时曾指出，在道学家如二程眼中，王安石虽已进入了"内圣"领域并在"内圣"与"外王"之间建立起某种联系，但是他的"内圣"——所谓"道德性命"——假借于释氏者太多，并不是儒家故物，因此他以期发掘出儒家原有的"内圣之学"作为主旨，王安石与道学家的关系并非纯粹政治性的，亦有学术之别的关系。见余英时《宋明理学与政治文化》，第52页。

政治党争的利益取舍之间。关于这个问题，笔者不想在讨论北宋问题上浪费过多笔墨，只是将视角定位在元祐党论盛行及"道学勃兴"[①] 的南宋初年。

1. "收人心，召和气"——道学的政治指向

与靖康元年新旧之争不同的是，南宋建立的初年，道学要取得时政的认同，还需要关注北宋亡国的直接原因，这么一来，张邦昌称帝一事便成为即时需要澄清的问题。如何看待围城罪人，直接关系到新兴政权的合法性以及百废待兴之时的稳定性，这便是南宋初年士大夫多论风俗大变的时代背景。无论是王安石改革有违祖宗法度，还是"绍述"迫害元祐党人，新学之过都未曾直接触及士大夫的道德底线，而围城之士大夫为个人之利忘君卖国则事关重大，这是道学者及政权主导者都无法容忍的。为解决南宋政权面临的这一政治问题，惩治围城罪人，褒录元祐党人的运动，在南宋伊始便轰轰烈烈地开展了起来。不过，所有这些政治运动都是建构在一个模糊但实用的概念之上，那就是南宋初年士大夫们频繁谈及的"收人心，召和气"。所谓"人心"，只不过是古代帝王追寻长治久安的终极愿望，对于"人心"的诉求常常发生在政治动荡之际，尤其在南宋初年内忧外患的状况下，"收人心"之举更是异常重要。然而，要做好"收人心"的工作，不仅要解决社会层面的道德失衡，还要诉诸理论范畴的积极解读，在这个时候，靖康元年已翻身的，以道德关怀为己任，以内圣外王为终极追求的道学者们，便恰逢时机地投身到了政治场域。

绍兴元年，胡安国上书《时政论》云："治天下者法也，制法者道也，存道者心也，心者身之本也，身者家之本也，家者国之本也，国者天下之本也，曰家曰国曰天下者，皆心之所体也；曰道曰法者，皆心之

---

① 关于这一论点，史载："近世小人，见靖康以来，其学稍传，其徒杨时辈骤跻要近，名动一时，意欲慕之，遂变巾易服，更相汲引，以列于朝，则曰：'此伊川之学也'，其恶直丑正，欲肆挤排，则为之说曰：'此王氏之学，非吾徒也。'"见李心传《道命录》卷三《吕安老论君子小人之中庸》，丛书集成初编本，商务印书馆，1937，第26页。这一论点显而易见点明了南宋初年道学之兴态势，至于道学为党争所用亦是本节论点之一。高纪春亦指出，南宋初年洛学之兴很大程度上亦取决于宋高宗的推崇，洛学是在批判王安石新学的过程中兴发起来的。见高纪春《宋高宗朝初年的王安石批判与洛学之兴》，《中州学刊》1996年第1期。

所运也。能正其心，则朝廷百官下至万民莫不一于正，安于治所由兴也。不正其心，则朝廷百官下至万民莫不习于不正，危于乱所由致也。"① 此正心之说可谓点中治国之本。事实上，这种认识也是宋高宗急需面对的。北宋亡国之后，张邦昌虽被迫称楚帝，但围城士大夫中亦少有持忠节反驳者。这种态势直接关系到一个帝王地位的稳固，尤其对新兴的宋高宗政权来说，在面临金国军事侵凌之下，更是需要忠君的士大夫赴汤蹈火，所以说收人心尤为重要。收人心的同时，不仅惩治张邦昌、宋齐愈之流迫在眉睫，对忠君士人的褒录，也急需提上讨论的日程。以胡安国为首的道学者们，从南宋建立一开始便提及"正心"，主要是因为，除了新旧两党陈年旧事的论争之外，正人心当为颇具时效的选择。至于具体行动方面来说，道学者们旗帜鲜明主张对围城罪人进行惩治，在他们看来，失德与望利应该如出一辙，新学倡导者们对变法的支持正如失德为私利一样，侵蚀了仁宗朝孕育起来的士大夫社会责任感，这样一来，道学者们面对的敌人又多了一类围城罪人。建炎初年宋廷所面临的社会问题，又一次回应了以洛学为主的北宋道学的理论趋向。

　　靖康二年，围城士大夫失德的行为，不自觉成为二程学说最高境界中"存天理，灭人欲"的反面案例，而程颢的"天人本无二"之说，亦指人心与万物不可分，人心本无内外，人心之治的重要性可见一斑。从胡安国上书的论点来看，正心实为二程心性说的切实可行的实践途径。胡安国虽未及二程之门，但由于其与谢良佐、杨时、游酢等人"义兼师友"，乃"私淑洛学大成者"，他的论点基本代表了南宋初年道学者们的价值观念。而二程亲传弟子杨时，亦在建炎初入仕，同样秉承了二程道学主旨，涉身到南宋初年的政治运动之中。如果说南宋初年杨时并无身体力行地实践自己的道学理论的话，他的同乡及弟子邓肃则极力实践了道学价值观念。建炎元年，邓肃曾积极主张惩治围城罪臣，借武王伐纣有"予有臣三千而一心"② 来佐证罪臣失德的危害性。可见，惩治围城罪臣也是为了正心，这里的正心主要是指臣子层面而言，较之简单的收

---

① 胡安国：《治道》，见黄淮、杨士奇编《历代名臣奏议》卷四七，上海古籍出版社，1989，第644页。
② 邓肃：《栟榈集》卷一二《乞立叛臣罪格劄子》。

民之心更为重要。围城士大夫"坐视君父，如弃路人"①，对宋高宗的威慑性亦不言而喻。事实上，人心说在道学者眼里已经超越简单的道德规约，这个观念似成为治国安邦之本。建炎三年八月，胡寅曾上疏言："今臣所陈，不免追咎既往者，概谓建炎以来，有举措大失人心之事，今欲复收人心而图存。"② 从胡寅的言论来看，举措之失不过是士大夫之过，说失民心倒不如说是失去了士大夫之心，这正是道学为士大夫政治文化的主旨所在。绍兴六年正月，宋高宗曾发制书云："慨念熙宁以来，王氏之学，行六十余年，邪说横兴，正途壅塞，学士大夫，心术大坏，陵夷至于今日之祸，有不忍言者。"③ 很显然，在宋高宗看来，人心之失在于士大夫心术大坏，不是说人心不可收，而是人心不足收。不过，宋高宗此时的人心之论，完全是程颐之说的复述④，仅是以道学者的论词对王安石之过虚伪地抨击而已，"有不忍言者"当为自己的政治目的。

　　此外，泛化的人心说也一时成为言官们的论点。建炎四年六月，季陵上书云："事有可深虑者四，尚可恃者一：大驾未有驻跸之地，贤人皆无经世之心，兵柄分而将不和，政权去而主益弱；所恃以仅存者，人心未厌而已。……三代之得天下者，得其民也。得其民者，得其心也，民坠涂炭，无甚于今日。发掘丘墓，焚烧屋庐，六亲不能相保，而戴宋惟旧，惟祖宗德泽在人心未忘。所望以中兴者，唯此一事耳。然人心无常，固亦难保，陛下宜有以结之。"⑤ 季陵的人心说不仅泛化了正人心的对象，此后他将非误国士大夫作为选任的主张更是偏离了道学道德至上的价值观念，以至于最终在党争及道德取舍之间被贬职。所以说，南宋初年道学与时政的契合，不仅体现在道学者们对政治利益的诉求，更体现在其学术理论与时政问题的关联上。针对惩治围城罪人及褒录元祐党人，

---

① 邓肃：《栟榈集》卷一二《乞立叛臣罪格劄子》。
② 《中兴两朝圣政》卷六，建炎三年八月庚寅条，第636页。
③ 《要录》卷九七，绍兴六年元月辛卯，第1856页。
④ 史载，高宗以王安石之过久已明矣，仍有说王安石是为疑，问范冲，范冲对曰："昔程颐尝问臣：'安石为害于天下者何事？'臣对以新法。颐曰：'不然。新法之为害未为甚，有一人能改之即已矣。安石心术不正，为害最大，盖已坏了天下人心术，将不可变。'臣初未以为然，其后乃知安石顺其利欲之心，使人迷其常性，久而不自知。"见《要录》卷七九，绍兴四年八月戊寅朔条，第1488页。
⑤ 《要录》卷三四，建炎四年六月戊寅。

张栻曾言："此拨乱反正之宏纲，古今人心之天理也。"① 这样的说辞，显而易见是站在新兴政权的时代背景下，将人心归结为政治与学术的最佳契合点。而胡安国所谓"辟邪说，正人心"②，则不仅将人心说归为学术功用的根本，更将学术的批判性表露无遗。

2. 胡氏《春秋传》——新价值观念的理论根基

宋人研究《春秋》之义可谓入木三分，北宋初孙复《春秋尊王发微》主述尊王攘夷，兴复王业；北宋中刘敞《春秋意林传》认为王行义，利必归；南宋萧楚《春秋辨疑》里详论名分之别。事实上，宋人《春秋》研究当以胡安国为集大成者，一般认为，胡安国《春秋传》彰显南宋史学义理化发展趋势③，其中的尊王、攘夷、复仇之说也多为学者阐发④。胡安国的《春秋传》之所以能在南宋初期引起宋高宗的重视，并不在于其理论如何深刻，其观点如何系统化，而在于他的论题及结论与南宋初期的社会背景深层契合。此外，《春秋传》所秉承的价值观念亦是在南宋初年先已形成的情况下得以升华，要厘清其中所论问题，必然关系到胡安国等南宋初年道学者们的价值取向及宋高宗政权的时代诉求。

有学者研究胡氏《春秋传》得出结论认为，胡安国私淑伊川，服膺于性理之学，而又不以其他经典为宗，穷毕生之心血治《春秋》，使传统注疏章句之学和性理之学相互交融，又使史学、政治与理学相互交融，致使后人争议不少，多半因为"其中必有大美恶焉"⑤。该论即是作者结合南宋以前的《春秋》学学术史与胡氏《春秋传》的具体内容，深入阐发胡安国的《春秋》观及其解经方法，进而细致入微地对《春秋传》的微言大义进行探讨的结果。就学术史而言，《春秋传》的确彰显传统注疏章句之学和性理之学的相互交融，这一点基本上已为此前学者共识，

---

① 张栻：《龟鉴》，转引自《中兴两朝圣政》卷一，建炎元年五月辛卯条注，第390页。
② 胡安国：《春秋传·序》，四部丛刊续编本。
③ 何俊：《胡安国理学与史学相融及其影响》，《哲学研究》2002年第4期；曹宇峰：《胡安国史学思想刍议：以〈春秋传〉为中心》，《社会科学战线》2008年第4期。
④ 此论可参见牟润孙《两宋春秋学之主流》，《宋史研究集》第三辑，台北"国立"编译馆，1966，第104页；沈玉成、刘宁《春秋左传学史稿》，江苏古籍出版社，1992，第222页；王雷松《胡安国政治哲学简析》，《商丘师范学院学报》2006年第4期。
⑤ 王江武：《胡安国〈春秋传〉研究》，复旦大学博士学位论文，2008，第142页。

但对史学、政治与理学相互交融，并没有深入探究，确切地说，通过
《春秋传》来探讨道学与政治的关系还有更多的课题可做。尤其在南宋
初年，《春秋传》的成书，其学术意义的成功尚在其次，重要的是，其
微言大义中透露出的价值观念曾取得宋高宗政权青睐，反过来说，也正
是在这样的价值观念影响下，才演绎出宋高宗朝一桩桩政治事件。

　　胡安国所谓的"其中必有大美恶焉"，虽为后人争议，却是《春秋
传》得以成书并取得政治认同的重要论点。胡安国在《进〈春秋传〉
表》中曾言：三代之后，"霸德既衰，诸侯放恣，政在大夫，专权自用，
官及失德，宠赂益章。然后陪臣执国命，夷狄制诸夏，皆驯致其道，是
以至此极耳。仲尼德配天地，明并日月，自以无位与时，道不行于天下
也，制《春秋》之义，见诸行事，垂训方来"①。由此可见，《春秋》的
本义是在王霸削弱、夷狄乱华内忧外患的情况下兴王道②。道不行的直
接原因则是"官及失德，宠赂益张"，善恶论断自然也就在所难免。胡
安国所谓王道更多的是尊君，在一个局势变幻不定的时代里，谈王权肯
定没有谈王道切合时宜，尤其对宋高宗来说，重塑王道更多的是树立正
统地位③。再加上自王安石变法以来，"崇尚释老蒙庄之学，以虚无为
宗，而不要义理之实。迨及崇宁，曲加防禁，由是用事者以灾异之变，
政事阙失，则默不敢言，而庆瑞之符与礼文常事，则咏歌赞颂，洋洋乎
盈耳，是与《春秋》正相反也。侈心益纵，至夷狄乱华"④。在道学者们

---

① 胡安国：《春秋传·进春秋传表》。
② 孟子曰："孔子成《春秋》，而乱臣贼子惧。"孟子所谓"乱臣贼子惧"并不是王权，
　而是王道，这也是胡安国做《春秋传》的主旨之一。比如，僖公二十四年，"天王出居
　于郑"。胡氏传曰："王者以天下为家，京师为室，而四方归往，犹天之无不覆也。"见
　《春秋传》卷一二《僖公中》。再如，庄公元年，"王使荣叔来锡桓公命"。胡安国引述
　啖助所说"不称天王，宠篡弑以渎三纲也"，认为"《春秋》书王必称天，所履者天位
　也，所行者天道也，所赏者天命也，所刑者天讨也。今桓公杀君篡国而王不能诛，反
　追命之，无天甚矣。桓无王，王无天，其失非小恶也"。见《春秋传》卷七《庄公
　上》。在这里，胡安国借助伊川洛学对王道即天理的观点，对王道的根基所在进行了推
　沿和阐发。王道既是王霸的道德内核，又是无上的天理。
③ 关于宋高宗正统地位的说辞，也多为学者阐发，主要集中在两个方面：其一，宋高宗
　所谓的"爱元祐"即是与其正统诉求相关；其二，宋高宗屡主和议而不愿与金对战迎
　回"二圣"，也是为了保证其皇权地位。笔者认为，高宗肇始，急需的正统诉求应该是
　相对于张邦昌而言，当然，这也包含他在宋人乃至金人意识里的宋帝地位。
④ 胡安国：《春秋传·进春秋传表》。

看来王安石"崇尚释老蒙庄之学，以虚无为宗，而不要义理之实"，实为政治过失的错误学术源头。按照这个路径而言，救世当从究学术之过入手，而这一切富有成效的实施过程都需要非此即彼的批判声为之助推。所以说，《春秋》学的"大美恶"观念，无论从学术上来说，还是从实际情况而言，都符合那个时代，以至于胡安国对王氏新学的微词显见于该书的序言。他认为，"近世推隆王氏新说，按为国是，独于《春秋》，贡举不以取士，庠序不以设官，经筵不以进读，断国论者无所折衷，天下不知所适，人欲日长，天理日消，其效使夷狄乱华莫之遏也"①。使他为之欣慰的是，宋高宗抨击王安石的说法竟和他言出一辙："安石废绝《春秋》，实与乱贼造始""安石之学不息，则孔子之道不著"②。原因很简单，南宋初年本来就是一个国是不定的时刻③，王安石变法政策一度被视为北宋亡国的导火索，外敌欺凌与大臣失德又无时无刻不在困扰着这个新兴王朝的政治主导者们，年轻的宋高宗在举棋不定的抉择之间④，真正奢求的应是新的实用的价值观念，可能这才是重塑王道的基础。

那么，王道的基础到底所指为何？胡安国认为，并不在其言辞多么深刻，"虽微辞奥义或未贯通，然尊君父、讨乱贼、辟邪说、正人心、用夏变夷，大法略具，庶几圣王经世之志"⑤。胡安国将王道之策具体细分为几个方面，"尊君父、讨乱贼"当为南宋初年惩治围城罪人、镇压反乱事件的理论支撑；而"辟邪说、正人心"，既是继续与王氏新学派斗争的口号，更是王霸的道德内核；至于"用夏变夷，大法略具，庶几圣王经世之志"，则只能是一种美好的向往与正统论里自娱自乐的言说罢了。纵观南宋初年的诸多政治事件，不难发现那个时代对新的价值理念的诉求，而政治主导者自身的诉求投影到这些政治问题上，多半

① 胡安国：《春秋传·序》。
② 《斐然集》卷一四《追废王安石配享诏》。
③ 建炎元年六月二日，李纲上《十议》云："靖康之间，惟其国是不定，而且和且战，议论纷然，至有今日之祸。则今日所当监者，不在靖康乎？臣故敢陈和、守、战三说以献。伏愿陛下断自渊衷，以天下为度，而定国是，则中兴之功可期矣。"见李纲《梁溪集》卷五八《十议上》。
④ 朱瑞熙先生认为，宋高宗在位前后几十年，随着年龄的增长，其政治主张及权谋前后应有所变化（此论得益于与先生私下所谈）。
⑤ 胡安国：《春秋传·序》。

也折射出"尊王"与"攘夷"的意识。蔡哲修曾指出,南宋初年内外交迫的情况下,宋廷妥善地采用"安内攘外"的政策,才取得了偏安局面的形成①。而徐永辉则细微地考察了黄潜善、汪伯彦、李纲三人的忠奸情况,进而指出此三相的沉浮仅在于"忠君"程度的差异②。

此外,王道实现仅靠人心向背与否的理论支撑,显然还是不够的,关键还在于王是否拥有被尊的基础。谈到这个问题,我们不能不提及南宋初年宋高宗政权收兵权与《春秋传》之间的关系。南宋伊始,兵力尚不满万人③,至绍兴三年去冗弱之后有兵"二十万有奇"④,但宋高宗直接管辖的宿卫兵才仅逾万人⑤,如何制约地方武将彰显南宋主导者身份,当是宋高宗急于面对的问题,而胡安国则恰逢时机的从儒学传统里为其找到了收兵权的理论支撑⑥。从南宋初年宋高宗收兵权的举措来看,胡安国的这一收兵权理论可谓真正得以实践。不过,单一的理论往往使其流于形式及错乱的政治观念之间,真正对收兵权起作用的,应该是胡安国的《春秋传》透露出来的即时的价值观念。

或许对于胡安国而言,所作《春秋传》旨在立足于现实重新解说

---

① 蔡哲修:《从"攘夷"到"尊王"(1127~1142)——"南宋偏安局面"的研究》,《中兴史学》2005年第11期。

② 徐永辉:《奸臣?忠臣?评析南宋初年的黄潜善、汪伯彦和李纲三位宰相》,《通识研究集刊》2006年第9期。

③ 林瑞翰:《绍兴十二年以前南宋国情之研究》,《宋史研究集》第一辑,"国立"编译馆,1958,第236页。

④ 《要录》卷七一,绍兴三年十二月己酉,第1380页。

⑤ 孔繁敏:《南宋的三衙诸军》,《北京联合大学学报》1988年第1期。

⑥ 《春秋传》卷三隐公十年夏翚帅师会齐人、郑人伐宋条载胡氏注:"夫乱臣贼子,积其强恶,非一朝一夕之故,及权势已成,威行中外,虽欲制之,其将能乎?故去其公子以戒兵柄下移,制之于未乱也。"《春秋传》卷七庄公二年夏公子庆父帅师伐于馀丘条胡氏注:"(馀丘,邾邑也,国而曰伐)志庆父之得兵权也。庄公幼年即位,首以庆父主兵,卒致子般之祸……鲁在春秋中见弑者三君,其贼未有不得鲁国之兵权者。"《春秋传》卷一〇闵公二年十二月郑弃其师条胡氏注:"人君擅一国之名宠,杀生予夺,唯我所制尔,使克不臣之罪已着,(郑伯)按而诛之可也;情状未明,黜而远之可也;爱惜其才,以礼驭之可也;焉有假以兵权,委诸境上,坐视其失伍离散而莫之恤乎?然则弃师者,郑伯!"从以上引文来看,"兵柄下移"可谓胡安国以古鉴今的重要启示理论。姚瀛艇先生认为,胡安国最关心的是那些掌握兵权,进而"篡国弑君"的乱臣贼子,这是适应赵宋建立以来集中军权的需要,特别是宋高宗猜忌诸大将的需要。见姚瀛艇主编《宋代文化史》,河南大学出版社,1992,第157页。漆侠先生也指出,胡安国《春秋传》从思想上、学术上配合呼应了宋高宗——秦桧集团收夺兵权的政策。见漆侠《宋学的发展和演变》,第518页。

《春秋》，从而将学术争论中的价值观念引入政治建设；或者说通过《春秋》价值观对政治的推动来实现学术的社会意义，其中亦不乏小我与大我之间的价值冲突。对于宋高宗而言，《春秋》观既是即时地建构王道政策的理论支撑，又是用来区分士大夫群体、收买人心的手段。对于入主台阁的宰执们而言，《春秋》观则仅是获得政治利益的筹码之一，比学术身份更重要的是他们的士大夫身份。事实上，我们很难从政治场域中区分学术与政治真实的面目，"春秋"一词投影到官僚士大夫语境里，只能变得愈加模糊。南宋初年，道学名儒杨时曾致书宰相秦桧云："窃记近世名儒，自安定而下，如欧公辈无不学《春秋》者，熙宁更科不用，其学遂废。六经惟此书出于圣人之笔，余皆述之而已。微辞奥旨，烂如日星，以为不可读，无是理也。今得公留意于此，斯文之幸也。"① 按道理说，留意《春秋》，礼遇杨时，再加上他与胡安国的私人关系②，应该是秦桧学术倾向的明确表象。实则不然，秦桧倾慕洛学之举，只是为了迎合南宋初年元祐之兴、重塑士大夫价值观念的政治态势而已，以倾向洛学来沽名获益才是其真面目③。也就是说，胡安国所倡导的《春秋》观真正与政治契合，并不在于当时宋高宗如何青睐或某些士大夫的好恶倾向，而是《春秋》观与变乱时代不期而遇的结果。《春秋传》里重新解读的王霸观、夷夏论，真正迎合了南宋初年的社会背景，而这些价值观念也恰如其分地被融入政治实践之中。从建炎元年六月李纲凭借"春秋之法"④ 要求惩治围城罪人，到绍兴五年四月胡安国奉旨修《春秋

---

① 杨时：《杨龟山先生集》卷二二《与秦丞相书》。

② 关于秦桧与胡安国的私人关系，朱熹曾说："秦会之尝为密教，翟公巽时知密州，荐试宏词。游定夫过密，与之同饭于翟，奇之。后康侯问人才于定夫，首以会之为对，云其人类荀文若。京城破，虏欲立张邦昌，执政而下，无敢有异议，惟会之抗疏以为不可。康侯亦义其所为，力言于张德远诸公之前。后会之自海上归，与闻国政，康侯属望尤切，尝有书疏往来，讲论国政。康侯有词披讲筵之召，则会之荐也。然其雅意坚不欲就，是必已窥见其微隐有难处者，故以老病辞。后来会之做出大疏脱，则康侯已谢世矣。定夫之后，及康侯诸子，会之皆擢用之。"《朱子语类》卷一三一《中兴至今日人物上》，第3153页。

③ 高纪春曾指出，绍兴八年以前，宋高宗深喜洛学，洛学派与秦桧往还密切、声气相求时，秦桧借重洛学沽名望；绍兴八年以后，宋高宗厌弃洛学，洛学派与自己分道扬镳、离心离德之际，他又转而打击洛学，摧残异己。参见高纪春《秦桧与洛学》，《中国史研究》2002年第1期。

④ 《会编》卷一〇五，建炎元年六月辛酉条，第771页。

传），朝野时政引论《春秋》法则不绝史册。胡安国《春秋传》将《春秋》价值观念进行了纵深的推延，更多地与现实政治趋势步伐一致，甚至推动某些政治行为的发展，更为重要的是其构筑起南宋建炎至绍兴初宋高宗政权诸多政治举措的另一个侧面。

二 党同伐异：元祐党论的政治企图

有学者曾指出，在政治场域之中，知识分子之间往往互相竞争，以获得支持他们所持思想观念的力量，有时还要追求获得能够使他们的思想观念付诸实施的权力①。纵观南宋初年的政治状况，不难发现，那些儒学士大夫们正是秉承着这一理念，实践着他们的政治抱负。宋高宗一语"最爱元祐"，也着实开启了南宋初年士大夫之治的政治风气，"元祐党人"一时成为最为时髦的政治话语，而高呼王道天理的道学者们舍身于道德语境的重塑，其功亦不可没。作为学术精英的道学者们，是否也在用心追逐政治权力，这将关系到所谓的道学能否在南宋初年取得长足的发展。另外，反观道学发展的真实一面，也是解读南宋初年诸多政治事件的有效途径。带着以上问题，本节笔者将结合前节有关道学政治内涵的研究，试对南宋初年政治话语形成的人为因素及道学的学术悖论展开探讨。

关于南宋初年朝野元祐党论之始，大致可追溯至宋高宗即位时所下诏书："宣仁圣烈皇后保佑哲宗，有安社稷大功。奸臣怀私，诬蔑圣德，著在史册。可令国史院差官，撰实刊修，播告天下。"② 这个诏书很显然是要重新赋予元祐之治更多的政治关怀，此后朝臣屡言褒录"元祐党人"的政治举措，也多是沿着这个方向展开的。直到绍兴四年八月宋高宗与范冲交谈中坦言"最爱元祐"，元祐党论可谓达到了顶峰。在这段时间，政治行为上，南宋朝臣从未间断地提及"甄叙元祐故家子孙"③；

---

① Benjamin I. Schwartz, "A Brief Defense of Political and Intellectual History-with Particular Reference to Non-Western Cultures", *Daedalus*, Vol. 100, No. 1, Historical Studies Today (Winter, 1971), pp. 98 – 112; Felix Gilbert, "Intellectual History: Its Aims and Methods", *Daedalus*, Vol. 100, No. 1, Historical Studies Today (Winter, 1971), pp. 80 – 97.

② 《要录》卷五，建炎元年五月辛卯，第 134 页。

③ 胡寅：《斐然集》卷一九《鲁语详说序》。

学术认知上，宋高宗完全认同了"安石废绝《春秋》，实与乱贼造始"①。
"元祐党人"业已演变成一个时代政治话语，凡是元祐党人或其子孙，
往往受到褒录，而王学新党子孙则时有贬谪，除去宋金征战问题之外，
朝臣们争论元祐及绍述是非的言辞，也一时充盈着政治话语的空间。实
际上，我们权且可以将这一状况称为"元祐现象"。至于何以形成这一
现象，除了一些学者谈到宋高宗正统诉求及将亡国之罪转嫁给王安石之
外，对于支配这一现象形成的官僚群体，更值得我们详尽的考察。习惯
而言，南宋初年"元祐党论"当是政治范畴里主导者区分利益群体的手
段，将元祐与非元祐等同于君子与小人的二元分化的过程，本质上仅仅
是政治伎俩的体现。显然，这种状况的形成并不独是道学者们的论调所
致，纵览南宋初年高呼"元祐之治"的臣僚士大夫们，在以道学为主体
之余，还有许多其他主战派及积极应对金人侵犯的非元祐党士大夫。也
就是说，对"元祐"的认知当为这一时代的主流，士大夫们诸多的政治
理念或思想抱负都只能淹没在这一政治话语之中。建炎初，李纲在相位
时，"还元祐党籍及上书人恩数"，召胡安国、杨时、谯定等道学者赴行
在②。另外，在惩治围城罪人之即，亦不忘为元祐党人昭雪、复用③。当
然，胡安国、杨时等被召直接缘于吕好问的推荐，但李纲也功不可没。
至于以道学者自谓的赵鼎，"素重伊川程颐之学，元祐党籍子孙，多所擢
用"④。南宋初年宰执群体，无论道学与否都对元祐党之治倍加称道，再
加上建炎三年四月，政策明令"举行仁宗法度，录用元祐党籍，即嘉祐
法有与元丰不同者，赏格听从重，条约听从宽；系石刻党人，并给还元
官职，及合得恩泽"⑤。以至于"托称伊川门人者，即皆进用"⑥。由此可
见，建炎元年的"元祐"之兴当是时代潮流所致，其中皇权意识的介入
更是促成了这一现象的形成。撇下宋高宗是否托"元祐"一词树立正统
或转嫁徽宗误国之过不说，"元祐"之词俨然成为政治判断的某一标准，

---

① 《斐然集》卷一四《追废王安石配享诏》。
② 《要录》卷八，建炎元年八月壬申，第 228 页；《斐然集》卷二五《先公行状》。
③ 史载："朝请郎李积中知襄阳府……积中，南昌人，宣和末为宗正少卿，坐元祐党送吏
部，至是再用之。"见《要录》卷七，建炎元年秋七月己丑朔，第 197 页。
④ 《要录》卷八六，绍兴五年闰二月丁未，第 1633 页。
⑤ 《要录》卷二二，建炎三年四月乙卯，第 549 页。
⑥ 《中兴小纪》卷一八，绍兴五年二月癸卯，第 484 页。

从而成为士大夫之间党同伐异的工具，之所以假托道学盛行一时，缘由也在于此。

此外，"元祐党论"之兴的同时，对王氏新学的打击日益激烈。正如前代学者所言，南宋初年政权主导者对"王学"的打击给道学以可乘之机，是道学与宋高宗政权结合的一种表现[1]。打击"王学"与"元祐党论"之兴固然有联系，不过，在这个时期，道学的发展更多地彰显为诸多畸形政治行为，凡是道学者都视"王学"为祸乱之源，从而不惜一切代价对其攻击，总是打着学术的幌子伪装成一副伪善的面孔，以彰学术之本为假，以谋获私利为真。朱熹就曾指出，南宋初年程颐的真传弟子杨时"长于攻王氏"[2]。当然，杨时可能承袭了程颐的学术论点与"王学"存在分歧，但对于"王学"与蔡京之流不加取舍而一味清算陈年旧账，就有些不可理解了。"王学"是否为过之甚，南宋人林希逸曾认为，"今人皆以'断烂朝报'之语，为荆公之罪，亦冤甚矣"[3]。也就是说，道学者们声讨"王学"更多的是对元祐罪人报复。这么一来，为私利而攻击异类便在所难免。周必大亦曾指出，南宋初年的道学士大夫们，"擅专门之业，党同而伐异"[4]。而赵鼎纠集众贤所修订的神、哲两朝实录，也着实"弄得都成私意"[5]。

如果说非元祐的士大夫将论调定位在元祐与奸党之间，只是为了谋取政治利益的话，那么，以元祐党人为主体的道学者们，则义无反顾地充当了"元祐党论"兴起的推动者。所谓南宋初年道学的发展，仅止于政治范畴的实践，于学术来说自不待言。就南宋初年道学发展的代表作《胡氏春秋传》而言，胡安国经、史互证的手法固然有其新意，但他解经手法并不新鲜。牟润孙先生曾指出，尊王攘夷为春秋要旨，孙复、胡瑗二氏为之申明，对宋代春秋学影响颇大，胡安国著述多渊源及据时事迁移自二氏之说[6]。沈松勤先生亦指出，南宋初年的"元祐叙事"，虽然

---

① 漆侠：《宋学的发展和演变》，第 522 页。
② 《朱子语类》卷一三〇《自熙宁至靖康用人》，第 3099 页。
③ 林希逸：《竹溪鬳斋十一稿续集》卷二八《学记》，文渊阁四库全书本。
④ 周必大：《胡彦英〈论语集解〉序》，《全宋文》第 230 册，第 200 页。
⑤ 《朱子语类》卷一〇二《杨氏门人·胡德辉》，第 2599 页。
⑥ 牟润孙：《两宋春秋学之主流》，《宋史研究集》第三辑，"国立"编译馆，1966，第 116～118 页。

出于叙事者强烈的道德义愤，但不仅仅是为发泄义愤而已，他们为了美化"元祐学术"，不惜对"荆公新学"进行无情抨击乃至诋毁，是建立在自身的价值取向之上的①。所谓价值取向即是前节所讨论道学与政治融通的论点之一，换句话说，道学者们只是迎合了政治主导者们主观价值判断，从而被利用才导致道学于南宋初年外在的发展。对于政治主导者而言，道学许多时候并非需要完全认知，而是其理论能为时政所用即可。仔细审视宋高宗关于"王学"的论点，不难发现这都是复述道学士大夫的观点而已②。再者，宋高宗本人也知道王学并非误国之甚③，元祐臣僚子弟并非皆是人才④，甚至吕颐浩执政时还叙用京、黼门人⑤。由此可见，宋高宗对元祐党人的屡次昭雪、叙用并非真正对元祐情有独钟，而是由于这是钦宗以来的时代潮流，亦是其个人情节的诉求。吕中《大事记》载：

> 当靖康元年二月，敌退之后，士大夫争法新旧、辨党邪正，识者讥其治不急之务。今高宗即位，首诏改宣仁谤史，不几复蹈前辙邪？曰："不然！"张敬夫谓此乃拨乱反正之宏纲，古今人心之天理。盖我朝之治，元祐为甚；母后之贤，宣仁为最。当熙、丰小人相继用事之后，使非继以元祐，则中原之祸不待靖康而后见。当京师失守之时，使非元祐之治在人耳目，又何以开炎、兴之运哉？此

---

① 沈松勤：《论"元祐学术"与"元祐叙事"》，第 226 页。
② 胡寅代高宗作《追废王安石配享诏》指出："昔者世衰道微，暴行有作，孔子拨乱反正，寓王法于《春秋》，以俟后世。朕临政愿治，表章斯文，将以正人心，息邪说，使不沦胥于异学，荆舒祸本，可不惩乎？安石废绝《春秋》，实与乱贼造始。今其父子从祀孔庙，礼文失秩，当议黜之。夫安石之学不息，则孔子之道不著。"见《斐然集》卷一四。
③ 史载："江跻论天变事，上以其有史学，他日谓大臣曰：今士大夫知史学者几人，此皆王安石以经义设科之弊。范宗尹曰：安石学术本不至是，由蔡京兄弟以绍述之说敷衍枝蔓，侵失其意，然自非卓然持立之士，鲜不为误者。上深以为然。"见《中兴两朝圣政》卷七，建炎四年六月己亥，第 308 页。
④ 史载，是日，上谓大臣曰："近引对元祐臣僚子弟，多不逮前人，亦一时迁谪，道路失教。元祐人才，皆自仁宗朝涵养，燕及子孙。自行经义取士，往往登科后再须修学，所以人才大坏，不适时用。"见《要录》卷六一，绍兴二年十二月甲辰，第 1217 页。
⑤ 《中兴两朝圣政》卷一〇，绍兴元年十月乙丑，第 811 页。

宣仁之功也。章、蔡初意不过欲去元祐之人耳，而至于变元祐之法；又虑元祐之人复用也，而至诬以废立之罪，谤及宣仁。一念之私，燎原滔天，可畏哉！①

此前学者，关于这段文字已有众多解说，都曾指出宋高宗爱元祐与其正统地位相关，此不赘言。需要说明的是，这里将元祐之兴理解成南宋立国之本，从元祐党人拨乱反正之后道德关怀的角度来说，固然有其积极作用，但一旦"元祐之论"成为政治利益的评价标准，拨乱反正便成了党同伐异的借口。赵鼎可谓元祐党论的话语倡导者之一，他在绍兴五年至七年之间曾与张浚共同执政。绍兴六年，赵鼎与张浚不协，要求去位，宋高宗不许。赵鼎说："臣始初与张浚如兄弟，因吕祉离间，遂尔睽异。今浚成功，当使展尽底蕴，浚当留，臣当去。"② 而张浚曾言："元祐待熙丰人太甚，所以致祸。人无君子小人，孰不可为善。"③ 认为元祐党人之所以被新党人迫害，是由于元祐时期迫害熙丰新党人太狠，此是因果关系。他还默允同党人陈公辅、吕祉上疏禁"伊川之学"④。无疑，赵鼎和张浚以"元祐党论"问题为互相攻击的手段，业已抹杀了对道学本体的认知。事实上，赵鼎对道学的认知并不比张浚好到哪儿去，他并非真正的程颐再传弟子⑤。由此可见，道学在南宋初年的发展多是停留在政治关照之上，并非学术的长足发展，这亦反映出道学者在"元祐党论"之中起推波助澜的作用，道学之中的价值观念更是被政治所利用。

由上文可知，南宋初期的个体诏狱事件主要发生在建炎初年至绍兴初年，这段时间正值宋高宗政权南渡后急需构造稳定的社会基础之时，这些诏狱事件的深层政治内涵也多指向南宋政权建立初期的政治取向。但我们必须清楚的是，因为是诏狱个案，虽然都反映出宋高宗政权当时

---

① 《要录》卷五，建炎元年五月辛卯，第134页。
② 《宋史》卷三六〇《赵鼎传》，第11290页。
③ 《朱子语类》卷一三一，第3153页。
④ 《要录》卷一〇八，绍兴七年正月乙酉，第2035页。
⑤ 《宋元学案》卷四四《赵、张诸儒学案·序录》云："中兴二相，丰国赵公尝从邵子文游，魏国张公尝从谯天授游。丰公所得浅，而魏公则惑于禅宗。"参见黄宗羲《宋元学案》，商务印书馆，1929，第16页。

政治取向，但诏狱背后的政治因素也各有不同。建炎年间发生的三起诏狱，多与南宋初年惩治围城罪人相关，其目的是为了"召和气，化风俗"，重组士大夫官僚群体；绍兴初年发生的曲端诏狱则关系到南宋初年宋高宗政权的政治本位，曲端之死折射出宋高宗政权对中央集权政治格局的期许。仔细分析这些诏狱的政治因素，我们还发现这些诏狱事件所反映的政治内涵与南宋初年政治文化的转型或变迁息息相关。绍兴八年之前道学地位的提升，主要体现在道学与政治话语的结合，以及道学者政治地位的提升，并不说明道学学术本体上的进步。这段时期，道学所倡导的"收人心，召和气"实现与宋高宗政权重组士大夫官僚群体的政治构想一致，而胡安国的《春秋传》字里行间也凸显出时代性政治话题，至于元祐之兴则无疑折射出宋高宗政权分化士大夫群体凝聚向心力的政治构想。

此外，我们还要注意，无论诏狱也好，道学发展也罢，如若整肃政治空间有其积极意义的话，朋党斗争则无疑是其副作用。我们从张邦昌、宋齐愈诏狱里已经看到，黄潜善、汪伯彦、李纲、张浚等人实为党争的主要肇事者，而屡屡上书惩治围城罪人的邓肃，事实上又是李纲的代言人[1]。从"元祐党论"话语里我们亦能看到，倡导元祐学说的赵鼎与张浚的"势不两立"，又何尝不是政见之争的体现。但从政治行动的主要动机来说，这些党争的负面特征非但没有影响到诏狱的"正当性"，某种程度上还为宋高宗政权实现既定的政治目的铺设了道路。至此可知，南宋初年的个体诏狱事件与炎、绍之交的元祐党论，同归却殊途，诏狱事件造成的负面政治影响与元祐党论带来的正面政治语境并不相同，但两者在实现宋高宗政权即时的政治构想上互为表里。

---

　① 吕本中《杂记》曰："邓肃前一年，因李纲进得官，时又用汪伯彦荐为右正言，故傅会纲意，专以围城为言。"见《要录》卷七，建炎元年七月辛丑条引注，第205页。

第三章　群体诏狱与政治运作的媾和

从前章考论来看，南宋初期所发生的个体诏狱事件，大多与两宋之交的政治变动及宋高宗政权稳定相关。南宋伊始，宋高宗政权不仅急于追究北宋亡国之过以收买人心，还急需重塑新价值观念来寻求稳固皇权的理论根基，这无疑关涉南宋初年政治文化的迁移，更多地凸显出宋高宗政权的政治方向。大致来说，建炎初至绍兴八年宋金和议促成，道学从与政治结合进而被其利用，到最终被政治抛弃，可谓经历了一百八十度的大转折。究其因果，历来学界都将其简单地归咎于政权主导者的好恶，抑或政治背景所迫，而这一态势形成背后的政治运作，及当权者对政治利益的交换，却少有人关注。绍兴和议签订前发生的群体诏狱事件，恰恰与这一时期的政治运作息息相关。基于此，本章将对与绍兴和议直接相关的群体诏狱事件进行纵深探究，并透过对这一外在政治动力的考察，纵深解读绍兴年间诸多政治现象，以期从中推究出政权主体为谋求政治利益最大化而构造的政治交换模式。

第一节　公正之泡影：绍兴诏狱的法律解析

相对此前零散的个体诏狱事件来说，绍兴年间的诏狱事件更多地凸显出群体或规模特征，案发的罪名及案件本质更多地呈现出一致性，案件的政治目的明显与执政者政治举措息息相关。对于这样目的明确、案情简单的诏狱进行研究，也许无甚细究或深究的必要。事实上，诏狱的本质可能缘于宋高宗政权的某种政治目的，但诏狱外在的表象仍不失案件形态。即使案件形态如何"规则化"，想要洞悉其背后对政治价值观的取舍问题，透析案件的法律属性仍不失为有效的研究路径①。因为诏狱多是游离于法律与纯粹的政治行为之间，以至于诏狱研究更多时候成为解读信念伦理与责任伦理之差异的有效路径。所以说，对于绍兴诏狱的法律解析将有助于我们纵深考察南宋初期政治运作的轨迹。正如前文所论，诸多绍兴诏狱的案发罪名都趋于一致性，案件的形成基本符合有罪推定原则。从大量绍兴诏狱案例中，我们看到的恰恰并非单一的行政或刑律处罚，而是介乎信念伦理与责任伦理之间一场轰轰烈烈的战争，法律的公正与否已显得微不足道，而法理精神却隐喻其中。究竟如何通过法律解析来认识绍兴诏狱，我们有必要对其案例中所呈现出来的有罪推定原则及法理重构迹象进行深入的探讨。

一 告讦与证据之间——严刑罪名与有罪推定思想之融通

所谓诏狱冤案，对于制造者而言，案发的证据可谓微不足道，重要的是如何立案，如何"发现"涉案者的罪过，继而将之摆在台面。从表面看，这一切靠宰执支配下的台谏官似乎都能完成。实则不然，可能基于台谏官的身份限制，在诏狱之中台谏官的职能只是上奏涉案者的罪过，或者夸大其词以达到预期效果，而大理寺的职责最多也只是判刑定罪而已，诏狱发端者多是通过举告来实现立案。绍兴诏狱概不例外，我们从大量的绍兴诏狱案例中常常看到"告讦""讦"等字眼，告讦者常常就是诏狱发端者。所谓"告讦"，又可称为"告发""告密""告奸"等，指向上司或有关部门揭露、告发别人的隐私或短处。"告奸连坐"与"亲亲相隐"，在中国古代专制社会常常关联而密不可分，一般而言，告讦的使用多出现在执政者严厉控制言论的非常时期。"告讦"是为社会上的多数人所不齿的行为，即使是参与制造诏狱的古代帝王也常常以

---

① 从法律角度探讨绍兴诏狱的成果目前并不太多，主要集中在对岳飞诏狱的研究。比如，巨焕武先生对岳飞及其相关亲属、部将的诏狱进行了法律角度的解析，得出结论：岳飞冤案里，"众证定罪"的审讯举措即是司法擅断的案例之一，客观来说也符合宋代法制情况。参见巨焕武《岳飞狱案与宋代的法律》，《宋元明史研究论集》，大陆杂志社，1981，第50～51页。戴建国先生则认为，宰相在奏案复核程序中操有生杀大权，在有疑情司法部门无法判决的情况下，宰相有奏案复核裁决权，秦桧即是事后奏报，杀害岳飞父子之后奏报高宗，高宗实为岳飞诏狱的肇事者。参见戴建国《关于岳飞狱案问题的几点看法》，《宋代法制初探》，黑龙江人民出版社，2000，第351～362页。

"告讦之风不可长"为戒。不过，告讦成风只是透视诏狱现象的一个切入点，如能构成诏狱，还需要立案证据，证据的认证及证据形式，同样影响到诏狱的审讯过程。告讦常常为诏狱创设案发的条件，无端或虚无证据的实效性，恰恰将有罪推定的思想贯穿于审讯之中，从而与严刑罪名相互结合，构造了诏狱的整个轮廓。所以说，对告讦与证据的研究，当是解构绍兴诏狱事件的最佳视角。

1. 思想与实践之背离——绍兴告讦"合法化"之路

如果说告讦合法化，北宋时似乎还有章可循。北宋建立伊始，宋太祖针对官员犯赃，就曾制定奖励告发制度。譬如，建隆三年八月，太祖采纳知制诰高锡的建议，规定"诸行赂获荐者许告讦，奴婢邻亲能告者赏"①。不过，这与唐宋举告制度并不一致，《宋刑统》规定："诸告祖父母、父母者绞。"②"诸告周亲尊长、外祖父母、夫、夫之祖父母，虽得实，徒二年。"③"诸部曲、奴婢告主，非谋反、逆、叛者，皆绞。"④"诸投匿名书告人罪者，流二千里。"⑤并且，北宋以来，统治者对所犯细小，或不干己，或已经赦者，以及监察官纠举犯罪都严格限制，以此杜绝告讦之风⑥。当然，告讦与法制规定稍有抵牾，在实际操作中仅有统治者行用的情况。宋代诸朝皇帝都十分重视赃吏之惩治，并且台谏之制最为发达，告讦行为的相对实用性便不言而喻。皇祐元年曾有诏书曰："自今言事者，非朝廷得失，民间利病，毋得以风闻弹奏，违者坐之。"⑦为有效推行保甲法，熙宁三年司农寺还制定了《畿县保甲条制》，规定：凡十家为一保。五十家为一大保，十大保为一都保，同保内有犯强窃盗、杀人、谋杀、放火、强奸、略人、传习妖教、造畜蛊毒，知而不告，并依从保伍法科罪。及居停强盗三人以上，经三日，同保内邻人虽不知情，亦科不觉察之罪。若本保内有外来行止不明之人，并须

────────────

① 《宋史》卷一《太祖本纪》，第12页。
② 窦仪等：《宋刑统》卷二三，中华书局，1984，第364页。
③ 《宋刑统》卷二四，第367页。
④ 《宋刑统》卷二四，第369页。
⑤ 《宋刑统》卷二四，第370页。
⑥ 王云海：《宋代司法制度》，河南大学出版社，1992，第155页。
⑦ 李焘：《续资治通鉴长编》（以下简称《长编》）卷一六六，皇祐元年正月辛酉，中华书局，2004，第3983页。

觉察，收捕送官①。即使如此，告讦行为在宋代政治文化中仍是为人不齿的。皇祐四年十二月，林献可修书一封，叫他儿子送交谏官韩绛（后为宰相），信中"多斥中外大臣过失"，韩绛不敢隐瞒而告知仁宗，仁宗以"恐开告讦之路"②，叫他拿回家去烧掉。嘉祐五年六月，仁宗还下诏"戒上封告讦人罪或言赦前事，及言事官弹劾小过不关政体者"③。熙宁八年，针对手实法的弊端，士大夫曾不约而同地将矛头指向告讦之制。谏官范百禄质疑："家家有告讦，人人为仇怨，礼、义、廉、耻何可得哉？"张方平也疑虑："有所隐漏者许人陈告……必有奸猾渐相告讦，窥图赏利，狱讼繁兴，政令浸以滋张，民德何以归厚？"④ 知制诰邓润甫更言："近者群臣专尚告讦，此非国家之美，宜登用淳厚之人以变风俗。"⑤ 元祐时，朝臣屡言朋党之弊，右正言刘安世言："（蔡）确之朋党，大半在朝，造播巧言，多方救解，且谓处厚事非干己，辄尔弹奏，近于刻薄，此风寖长，恐开告讦之路。"中书舍人彭汝砺亦言："今缘小人之告讦，遂听而是之，又从而行之，其源一开，恐不可塞。"⑥ 二人虽以告讦为非，彼此互为攻击，至少来说，告讦之风并非仁政所认可。左谏议大夫梁焘亦言："其以告讦之风不可长而责处厚者，是亦不然。所谓告讦者，等辈之间，苟快怨愤，摘其阴私，以相倾陷，伤败风俗，诚为不诚。至于自纳罪恶，凌犯君亲，忠臣孝子忠义切于上闻，不当妄引告讦，以为比拟也。况法所不加，义所不制，欲以何名议罪处厚？如谓告讦之风犹不可长，则如确悖逆者其可长乎？告讦之长，不过倾陷一夫一家，悖逆之长，至于危乱天下，岂倾陷之害可忧，而危乱之祸不恤耶？此奸人之言，欲以惑聪明而乱正论，挟狡狯而行私恩，无毫发忠敬之意，不可不治也。"⑦ 无论是对儒家伦理来说，还是对传统帝国法治而言，梁焘的认识都恰当适中。南渡播迁之后，宋高宗以仁宗为楷模，以元祐之治为向往，禁告讦之风自然也不例外。

---

① 《宋会要》兵二之五至六，第8623页。
② 《续资治通鉴》卷五十三，皇祐四年十二月庚子，第1285～1286页。
③ 《续资治通鉴》卷五十九，嘉祐五年六月乙丑，第1427页。
④ 《长编》卷二五九，熙宁八年春正月辛丑，第6315～6316页。
⑤ 《长编》卷二七〇，熙宁八年十一月癸未，第6626～6627页。
⑥ 《长编》卷四二五，元祐四年夏四月壬子，第10276～10278页。
⑦ 《长编》卷四二五，元祐四年四月戊午，第10285页。

前文有关宋高宗法制思想的探讨，笔者已经点明宋高宗"好生"及重视吏治的理性法治。从这一点来说，南宋初年屡屡严禁告讦的言论见诸典籍自不为过。就向往政治清明的政治行为而言，宋高宗曾态度明确、身体力行过严禁告讦的举措。绍兴六年十二月，江州进士孙复礼投匦讼德安令黄觌不法，宋高宗认为，孙复礼若所陈诉有失事实，应当严惩，"倘挟私怨，有所中伤，不惟长告讦之风，亦非求言本意"①。绍兴七年夏四月，给事中胡世将举荐尚书吏部员外郎黄次山替代自己的职位，宋高宗却以黄次山告讦董弅，此风不可长，遂令补外官②。绍兴八年十一月，秦桧擢勾龙如渊为自助，以此攻击反对和议的大臣③。此计本为以告讦手段铲除异己，未想到没过多久还是被宋高宗贬秩而去，宋高宗讨厌勾龙如渊屡屡制造告讦，虽所谓"不欲付有司以伤风教"④，实则仅在于宋高宗本人的好恶而已。因为告讦非厚风俗，仅停留在宋高宗的言辞之中，随着政治形势日益严峻和恶化，宋高宗本人的法制观念越发淡忘在其政治构想之中。抑或是法制观念与政治实践本来就在对立统一之中延展，以至于我们回首瞻仰的竟然多是政治家的谋略。

绍兴十一年十月，台谏官"请补试州县小吏仍许告吏罪，使补其阙，以惩吏强官弱之弊"，宋高宗却和秦桧说："此说若用，则相告讦，而州县扰矣，治天下当以清静镇之，若妄作生事，乃乱天下，非治天下也。"⑤ 对于宋高宗而言，告讦确实有悖于法治本意，只会使诬告丛生。然而，这并不意味着告讦一无是处，或者说宋高宗对告讦的认识是多元的，针对地方吏治告讦绝不可取，但对于统一国是论调，或许告讦仍有可取之处，确切地说是很有可取之处。就在宋高宗口口声声言论"告讦之风不可长"的时候，汪叔詹告讦岳飞⑥，台谏官的风言也将李光贬谪岭表⑦，宋高宗真可谓揣着明白装糊涂。宋律里虽然对举告有明确的限制规定，但并不是说告讦就没有合法性可言。所谓告讦为非，多是指告

---

① 《要录》卷一〇七，绍兴六年十二月壬子，第2016页。
② 《要录》卷一一〇，绍兴七年夏四月乙未，第2060页。
③ 《要录》卷一二三，绍兴八年十一月甲辰，第2304页。
④ 《要录》卷一二六，绍兴九年二月癸丑，第2383页。
⑤ 《要录》卷一四二，绍兴十一年十一月戊戌，第2679页。
⑥ 《要录》卷一四一，绍兴十一年九月癸卯，第2650页。
⑦ 《要录》卷一四二，绍兴十一年十一月己亥，第2680页。

讦有伤风化、有毁风俗，真正"指斥乘舆及妖言惑众者"仍属密告范畴，属于正常告讦内容。反观绍兴年间的诸多诏狱材料，不难发现其中多数罪名也是"指斥乘舆""撰造语言""簧鼓众听"，这样一来，告讦似乎亦有其存在的合法性，关键在于宋高宗政权的认知态度。绍兴十五年七月，执政进呈处州守臣徐度准诏条上便民事件，宋高宗说："因此亦可以观人才，如议论平正，留心国事，其说自然可见，不然矫讦迂阔者，亦可见也。"① 宋高宗所谓的"议论平正，留心国事"，无非就是支持和议，这也是他屡屡谈及重民事的理论之基；所谓"矫讦迂阔者"，实为一语双关，他的告讦观念不言自明矣。

由以上考论不难理解，宋高宗对告讦的双向认知，实为绍兴年间"告讦"一词常常纠结于合法与非法之间的症结所在。而告讦真正走上台面，进而酿造了一起起声名狼藉的诏狱事件，则在于秦桧的"不懈努力"②。绍兴十九年，秦桧党人秘书省著作佐郎林机面对，言及"有异意之人匿迹近地，窥伺朝廷，作为私史，以售其邪谋伪说"，宋高宗告诉秦桧说："此事不应有，宜行禁止，许人陈告，仍令州县觉察，监司按劾，御史台弹奏，并取旨优加赏罚。"③ 显而易见，告讦的合法化完全取决于宋高宗，一旦告讦合法，宋高宗的政治意向便凸显无疑。绍兴二十年，左奉议郎新诸王宫大小学教授陆升之告讦李光父子时，宋高宗痛斥李光曰："光初进用时，以和议为是，朕意其气直，甚喜之。及得执政，遂以和议为非，朕面质其反覆，固知光倾险小人，平生踪迹于此扫地矣。"④ 也正基于此，秦桧后来以告讦之功，理直气壮地提拔陆升之知大宗正丞⑤。确切地说，秦桧所兴起告讦之风并没有一个确切的时间点，但他的"努力"则一定建立在宋高宗赋予告讦的合法化之上。不管怎么说，

---

① 《要录》卷一五四，绍兴十五年秋七月辛亥，第2904页。
② 寺地遵先生认为，绍兴十四、十五年是秦桧官僚统制——专制的分期，这主要体现在思想、言论控制方面愈发地强化，赵鼎、李光遭遇告讦手段的打压即是秦桧专制时期形成的标志。参见氏著《南宋初期政治史研究》，第310~311页。笔者则认为，告讦手段在南宋初期的诏狱事件中屡屡使用过，尤其在绍兴和议缔结之后，告讦手段更成为诏狱事件中司空见惯的举案手段，并不唯绍兴十四、十五年赵鼎、李光狱案。
③ 《要录》卷一六〇，绍兴十九年十二月壬子，第3035页。
④ 《要录》卷一六一，绍兴二十年元月丙午，第3040页。
⑤ 《要录》卷一六一，绍兴二十年元月丙午，第3040页。

秦桧以告讦为手段罗织诏狱罪名，其势已不可阻。当时有人问时谪居南安军的左朝散郎张九成："近日士大夫气殊不振，曾无一言及天下事者，岂皆无人材耶？"张九成说："大抵人材在上之人作成。若摧抑之，则此气亦索，有道之士不任其事，安肯自辱哉！秦公方斥异己，大起告讦，此其势欲杀贤者，然未必不反激人之言。子姑俟之！"①

无可否认，秦桧制造诏狱，除了借助告讦以营造私己之利外，从主体上来说，左右士大夫言论，营造国是健康的语言环境才是其最终目的。但随着秦桧的去世，告讦是否合法化又被摆上了台面，以至于宋高宗本人也不得不反究告讦的过失。秦桧去世不足一个月，宋高宗便下手诏："近岁以来，士风浇薄，持告讦为进取之计，致莫敢耳语族谈，深害风教。可戒饬在位及内外之臣，咸悉此意，有不悛者，令御史台弹奏，当重置于法。"② 既然告讦"深害风教"，不合礼法，那么追究告讦责任便势在必行，而宋高宗则恰如时机地假装糊涂将责任推给了已死之人。当朝臣言及政制混乱之时，宋高宗便不负责任地说："此乃大臣任意所为，不欲朕知天下事耳。"③

一般来说，一场灾难性诏狱事件之后，是非曲直的拨乱反正当是恢复元气的首要举措，"绍兴更化"即是得益于此而产生的新词，而"绍兴更化"也确实以奖惩告讦者与被告讦者为主要内容。先是绍兴二十五年十二月，执政进呈刑部状开具到前后告讦人姓名及"事迹"④。二十六年十月二日，臣僚又言："向者风俗媮薄，告讦大兴，士大夫陷于宪网者前后非一。比降诏旨，检举追复，仍许自行陈诉。然有司尚多艰阻，能自伸雪者十无一二，诚为可矜。欲望严饬有司，将绍兴二十五年十月二十日以前应断过之人，除犯大不恭、不孝及蠹国害民，并枉法、不枉法监主自盗、强乞取，已上并因人告发，迹状明白者，各论如法。其余犯在上件月日前者，不以年限，许自陈诉，委官看详。如实系无辜，则与行改正，理元断月日。若稍涉疑似，则且与除落过名，所有元断官吏并

① 《要录》卷一六三，绍兴二十二年六月壬辰，第3100页。
② 《要录》卷一七〇，绍兴二十五年十一月庚午，第3228页。
③ 《要录》卷一七〇，绍兴二十五年十一月庚午，第3228页。
④ 《要录》卷一七〇，绍兴二十五年十二月壬午，第3236页。

免收坐。"① 至此，绍兴诏狱事件可谓告一段落，绍兴年间告讦合法化里程似乎又回到了原点。但是，我们也不能忽视，绍兴诏狱肇事者的政治目的也基本得以完成，更不能单一地、肤浅地认为告讦手段就能完美地完成那些政治使命。作为案件的一种，绍兴诏狱如何被赋予了法律化的外衣，审刑过程中的有罪推定思想，那些如出一辙的严刑罪名，无不展示给我们又一个洞察真相的入口。

2. 证据之王——严刑罪名的推定之基

人们将某一时期具有突出证明作用的证据称为"证据之王"，从古代落后生产力下的口供到当代的 DNA 技术，证据之王经历了诸多的变化。所谓一般意义上的证据之王多指一般的刑事案件，而在古今诸多诏狱事件之中，传统的证据之王似乎并不实用，一方面是采集证据的目的性，常常导致故意忽视掉突出证据；另一方面是证据本身的脆弱性，使得审刑主体将目光集中在案情之上。即使如此，我们仍不能无视诏狱证据的价值。从这些证据甚至不足以称为证据的证据的实用性来看，它们似乎也可称为证据之王，因为这些几乎不足为凭，甚至值得怀疑的证据，竟然也使得一桩桩冤案顺利结案，证据的突出证明作用可见一斑。由此，即使诏狱证据多么的微不足道，它确实在法律逻辑之中演绎了一个非常重要的角色，有了这些证据，诏狱发端者才能实现告发，也只有这些证据，才真正为诏狱形成的两个撒手锏——严刑罪名与有罪推定思想之间架起了一座桥梁。若要解读绍兴诏狱冤案审刑程序的合理性或合法性，不仅需要我们对证据之王与严刑罪名的深度阐释，更需要借助这些结论透析有罪推定的逻辑所在。

从本文第一章关于南宋初期诏狱类型的研究来看，南宋绍兴年间的诏狱冤案罪名繁多，基本囊括了中国古代诏狱罪名，且均是以严刑称道，诸如"指斥乘舆""谤讪朝政""交通罪臣""动摇国是"等罪名，重则处以死刑，轻罚也得流千里。显而易见，这些罪名均是要置人于死地为目的，案发之前便已计划好案件的走向，简单地说，法律程序仅只是手段而已。不过，法律程序也有其游戏规则，透过这些冤案的审刑条件及过程，我们还是可以洞察冤案背后更为深刻的东西。

实际上，严刑罪名的成立，既离不开告讦的合法化，更离不开支撑告

_____

① 《宋会要》刑法三之二九《禁约》，第 8407 页。

许行为的证据。绍兴冤案形成的证据与一般刑事案件的证据略有不同。大致来说，口头证据与实物证据在诸多冤案中都有所呈现，冤案证据的条目也参差不齐，一句话的口头证据与形成文字的实物证据，可以单一行用，亦可以交错并行。相比较而言，除了形式上差异之外，口头证据与形成文字的实物证据，两者的效用并没有明显的差别，并且都触及重刑。

应该说，文字证据才具有法律说服力。就曲端一案而言，文字证据似乎成为案件成立的主要因素，王庶的告讦及吴玠建言"曲端谋反"之词，当直接触动张浚处置曲端的神经，而真正用来给曲端定罪的依据，却是那首"不向关中兴事业，却来江上泛渔舟"①。秦桧执政时期所制造的冤案之中，文字证据也更多地凸显案件的目的性。胡铨赋词"欲驾巾车归去，有豺狼当辙"，王庭圭赋诗"痴儿不了公家事，男子要为天下奇"，胡寅游岳麓寺感怀"是何南海之鳄鱼，来作长沙之鹏鸟"，范彦辉"何当日月明，痛洗苍生病"，沉长卿、芮晔同赋"今作尘埃奔走人"，等等，皆曾作为案发的实物证据而被行用于审刑之中。显然，此处所谓实物证据类冤案，即是文字狱冤案，其主旨显然是与严刑关联起来。罪证内容是否触犯严刑之罪，还在于审刑机构对证据的解释和认定。在皇权至上的传统帝国里，一旦疑犯罪证触犯或仅仅影射到国家与帝王，证据的诠释将被无端模糊。

口头证据，行用在绍兴诏狱中更是异常频繁。绍兴十二年，右谏议大夫罗汝楫劾胡铨"文过饰非，益唱狂妄之说，横议纷纷"②；绍兴十三年九月，侍御史李文会言王晞亮与赵鼎、潘良能、李光、汪藻交通，"伪造事端，唱为异说，喧传四方，实伤国体"③；绍兴十六年七月，中书舍人段拂奏刘一止"趣操朋邪，自作弗靖""轻躁怨忿形于奏牍"，御史中丞何若亦奏刘一止与李光交通，"辞气怨怼，无臣子之礼"④；绍兴十六年，右谏议大夫汪勃劾刑部员外郎李颖士与赵鼎交通时云："今虽为郎，尚怏怏不满，每见差除，则忿见于言色，谓'天水朝，必不至尔'。"⑤

---

① 《要录》卷四三，绍兴元年四月丁亥，第930页。
② 《要录》卷一四六，绍兴十二年秋七月癸巳，第2745页。
③ 《要录》卷一五○，绍兴十三年九月丙子，第2832页。
④ 《要录》卷一五四，绍兴十五年闰十一月丁亥，第2922页。
⑤ 《要录》卷一五五，绍兴十六年八月癸亥，第2942页。

所谓口头证据，更多彰显某种随意性，证词内容多是某某有过什么言论，而这些言论是否促成罪过并不重要，重要的是证词内容中对这些言论之危害的修饰，当证据不需要查证的时候，过于夸张的修饰词同样能够成为案件认定的条件。此外，口头证据内容多数是达到有罪推定的形式，案件核心内容并不在证词之上，而是集中反映在某人与某人交通或和议异议之上，不能不说口头证据在案件中充当的仅是形式而已，无论是实物文字证据还是口头证据，其作用都是服务于有罪推定的逻辑。

有罪推定逻辑里罪证是否成立，关系到立案的正当性，如何体现罪证的合法性，又关系到对罪证的认定。正如前文所言，绍兴诏狱中证据的可靠性几近虚无，证据与证词同时出现，甚至罪名与证据同出一辙，从而透视出案件审刑程序的非逻辑性。不过，我们也应该看到，即使审刑程序如何的非逻辑性，由于有罪推定思想的影响，可以忽略对罪证的认定，但罪名始终符合宋代法律规定。诸如绍兴诏狱中常见的"指斥乘舆""谤讪朝政""交通罪臣"等罪名，《宋刑统》里多有记载，并且多属严刑罪名[1]。同时，我们更应该看到，证据认证的虚无又变相地肯定证据，只有证据存在，能够支撑严刑罪名，至少来说遵循审刑程序，结案便合乎情理。此外，即使案情证据不足，执法者为了促成狱案结案，还可以采取"众证定罪"。《宋刑统·断狱律》"不合拷讯者取众证为定"条载："诸应议请减，若年七十以上、十五以下，及废疾者，并不合拷讯，皆据众证定罪，违者以故失论。若证不足，告者不反坐。其于律得相容隐者，即年八十以上、十岁以下，及笃疾，皆不得令其为证，违者

---

[1] 《宋刑统》卷一《十恶》"大不恭"条议曰："（指斥乘舆）谓情有触望，发言谤毁，指斥乘舆，情理切害者。若使无心怨天，惟欲诬构人罪，自依反坐之法，不入十恶之条。"见《宋刑统》，第10页。《宋刑统》卷十《职制律》"指斥乘舆"条载："诸指斥乘舆，情理切害者斩，非切害者徒二年。对捍制使而无人臣之礼者绞。"见《宋刑统》，第166页。"谤讪朝政""讥议朝政"之类罪名，主要指对政事的错误言论，此种罪名历代都有，以至于中国历史尚有"华表木"（诽谤木）用来表明帝王广开言路、虚心纳谏的记载。《宋刑统》卷十《职制律》"指斥乘舆"条疏议："诸指斥乘舆情理切害者斩。注云，言议政事乖失，而涉乘舆者，上请。又云，非切害者徒二年。"见《宋刑统》，第166页。"交通罪臣"主要指朋党交通或与罪臣结为朋党，虽然宋代现行法令里没有明确的交通罪，但对朋党交通的限制有相应规定。《宋刑统》卷二十三《斗讼律》"诸诬告人者各反坐"条疏议曰："凡人有嫌，遂相诬告者，准诬罪轻重，反坐告人。即纠弹之官，谓据令应合纠弹者，若有憎恶前人，或朋党亲戚，挟私饰诈，妄作纠弹者，并同诬告之律，反坐其罪，准前人入罪之法。"见《宋刑统》，第362页。

减罪人罪三等。"①　由此可见，众证定罪是指对不适合拷讯的弱势群体采取的结案方式，众证者指三人以上的证人，证人证言实为最关紧要的证据，这样一来，疑案终能顺利结案。不过，绍兴二十六年诏狱平反之际，孙觌曾上书云绍兴初年身陷诏狱的过程，曾提到众证定罪实为大臣谋私构人于狱，他说："命官犯法，自一问至三问录问，又有审问，祖宗立法防闲之意，正为此也。所谓众证，多缘私移狱。或负冤称屈，或诋谰避罪，近移他州，远移别路，差择官吏参验考核，罪状了然，尚复谩谰，迁延岁月以图幸免，则用众证。近时吕颐浩中子烝庶弟之母，捕逮系狱，惧罪佯瘖，不肯置对，亦用众证。如臣所坐，未尝移狱别推，未尝托疾避罪，大理寺何名辄用众证？公案无书押一字，而以众证为罪。大臣朋比，欺天陷人，一至于此。"②巨焕武先生在研究岳飞诏狱时，也曾指出众证定罪是宋代审刑中常用的结案方式，适用于岳飞诏狱则有其主观目的性③。不管怎么说，从孙觌的话里已不难看出，绍兴诏狱中不仅是证据本身被主观解释，证据采集途径也凸显出很大的主观性，有罪推定思想可谓贯穿审讯始终。

至此，绍兴诏狱案件的审讯虽然遵循大致的审讯过程，诸如起诉途径、证据采集与求证，却没有遵循宋代"重失入轻失出"的司法原则；所谓遵循的有罪推定原则，很大程度上来说是与传统宋代司法理念背道而驰的。南宋初期，宋高宗重视法制建设可谓不遗余力，更是常常将好生之德挂在嘴边，想必绍兴年间秦桧主导下的众多诏狱事件，也不可能游离出宋高宗的仁德视阈。究竟法制视野下的绍兴诏狱是否有其时代的合理一面，这将关系到审刑程序中立案环节的罪名有何种依据。立案罪名是否依谏臣的陈奏，以及如何利用谏臣陈奏中至关重要的罪名实现有罪推定的目的，去实现何种目的，将是解释南宋初期法制与政治对立统一的答案。

二　动摇国是——法理依据之即时阐释

从有罪推定的逻辑来看，无论是口头证据还是文字证据，都无须求证，

① 《宋刑统》卷二九《断狱律》，第472页。
② 孙觌：《鸿庆居士集》卷十《上皇帝书》。
③ 巨焕武：《岳飞狱案与宋代的法律》，《宋元明史研究论集》，大陆杂志社，1981，第50页。

这样一来，严刑罪名便有了支撑点。实际上，有罪推定思想的核心并不在有无罪名及推定过程，诏狱肇事者既定的是有罪，期望实现的是定下重罪立案，所以说是否有罪当有一个先入为主的目的；如何定罪则取决于对罪名进行法律解释，即使不一定参照相对应的条法来处罚，也要有一个重罪的参照标准。一般来说，对罪名的量刑当参照现有的条法，诸如《宋刑统》及随机颁布的诏敕，实用与否都可用来参照。不过，也有一些罪名并无相应的量刑条法，可结合现行的国家大政方针重新从法理角度解释。所谓法理，当是体现即时的法律价值，是制定法律的基础①。从法理角度解释某些罪名的缘由，纵深探讨绍兴诏狱的政治意义及南宋初期的法制运行情况，将更有助于我们拓展宋代政治史及法制史研究的视角。

从绍兴诏狱的罪词中，我们常常看到"动摇国是""以摇国是"之类的罪名，到底这些罪名如何从法律角度解释，将是一个非常棘手的难题，既不能从法律条文中找到相应的规定，又不能轻易地将审刑程序中的罪名解释成纯粹的政治行为。不过，从法理角度来看，这样的罪名也有其一定的合理性。首先，法理体现了法律的价值，又是制定法律的基础。显然，这与符合社会上大多数人利益的政治行为规范息息相关。中国古代传统之中礼法并存，重礼轻法，礼乐制度即为政治制度的核心。所以说，南宋初期法理的依据当指执政者即时的政治举措。其次，南宋绍兴年间政府所面临的政治问题，这才是解释疑难罪名的正确答案。从"动摇国是""以摇国是"等短语字面上来看，其核心词语是"国是"。何谓"国是"？笔者不

---

① 《南齐书·孔稚圭传》中也有类似记载："臣闻匠万物者以绳墨为准，驭大国者以法理为本。是以古之圣王，临朝思理，远防邪萌，深杜奸渐，莫不资法理以成化，明刑赏以树功者也。"梁启超先生曾对法理解释："盖法律之大部分，皆积惯习而来，经国家承认，而遂有法律之效力。而惯习固非一一焉能悉有理由者也。谓必有理而始有法，则法之能存者寡矣。""虽然，法律者，非创造的而发达的也。固不可不采人之长以补我之短，又不可不深察吾国民之心理，而惟适是求。"参见梁启超《中国法理学发达史论·绪论》，《饮冰室合集》第2册，中华书局，1989，第42~43页。刘得宽教授也曾对法理定义："法理语虽平时不太适用，但在法学上常被提起：法理乃指物之道理，事之理路而言。在德、法二国中，亦有与法理类似性质者，称之为 Nature der Sache；Nature des Choses。法理为物之道理，故法理为所有法源之基础，成为制定法、习惯法、判例法等法源之最根柢之物。"参见刘得宽《法学入门》，中国政法大学出版社，2006，第21页。陈景良另指出，宋代法理的概念已包含法律的价值或法意。见陈景良《宋代"法官"、"司法"和"法理"考略——兼论宋代司法传统及其历史转型》，《法商研究》2006年第1期。

想为此而追根溯源，更不想纠结于词汇释义的漩涡之中，我们需要知道的是"国是"一词的即时含义。沈松勤先生曾指出，自建炎至绍兴前期与孝宗即位的初期，和议成了南宋王朝不可动摇的"国是"①。同时，他又将这一阶段以"绍兴和议"签订为基点分为前后两个时期。总而言之，"绍兴和议"签订之后，南宋的"国是"唯有和议当是不争的事实。但是，和议方针在和议签订前后，到底面临着怎样的政治压力，又是何时作为一个强有力的国策名正言顺地推行，进而宋高宗政权如何为既定的政治方向扫平异端，这将关系到宋高宗法制思想对立统一的两个层面问题。

　　关于"绍兴和议"，一般认为大致有两次。其一，绍兴八年正月赵鼎乞诏诸大臣问计②，即为第一次"绍兴和议"的开始；其二，绍兴十一年十一月宋高宗论"往年之和出于乌珠，今年之战出于挞懒"③，实为第二"绍兴和议"缔结的标志。寺地遵先生认为，前后两次和议大有不同，柘皋一战，金人已暴露其军事力量有限，而南宋权力的统合力足以维持稳定，再加上第二次宋金议和并没有第一次施惠的色彩，遂使反对论者难以为言，并且第二次和议中宋高宗并未全面掌握推动和议的主导权④。笔者认为，前后两个阶段的和议中，反和议者并没有太大的差异，士大夫对于和战态度随着南宋政治环境的变迁发生着微妙的变化⑤，与绍兴和议相关的诸多诏狱，恰恰没有大量发生在所谓的第一次和议中，而是集中发生在第二次宋高宗没有主导权的和议缔结之后。所以，在本节中，笔者不再对两次和议加以区分，而是将绍兴八年简短的和议视为绍兴和议的一个阶段，重点探讨和议与诏狱罪名的深层关系。既然前文提到绍兴和议中士大夫反对和议，也就是说，以即时国是为非的言说一定曾触动国家政治，执政者如何操纵执法机关打击异端，除了前面章节提到审讯程序的非逻辑性之外，有罪推定的思想还曾推及法律本身的重

---

① 沈松勤：《南宋文人与党争》，第 169 页。
② 史载："赵鼎言：'士大夫多谓中原有可复之势，宜便进兵。恐他时不免议论，谓朝廷失此会，乞诏大臣问计。'上曰：'不须恤此，今日梓宫、太后、渊圣皇帝皆未还，不和则无可还之理。'"见《要录》卷一一八，绍兴八年正月乙己，第 2192 页。
③ 《要录》卷一四二，绍兴十一年十月丙寅，第 2671 页。
④ 寺地遵：《南宋初期政治史研究》，第 256 页。
⑤ 关于绍兴和议中士大夫的和战态度，本文将在接下来的第二节第一部分系统探讨，此不赘述。

新解构或重新制定法令，从而满足政治需求。

就绍兴和议中的"动摇国是"等罪名来看，我们还能从中追溯到执政者维护和议政策的政治手段；从这一手段中我们不仅能够洞察宋高宗政权的政治走向，并且能厘清宋高宗政权政治行为的实施方案。绍兴八年正月，赵鼎提议商谈议和时，宋高宗曾坦言："不须恤此，今日梓宫、太后、渊圣皇帝皆未还，不和则无可还之理。"① 同年六月，宋高宗以与金人"信誓已定不可失约"为言，遂使"物议大讻，群臣登对率以不可深信为言"，宋高宗和议之意坚定，几致愤怒。赵鼎出谋"讲和诚非美事，以梓宫及母兄之故，不得已而为之"②，以此堵群臣反对者之口。同年十一月，宋高宗又因胡铨上书反对和议而告诉秦桧"朕本无黄屋心，今横议若此，据朕本心，惟应养母耳"③。由此可见，宋高宗以孝心为辞的和议理由，本为宋高宗计谋所在，其主导和议政策也已不言自明。另外，这也透露出，绍兴八年和议进程中宋高宗并没有将和议定为国策，而仅仅是以迎养母等仁孝措辞为由。也就是在绍兴八年十一月，胡铨上书言和议为非之后，宋高宗才意识到仁孝之辞已不足以应对反和议之词，当秦桧请示诛责胡铨时，宋高宗才说："卿等所陈，初无过论。朕志固定，择其可行。中外或致于忧疑，道路未详其本末，至彼小吏，轻诋柄臣，久将自明，何罪之有？"④ 宋高宗授权对胡铨"语言凶悖""意在鼓众，劫持朝廷"的处罚，当是执政者为和议而兴诏狱的肇始。不过，绍兴八年之后的几年里，很少再有类似的案例出现。了解宋金关系史者不难解释其中缘由，自绍兴八年和议签订不久，由于金朝内部权力配置和权力斗争，金朝单方面撕毁了条约，背信弃义向宋开战，宋金和议宣布破产⑤。和议的破产，自然消解了和战的争执，宋高宗的和议政策还没

① 《要录》卷一一八，绍兴八年正月乙巳，第2192页。

② 《要录》卷一二〇，绍兴八年六月丙子，第2243页。

③ 《要录》卷一二三，绍兴八年十一月辛亥，第2313页。

④ 《要录》卷一二三，绍兴八年十一月辛亥，第2313页。

⑤ 史载，金右副元帅兀术密奏于国主宣云："河南地本挞懒、宗磐主谋割于南宋，二人必阴纳彼国之赂。"于是挞懒之蔚州避暑，与宗磐共谋为乱。是秋，金国主宣杀其伯父宋王宗磐等七人，皆夷其族，又遣兀术杀挞懒于祁州。拜兀术为越王外都元帅，兀术已决意举兵，复取河南地。参见李埴《皇宋十朝纲要校正》卷二三，金天眷二年（绍兴九年）七月条，中华书局，2013，第671页。

来得及全面推行便停滞了下来。绍兴十一年宋金再次和议之前，两国经历了频繁的战争，无论南宋是否执行着或许既定以守为战的战略方针，至少不曾延续媚颜求和的外交路线，直到绍兴十一年二月宋军迎来了柘皋大捷。研究者习惯认为宋高宗、秦桧主导和议，害怕迎战，自始至终不曾改变。以至于有学者提出，两宋王朝武功不抵北方外族的原因，是其一直延续着"强本弱末"的国策①。遂使我们常常忽略掉南宋初期国策的变迁史，而代之以来的是屡屡陷入一些传统研究的模式化之中。就绍兴十一年宋金和议最终缔结而言，南宋的国策又发生了迁移。

绍兴十一年八月，金朝归还了徽宗的灵柩（梓宫）及宋高宗生母太后韦氏，十一月缔结了宋金和约。这一次宋高宗虽然仍以仁孝为由而与金和议，却不再用金朝赋之的仁孝之词来封堵反对者之口。"人主之权，在乎独断"②，似乎没有推动宋高宗与金求和的脚步，而是充分体现了宋高宗实践和议政策的决心。究竟如何实践他的政策举措，这关系到绍兴十一年之后南宋发生的大量诏狱事件。值得注意的是，在这些诏狱事件的审刑程序中，触犯国策的罪名显见于判词里。比如，绍兴十三年五月，中书舍人张广坐"朋附程克俊、动摇国是"③，为殿中侍御史李文会所劾而遭贬；绍兴十四年十月，御史中丞杨愿劾李光"负倾险之资，挟纵横之辨，谄附蔡京，窃位省郎，人伦堕坏，廉耻不闻""令子弟、亲戚往来吴越，教人上书，必欲动摇国论"④；绍兴十八年三月，殿中侍御史余尧弼奏晁谦之"险薄躁竞，时无与伦。赵鼎负滔天之恶，投畀遐裔，乃阴与交通，书问络绎；王庶诡诈乖僻，世所共弃，谦之实其辟客，每慕其为人。庶之子至今往来，请求不绝。朋奸稔恶，日怀怨望，志在动摇国是"⑤；绍兴二十二年三月，王庶之子之奇、之荀遭贬，宋高宗尤言："（王）庶为人□悖，深沮休兵之议，几误国事。"⑥ 同年四月，章厦劾巫

---

① 蒋复璁：《宋代一个国策的检讨》，《宋史新探》，正中书局，1975，第52页。
② 《要录》卷一四二，绍兴十一年十月丙寅，第2671页。
③ 《要录》卷一四九，绍兴十三年六月甲辰，第2817页。
④ 《要录》卷一五二，绍兴十四年十一月癸酉，第2881页。
⑤ 《要录》卷一五七，绍兴十八年四月癸丑，第2984页。
⑥ 《要录》卷一六三，绍兴二十二年三月丁酉，第3093页。

伋"阴怀异意，以摇国是"，林大鼐亦奏巫伋"黩货营私"①，以至贬其职；同年十二月，右正言史才论林大鼐"狂躁欺诞，父在而不迎侍""若不亟去，必摇国是"②；绍兴二十四年六月，右正言郑仲熊言李光、孙仲鳌、史才"互相交结，密通光书于万里之外，盖欲阴连死党，以摇国是"③。这些以"动摇国是"或"以摇国是"为罪名的案件，多半与和议直接相关，诸如李光、王庶之辈反对和议者，之所以被斥为动摇国是的罪臣，主要缘于宋高宗政权将和议政策实施。李光曾于绍兴八年十二月至绍兴九年十二月任参知政事，绍兴十一年宋金和议缔结之后，李光父子因为反和议而遭到诏狱迫害。据寺地遵先生研究，绍兴八年宋金和议中任用李光，本是宋高宗、秦桧为和议而与江南士人妥协的结果，其目的在于分化和议反对论与慎重论的势力④。同时他又指出，绍兴十至十二年收兵权问题与宋金战事再起，使得宋朝不得不放弃以往妥协性浓厚的息民、裕民政策⑤。另外，绍兴十一年十一月和议缔结之前，李光之狱兴起，宋高宗说："司马光言，政之大本，在于赏刑。朕于光辈，闻其虚名而用之，见其不才而罢之，逮其有罪而责之，皆彼自取，朕未尝有心也。若用虚名而不治其罪，则有赏无刑，政何以成？譬之四时，有阳无阴，岂能成岁乎？"⑥可见，宋高宗政权任用李光是借他的声望维稳，此后贬黜及迫害李光则是为了和议政策顺利推行。至于王庶，初论金人奸诈，不可与使者相见⑦，再论不可相信金人和议的用

---

① 《要录》卷一六三，绍兴二十二年四月丙子，第3097页。

② 《要录》卷一六四，绍兴二十二年二月己巳，第3118页。

③ 《要录》卷一六六，绍兴二十四年六月癸巳，第3159页。

④ 寺地遵：《南宋初期政治史研究》，第188页。

⑤ 寺地遵：《南宋初期政治史研究》，第272页。

⑥ 《要录》卷一四二，绍兴十一年十一月己亥，第2680页。

⑦ 绍兴八年六月，王庶上疏言："宴安鸩毒，古人戒之。国家不靖，疆场患生。人面兽心之类，变诈百出。自渝海上之盟，至于今日，其欺我者何所不至？陛下所自知也，岂待臣言。今也，不知宴安鸩毒之戒，将信其愚弄，臣不知其可也。今其诚伪，以陛下之圣，固难逃于临照。夫商之高宗，三年不言，其在谅暗，言犹不出，其可以见外国之使乎？先帝北征而不复，天地鬼神为之愤怒，能言之类，孰不痛心。陛下抱负无穷之悲，将见不共戴天之仇，其将何以为心，又将何以为容，亦将何以为说？愿陛下以宗社之重，宜自兢畏，思高宗不言之意，无见异域之臣，只令赵鼎而下，熟与计事，足以彰陛下孝思之诚，而以国体为宜。"见《要录》卷一二〇，第2241页。

心①。王庶最初以和议为非，并非出于反对和议之事，而是对金人不信任，这和反对和议的性质大不同。何俌《龟鉴》曾曰："窜王庶，桧怒其不附和议也；窜胡铨，桧怒其曾沮和议也。"② 从宋高宗对王庶所下"动摇国是"的言论，便可看出和议政策实施的力度。此外，张广、晁谦之、巫伋等人皆因得罪秦桧而被冠以"动摇国是"罪名，此亦可见，和议政策在推行过程中，已成为一种没有底线的打击手段。

不管怎么说，绍兴十一年十一月和议缔结之后，和议作为一个国策被纳入法律解释之中，"动摇国是"彰显着即时的法理意义。而在传统的帝国时代，现行律令条文可能因时已久不再适用于新的时代，皇帝屡屡颁布的诏敕充当实效法的同时，亦说明法令很大程度上是在服务即时的国策，反过来也可以说，国策常常成为即时审刑罪名的法理依据。无论即时的社会环境多么需要一种政策性法律解释出现，还是要取决于最高执政者。绍兴十二年十月，宋高宗曾对大臣们提到："天下幸已无事，惟虑士大夫妄作议论，扰朝廷耳。治天下当以清净为本，若各安分不扰，朕之志也。"③ 宋高宗忧虑宋金和议是否稳定，这也表明和议是他已下过决心的决策。从宋高宗对天下之清静的期许来看，对士大夫妄作议论者惩罚的举措似乎已箭在弦上。绍兴十七年二月，制造御前军器所监造官马元益，因"语言狂妄"而被勒停编管，宋高宗曾明确表态："真宗皇

---

① 绍兴八年十一月，王庶上奏云："臣切详王伦之归，以为和好可成，故地可复，皇族可归，上自一人，下逮百执事，皆有喜色。独臣愚暗，不达事机，早夜以思，揣本齐末，未见其可。臣复有强聒之请，别无他肠，止知爱君。和之与否，臣不复论，且以目今虏人利害言之。讲和为上，遣使次之，用兵为下。何以言之？虏人自破大辽及长驱中原，几三十年矣。所得土地，数倍汉、唐；所得珠玉子女，莫知纪极。地广而无法以经理，财丰而恃势以相图。又老师宿将，死亡殆尽，主幼权分，有患失之虑。此所以讲和为上也。虏人灭大辽、荡中原，信使往来，曾无虚日。得志两国，专用此道。矧自废豫之后，踪迹败露，杌陧不安，故重报使人，以安反侧，兼可以察我之虚实，耗我之资粮，离我之心腹，怠我之兵势，彼何惮而不为此？所以遣使为次也。虏人之兵，内有牵制，外多疑忌，所用之人，非若昔日之勇锐；所签之军，非若昔日之强悍。前出后空，有覆巢之虞；率众深入，不无倒戈之虑。又淮上荒虚，地无所掠；大江浩渺，未易可渡。诸способ兵势，不同曩时。所以用兵为下也。今彼所行，皆上策，至为得计。吾方信之不疑，堕其术中，惟恐不如所欲。臣不敢效子胥出不祥之言，杀身以立后世之名，于国何补。唯陛下深思之，速断之，无使后之视今犹今，犹今之视昔。天下幸甚！"见《要录》卷一二三，第2295~2296页。
② 《要录》卷一五一，绍兴十四年三月壬申条引文，第2853页。
③ 《要录》卷一四七，绍兴十二年冬十月乙丑，第2773页。

帝澶渊之盟，虏人不犯边塞。今者和议，人多异论，朕不晓所谓，止是不恤国事耳。若无赏罚，望其为国实难。自今用人，宜求靖共之操，如其不然，在朝廷者与之外任，外任者置之闲散，闲散而又不靖者，加以责罚。庶几人知劝惩，不至专为身计。卿（秦桧）所进呈行遣马元益，正得此意。赏罚既行，数年后可望风俗丕变矣。"①

第二节　弃战从和：诏狱所见绍兴"党争"的价值取向

南宋绍兴年间群体性诏狱案件，主要以宋金和战问题为指向，所谓即时性国是也多指宋廷的议和国策，这些群体性诏狱发端自绍兴八年第一次宋金和议，直至绍兴二十五年十一月秦桧死后才落幕，可谓与宋高宗政权对和战的选择不离不弃。表面看来，这些狱案似成了秦桧专权、打击异己的手段，那么党争②也成为这些狱案重要内容之一。不过，从前文对绍兴诏狱的法律内涵的解释来看，如果要谈党争，这些狱案大多还是缘于涉案士大夫之间有关国策的政见之争，并非私人恩怨或权力之争。清代人李慈铭《荀学斋日记》尤云："（《建炎以来系年要录》）其中小注引朱胜非《秀水闲居录》甚多，痛诋德远、元镇几无完肤，则当日朝局恩怨之词，自不足凭，故李氏多加驳语。"③ 这样的说法显然澄清

---

① 《要录》卷一五六，绍兴十七年四月丙辰，第 2958 页。

② 关于这一时期的党争问题，不少学者将此理解为相党之争，由于南宋初期的党争主要以赵鼎、张浚、秦桧等宰相为中心展开。比如，沈松勤先生曾指出，绍兴年间由于主战与主和"二者各执所见，不能合而为一"，导致了士大夫群体的分化，并随之演化成为激烈的朋党之争；反过来说，朋党之争推进了以和战为内涵的"国是"之争，进一步强化了皇权与相权互为渗透、互为作用的高度一元化的政治机制，使士大夫在朋党中排斥和残害政敌具有了合法性，独断的专制文化性格也随之不断凸现和强化。参见《南宋文人与党争》，第 161～167 页。另有学者则认为，南宋党争不像北宋新旧党争那样有着相对集中、冲突激烈的政治观点之争，也不像新党、旧党、洛党、朔党、蜀党那样有鲜明的、长久的敌对阵营（朋党）。围绕与金和战而展开的政治争论，虽然也形成朋党，倒是围绕和、战等问题形成了不同的相党，围绕相权之争的相党，成为南宋党争的最重要表现形态。参见张剑、吕肖奂《两宋党争与家族文学》，《中国文化研究》2008 年冬之卷。笔者在本文中主要探讨的是诏狱案件与党争中政见冲突之间的关系，关注点是国家政策在群体诏狱案件中的影响，并不以宰相群体的权力之争为考察对象，所以侧重点并不在相权或相党。

③ 李慈铭：《越缦堂读书记》，中华书局，1963，第 334 页。

了朱胜非与张浚、赵鼎之间党争的事实，也为我们认识张、赵二人之间是非恩怨之争，以及张、赵二人与秦桧之间的仕途冲突，提供了深入了解的可能。我们在前文中已粗略述及绍兴年间诏狱案件多以张浚、赵鼎、李光为中心，主要牵涉宋高宗政权意欲重建绍兴十二年之后政治基础①，但未曾深入解读张浚、赵鼎等人是如何沦落为宋高宗政权的对立面，本节笔者即期通过解读张浚、赵鼎二人身陷绍兴诏狱及党争之中的根本原因，深入洞悉南宋初期诏狱案件与宋高宗政权政治选择的内在关联。

一 晦涩的选择：政论之争与赵鼎诏狱

赵鼎曾赋诗："身骑箕尾归天上，气作山河壮本朝。"②《宋史》曾评价赵鼎"论中兴贤相，以鼎为称首"③，又论"高宗惑矛俭邪之口，乍任乍黜，所谓'善善而不能用'"④。有学者便认为，赵鼎不仅对南宋初的抗金爱国事业做出过重大的贡献，而且同秦桧卖国集团进行过坚贞不屈的斗争，是因反对和议而被迫害致死的唯一重臣⑤。赵鼎的忠义贤举与其在南宋初期遭遇诏狱存在很大的矛盾，论其贤举或贡献的不胜列举秦桧之罪恶，论其主和或保守的深入举证其言行不一，论其党争的往往将其与张浚、秦桧的关系混同视之，深入揭示赵鼎与绍兴年间国是政策变迁之间关系的不多，其诏狱往往被简单理解为秦桧专制暴政所致。实际上，赵鼎身陷诏狱除了他作为江南士人代表的身份原因之外，其政治主张也与宋高宗政权致力维持的绍兴十二年之后政局稳定存在关系。那么，如何理解赵鼎的政治主张？笔者认为，这需要我们从赵鼎、张浚共相时期塑造的小元祐论起，以赵、张二相伪党争为线索，深入解读赵鼎政论主张与时政发展之间的协同和距离。

1. 主守战略：发端于元祐党论的政见视点

元人脱脱评价赵鼎说："及赵鼎为相，则南北之势成矣。两敌之相持，非有灼然可乘之衅，则养吾力以俟时，否则徒取危困之辱。故鼎之

---

① 寺地遵先生认为，绍兴和议之后，绍兴十二年冬季秦桧专制时期开始，这也是秦桧以和议为资产确立的新体制时代。参见寺地遵《南宋初期政治史研究》，第 294～295 页。

② 《宋史》卷三六〇《赵鼎传》，第 11296 页。

③ 《宋史》卷三六〇《赵鼎传》，第 11295 页。

④ 《宋史》卷三六〇《赵鼎传》，第 11296 页。

⑤ 方健：《赵鼎主守投降说质疑》，《文科通讯》1985 年第 3 期。

为国，专以固本为先，根本固而后敌可图、仇可复，此鼎之心也。惜乎一见忌于秦桧，斥逐远徙。卒赍其志而亡，君子所尤痛心也。"① 这种说法相对得当，"固本为先"应该是符合绍兴初年宋金对峙基本情况，但"一见忌于秦桧"，所言失之偏颇。由于赵鼎的政治主张在南宋初期并非一成不变，赵鼎的政治观点受其学识背景及南宋初期的政治环境影响，在南宋初期一度与张浚、秦桧相左，甚至还被理解为主守派本应落下可悲下场②。究竟该如何认识赵鼎的政治观点，关系到赵鼎身陷诏狱的真实政治环境，也是解构赵鼎伪党争的政治内涵。

南宋史学家李心传曾云：

> 靖康中，大臣言边事者为四说：李伯纪（纲）欲战，何文缜（栗）欲守，李士美（邦彦）、吴允中（敏）欲和，白蒙亨（时中）、唐钦叟（恪）欲去。建炎、绍兴间，大臣言边事者亦为四说：李伯纪、张德远（浚）欲战，范觉民（宗尹）、赵元镇（鼎）欲守，黄懋和（潜善）、汪廷俊（伯彦）、秦会之（桧）欲和，吕元直（颐浩）、朱藏一（胜非）欲去……（绍兴、隆兴间）时执政大臣张魏公（浚）独主战，陈鲁公（康伯）、汤庆公（思退）、史郡王（浩）皆主和，故和议遂定。③

观此说，以主战、守、和、避将靖康至隆兴三个时段宰相进行了清晰的划分，表面来看似乎相当合理，但泯灭掉了这些执政大臣在政局变动中多元的政治思路，应该说这样的划分只是截取了他们最突出的政治主张，不能成为品评大臣忠义与否的标准，更不能解释国是政策迁移的过程。不过，至少点中了赵鼎政治主张的特征：主守。建炎、绍兴年间赵鼎、范宗尹主守，李纲、张浚主战，黄潜善、汪伯彦、秦桧主和，吕颐浩、朱胜非主避，看似四种政治主张应该针锋相对，实际上界限并不十分清晰。

---

① 《宋史》卷三六○《赵鼎传》，第 11295 页。
② 周宝珠：《南宋对金和战斗争中的主守派与赵鼎》，《河南师大学报》（社会科学版）1979 年第 5 期。
③ 《杂记》甲集卷一九《靖康建炎绍兴大臣和战守避说》，第 448 页。

　　有学者曾声称："从张赵争论的实质来看，是要不要消灭伪齐抗金到底的问题，是抗金能不能胜利的问题。"① 这种论点显然将赵鼎和张浚划分到政见完全相反的两个阵营，赵、张党争似乎也呼之欲出。不过，又有学者认为，"赵鼎与张浚在抗金战略上的分歧及处理刘光世维持淮西稳定上的分歧，并不是敌我权力斗争上的排挤，相反张浚因淮西之变而被罢相时，赵鼎还全力设法为张浚辩护"②。张浚与赵鼎的对立关系，说到底还是政见的分歧，并不存在政治利益上的互相竞争，所以并非党争，更不是什么相党之争。张浚罢相之后赵鼎与秦桧之间的矛盾，有人也认为是朋党之争的内容，在这时赵鼎又由主守转向了主战③。赵、张二人并非在党争中有过利益之争，此后与秦桧也不存在政治利益之争，秦桧所防范或忌讳政敌的政治行为只是他一厢情愿。不过，张浚、秦桧与赵鼎的关系恰恰是我们洞悉南宋初期政局变迁的关键，也是我们认识赵鼎政见转移及政见视点的关键。

　　据史称：赵鼎与张浚共相之时，"以边事付浚，而政事及进退人才专付于鼎"④。宋高宗甚至认为，"鼎与浚协和如兄弟"⑤。两人主政时，进人才，兴实政，一时元祐党人进入仕途兴盛，史称"小元祐"。事实上，赵、张二本来就有久远的交情，朱熹曾称："魏公初以何右丞荐为太常簿。赵忠简为开封推官，相得甚欢。在围城中，朝夕论讲济时之策。魏公先达，力相汲引，遂除司勋员外郎，一向超擢，反在魏公上。"⑥ 清人全祖望曾称："中兴二相，丰国赵公（鼎）尝从邵子文游，魏国张公（浚）尝从谯天授游。丰公所得浅，而魏公则惑于禅宗，然伊、洛之学从此得昌。""二公所得并疏，虽不足以望元祐之马（司马光）、吕（公

---

① 周宝珠：《南宋对金和战斗争中的主守派与赵鼎》，《河南师大学报》（社会科学版）1979 年第 5 期。

② 曾小华：《评宋金战争中的赵鼎》，《河南大学学报》（哲学社会科学版）1990 年第 1 期。

③ 有学者即认为，南宋初期朋党的观点及其阵营并不像北宋新旧党（也有变化但相对稳固）那么牢不可破，如赵（鼎）张（浚）相之争时，赵党是主和派，而到赵（鼎）秦（桧）相党之争时，赵鼎则是主战派。张剑、吕肖奂：《两宋党争与家族文学》，《中国文化研究》2008 年冬之卷。

④ 《要录》卷八五，绍兴五年二月丙戌，第 1614 页。

⑤ 《晦庵先生朱文公文集》卷四二，第 1924 页。

⑥ 《朱子语类》卷一三一，第 3144 页。

著），而尹（淳）、胡（安国）、朱（震）、范（冲）之得以同升者，则其功也。"① 似乎是两人不仅在仕途上曾互有相助，并且在学术方面也有契合点。如果以此来看，赵鼎和张浚在绍兴年间完全可以组合成一个党派或社团，至少可以与秦桧成为竞争对手。实际并非如此，所谓的元祐道学集团在南宋初年并未真正存在，也根本不存在道学集团与官僚集团的党争②。张浚对元祐的认识并非自始至终不曾改变③，倒是元祐党论对赵鼎的政治选择造成了重大影响。李心传曾称："绍兴道学之兴废，系乎赵忠简之用舍。"④

尽管赵鼎与张浚在南宋绍兴初年曾经共相，但他们的政见并非一致，传统评价里说他们主守或主战也多发端于他们的政见冲突。《赵鼎事实》曾载："初麟猊之报甚急，张浚仓皇出江上，未知为计。鼎白上严督诸将，皆鼎自拟诏，检上亲笔付诸将。于是皆恐悚奔命。杨沂中自泗上率吴锡、张宗颜前与刘猊遇，大破之。使麟贼失援，大衄而遁。皆鼎之始谋也。张浚既因群小离闲，遂有见逼之意。"⑤ 赵鼎提出去职时，尤向高宗说："臣始初与张浚如兄弟，近因吕祉辈离闲，遂尔睽异，今同相位，势不两立。"⑥ 至少在赵鼎的认识里，他与张浚的关系破裂主要缘于吕祉等群小的离间。有意思的是，包括这个吕祉和此后弹劾赵鼎卸任相位的陈公辅，都和赵鼎的举荐有着重要的关系。绍兴三年九月，时任江西大帅兼制置大使的赵鼎，就曾举荐过朱震、范冲、吕祉、陈橐、吕本中、

---

① 《宋元学案》，第9页。

② 有学者曾指出，在宋代的政治格局中，主要存在着"皇权""道学"与"官僚集团"三种力量，虽然南宋的政治斗争主要是围绕道学集团与官僚集团的"党争"展开的，但由于皇帝处于权源之地，又代表着最高的行政决策权，因而他实际上也就等于操控着"党争"胜败的筹码。丁为祥：《儒者与政："国是"、"朋党"、"伪道学"——以余英时〈朱熹的历史世界〉为例》，《陕西师范大学学报》（哲学社会科学版）2008年第1期。

③ 有学者曾指出，一方面，张浚在南宋初与赵鼎并相，推崇洛学，引擢洛学之士，造就"小元祐"政局，为洛学的复兴吹响了号角；另一方面，他又主张元祐未必全是、熙丰未必全非，倡行孝悌之说，打压洛学，使洛学的发展受到抑制。秦桧专政后，张浚被贬斥，在困顿谪居期间，张浚终信洛学，著书立说，继承弘扬洛学，并引导其子张栻追随洛学。参见金生杨《张浚与洛学》，《西华大学学报》（哲学社会科学版）2011年第6期。

④ 李心传：《道命录·序》，第1页。

⑤ 《要录》卷一〇六，绍兴六年十一月辛未条转引，第1997页。

⑥ 《要录》卷一〇六，绍兴六年十月癸亥，第1994页。

林季仲、董弅七位士大夫①。而陈公辅的发迹则缘于范冲的举荐②，另按李心传所云，范冲、朱震则为"皆慕其（伊川）学"③的道学士大夫，董弅被贬时也曾"言者论主伊川之学"④。大致来说，赵鼎所力荐的七位士大夫并非所谓以赵鼎为中心的元祐道学党，吕祉并没有因为赵鼎的推荐而为其政见辩护，陈公辅非但没有感激范冲的引荐之恩，还为讨好张浚攻击范冲的姻亲赵鼎。与其说绍兴七年初在张浚的示意下引发的元祐党禁是一种学术方向上的斗争，倒不如说这是一针见血的政见冲突。

从前文所论可见，吕祉、陈公辅两人受赵鼎举荐之恩却反目成政敌，情况并不相同，但都反映出政见与自身政治利益的某种相关性。绍兴六年二月，吕祉曾因高宗赐谥邹浩，上奏说："欲望优加赠典，仍许依曾肇、丰、稷例赐谥，庶以副主上优恤党人，旌显忠直之意。"⑤"优恤党人"，表明吕祉对元祐道学党人的认同，这和赵鼎的学术政治认识近乎相同。刘豫分道入寇时，车驾停驻平江府，赵鼎请回临安，主张守江防海以对，吕祉独抗言说："士气当振，贼锋可挫，不可遽退以示弱。"⑥吕祉的政治主张显然与赵鼎相左，至于是否对元祐党人认同，这是两个概念的问题。李心传猜测"或者以为，祉之附浚，又甚于申先者"⑦，也主要是基于吕祉的政见视角得出的结论。陈公辅较之吕祉有所不同，他的政见前后发生了很大变化，直接反映出他对即时政治利益的追求。绍兴六年八月陈公辅还曾入对上奏要求高宗"不忘焦心劳思以图恢复""与民休息"⑧，同年十二月二十六日又上奏要求"察群臣中，有为此（伊川）学，相师成风，鼓扇士类者"⑨，论伊川之学惑乱天下。可见，陈公辅前者所论当与赵鼎主守之论相合，后者却又以反元祐道学攻击赵鼎，这样的矛盾只说明他在个体政治选择中的转向。《林泉野记》多载不实

---

① 徐自明撰《宋宰辅编年录校补》卷一五，王瑞来校补，中华书局，1986，第995页。

② 《要录》卷一〇〇，绍兴六年四月壬寅，第1895页。

③ 《道命录》卷三，第23页。

④ 《要录》卷一三〇，绍兴九年七月丙午，第2446页。

⑤ 《要录》卷九八，绍兴六年二月己酉，第1865页。

⑥ 《宋史》卷三二九《吕祉传》，第11510页。

⑦ 《要录》卷一〇〇，绍兴六年四月乙卯，第1900页

⑧ 《要录》卷一〇四，绍兴六年八月庚子，第1955～1956页。

⑨ 《道命录》卷三《陈公辅论伊川之学惑乱天下乞屏绝》，第24页。

之说，但所谓"赵鼎既与浚不咸，左司谏陈公辅因奏劾鼎"①，或有一定的道理。据此可推知，赵鼎的政治主张是以守为应对之策，但道学以收人心、化风俗，乃至以伦理观看待宋金关系的认识，在赵鼎的政治主张中也有投影。赵鼎向宋高宗推荐士大夫的标准显然不是政见是否一致，而是这些士大夫积极的一面能否在南宋政坛上发挥有利作用。在处理军事问题方面，赵鼎并非消极地守或避，甚至还得到宋高宗的夸奖②；在处理人事问题方面，赵鼎也并没有将政敌张浚放在打击报复的对立面③。赵鼎的道学修养显然赋予其宽容的政治态度，不是在宋金问题上默默无为，而是在即时的政治环境中选择不同的政治主张。

2. 主战的身份：赵鼎诏狱的根本指向

一如前文所论，赵鼎的政治主张得益于其道学修养，政治选择并非一蹴而就，而是选择性地看待宋金关系。南宋初年赵鼎诏狱的形成，恰恰是因为他在宋金和战问题上选择了"不合时宜"的政治主张——沮和主战。绍兴八年元月，赵鼎提议："中原有可图之势，乞召诸将用兵。"宋高宗却说："今须与虏议和，梓宫与太后、渊圣皆未还，若不与和，无可还之理。"④ 这时赵鼎的政治主张与宋高宗显然相左，自此赵鼎的仕途也开始陷入危机，诏狱即由此开始。这里我们需要弄清的是，赵鼎由守转向主战的政治主张原因是什么，宋高宗政权的政治转向对赵鼎道学党造成了什么样的影响，抑或以赵鼎为首的道学党是否构造了南宋江南官僚政治基础，是否阻碍了宋高宗政权重建新兴的政治基础。要解决这些问题，我们应该对绍兴初年赵鼎、张浚构造小元祐政治局面，直至绍兴八年宋金和议政策的确立进行简要的回顾，借此探讨赵鼎政治转向的历

---

① 《要录》卷一〇七，绍兴六年十有二月甲午朔，第2007页。

② 史载："张浚奏江上诸军事艺精强，非前日之比。赵鼎曰：'承平时，陕西并边人马，亦未必如此，皆陛下累年葺治之力。'……上曰：'此皆卿等协赞。向使朱胜非尚为相，必劝朕退避，今已无江浙矣。'"见《要录》卷九三，绍兴五年九月壬午，第1784页。

③ 史载："鼎尝乞降诏安抚淮西，上曰：'俟行遣张浚，朕当下罪己之诏。'鼎言：'浚已落职。'上曰：'浚罪当远窜。'鼎奏：'浚母老，且有勤王功。'上曰：'功过自不相掩。'已而内批出，浚谪置岭南，鼎留不下。诘旦，约同列救解，上怒殊未释，鼎力恳曰：'浚罪不过失策耳。凡人计虑，岂不欲万全，傥因一失，便置之死地，后有奇谋秘计，谁复敢言者。此事自关朝廷，非独私浚也。'上意乃解，遂以散官分司，居永州。"见《宋史》卷三六〇《赵鼎传》，第11291页。

④ 刘时举：《续中兴编年资治通鉴》卷四，中华书局，2014，第95页。

史意义；然后我们要弄清楚赵鼎主战与宋高宗、秦桧政权主和，折射出其根本的矛盾是政治群体的分化，即表面化的朋党交恶。

　　赵鼎与张浚并相时营造的和谐政治氛围主要得益于两人的互相认同，这种认同是政治上的互相认同。《宋史·秦桧传》："始，浚、鼎相得甚，浚先达，力引鼎。"① 赵鼎尽管主内，有人却认为张浚侵夺了赵鼎的宰相权力，事实上赵鼎的政治主张往往得到了张浚的认同。先是绍兴六年三月，赵鼎出谋划策帮助张浚处理了张俊不肯借属将赵密给韩世忠的棘手问题②，然后是同年七月赵鼎以小人致朋党之论说服了张浚正确处理冯益诽谤之事③，再是同年八月赵鼎与张浚在对刘长源的认识上达成共识④，再是同年八月两人对程敦源的举荐上达成共识⑤，甚至刘豫父子入寇之时赵鼎与张浚都积极应对⑥，并无战守选择上的分化。元人述赵鼎与张浚政见上的分道扬镳时说："浚在江上，尝遣其属吕祉入奏事，所言夸大，鼎每抑之。"⑦ 赵、张二相的矛盾可能缘于吕祉，但其根本原因还在于赵鼎的政治态度。赵鼎不建议对刘豫武力跟进，也不支持宋高宗临幸建康，也不支持罢黜刘光世的主张，此与张浚在政治上分道扬镳。不过，我们应该清楚，赵鼎的这些政治主张并非起源于与张浚对立，而是考虑了政治得失的即时有利选择。绍兴七年九月，张浚由于淮西兵变而

---

① 《宋史》卷四七三《秦桧传》，第 13751 页。
② 史载："时都督张浚在淮南，谋渡淮北向，惟依韩世忠为用。世忠辞以兵少，欲摘张俊之将赵密为助。浚以行府檄俊，俊拒之。……鼎谓浚曰：'世忠所欲者，赵密耳。今杨沂中武勇不减于密，而所统乃御前军，谁敢凯觎？当令沂中助世忠，却发密入卫，俊尚敢为辞耶？'浚曰：'此上策也，浚不能及。'"见《要录》卷九九，绍兴六年三月乙亥，第 1881 页。
③ 史载："冯益与在外宫观问题，最初张浚请斩益以释谤；赵鼎则主张暂解其职，给以宫观，张浚未能决定。鼎曰：'自古欲去小人者，急之，则党合而祸大；缓之，则彼自相挤……浚乃服。'"见《要录》卷一〇三，绍兴六年七月庚辰，第 1945 页。
④ 绍兴六年八月，当赵鼎得知刘长源的奏皆邪议以后，说："陶恺虽邪论，尚不敢至此。"张浚也说："长源不学无识，至如疏中引证事实，皆非所敢闻者。"见《要录》卷一〇四，绍兴六年八月庚申，第 1964 页。
⑤ 史载："遂宁府府学教授程敦源应诏上书，且献所注《经世十论》……鼎函称之。张浚曰：'姑试用而未晚也，乃除通判彭州。'"见《要录》卷一〇四，绍兴六年八月乙丑，第 1966～1967 页。
⑥ 绍兴六年九月，刘豫及其子麟以兵"分三路入寇……而沿江一带，皆无军马，左仆射赵鼎甚忧。浚乞先往江上视师"。见《要录》卷一〇五，绍兴六年九月庚寅，第 1976 页。
⑦ 《宋史》卷三六〇《赵鼎传》，第 11290 页。

被罢免后，赵鼎再度入相，曾建言说："今见诸将，尤须静以待之，不然益增其骄蹇之心。"① 这一建议主要基于淮西兵变之后群情骚动，本来是良策，却被后人非议赵鼎主守时举为例证。绍兴八年元月，赵鼎提出用兵，则是根据当时的实际环境做出的判断。当是时，金人提出论和议三策②，伪齐宋超、刘永寿、白安时相继率军民归宋，南宋的军事防御属于较好之时，适合用兵，加之朝臣纷论用兵。赵鼎提议用兵的说法也是这样说："士大夫多谓中原有可复之势，宜便进兵，恐他时不免议论，谓朝廷失此机会，乞召诸大将问计。"③ 赵鼎的再度去相位实与和议问题及秦桧的排挤有关，元人修《宋史》尤谓："鼎尝辟和议，与桧意不合，及鼎以争璩封国事拂上意，桧乘间挤鼎。"④ 总之，赵鼎卸任相位的实质问题应该是反对和议，这与宋高宗的政治方向显然不一致，此后的诏狱事件也缘此展开。

究竟赵鼎缘何身陷诏狱，似乎关系到他在绍兴八年前后政治主张的转向。赵鼎主战的影响性显然是其主因，这种影响和赵鼎的政治身份关系密切。史称赵鼎、张浚共相时提携元祐党人构建"小元祐"的政治语境，撇开赵鼎提拔吕祉等与之政见不合者不论，支持或拥护赵鼎的士大夫应该也不在少数，秦桧密旨台谏诬蔑赵鼎朋党交通的罪名尽管不属事实，但也不是无中生有。过往的研究者多是关注赵鼎如何被秦桧排挤，较少关注宋高宗对赵鼎的认识。实际上，宋高宗最忌讳台谏以朋党罪人⑤，这也折射出他对宰执朋党的防范，毕竟臣僚交通有碍于新政策的推行。但这并不表明朋党罪名就不合时宜，恰恰这样的罪名对统一政治舆论效果甚佳。前文我们已提到宋高宗在肃清政治舆论方面是支持告讦

---

① 《宋史》卷三六〇《赵鼎传》，第 11291 页。

② 史载："金国宣义郎、总管府议事官杨尧弼，迪功郎杨凭，献书左副元帅鲁王昌、右副元帅沈王宗弼，论和议三策：'上策，还宋梓宫，归亲族，以全宋之地，责其岁贡而封之；中策，守两河，还梓宫；下策，以议和款兵，重邀岁币，出其不意，举兵攻之，侥幸一旦之胜。'又言：'今宋使以梓宫为请，万一不许，大军缟素遮道，当此之时，曲在大金而不在宋。'昌后颇用其言。"见《要录》卷一一八，绍兴八年元月辛卯，第 2189 页。

③ 《要录》卷一一八，绍兴八年元月乙巳，第 2192 页。

④ 《宋史》卷三六〇《赵鼎传》，第 11293 页。

⑤ 绍兴七年十月，宋高宗说："顷台谏好以朋党罪人，如罢一相，则于所善，不论才否，一时具黜。非所以惜人才厚风俗也。"见《续中兴编年资治通鉴》卷四，第 93 页。

行为的，尽管这样的告密风气并不适合良性的政治语境，但有助于维稳。告讦行为实际与朋党交通罪不谋而合，所谓赵鼎的朋党罪，与宋高宗推行新政策及维持绍兴和议之后的政治环境相关。

　　赵鼎参与和议之事，大致在绍兴八年元月至绍兴八年九月之间，此后一直遭遇诏狱迫害，直到绍兴十七年离世。据史载，绍兴八年元月乙巳，赵鼎曾建言"士大夫多谓中原有可复之势，宜便进兵。恐他时不免议论，谓朝廷失此机会，乞召诸大将问计"①。可见，赵鼎最初并不赞同和议。绍兴八年四月，赵鼎曾应付宋高宗云："若用兵不知所费多少，比之馆待之费，殊不侔矣。"② 同年六月，赵鼎曾谋划以宋高宗仁孝之辞来封堵反和议言论③。同年九月，王庶上疏"赵鼎、刘大中辈首鼠两端"④。李心传曾对《日历》载赵鼎和议省军费及首鼠两端之词表示质疑，尤云："据此，则屈已之事，皆鼎赞成之，桧实无预，天下后世果可欺哉？臣详考其故，盖绍兴十二年以前日历皆成于桧子熺之手，张孝祥尝乞改之。如言王庶当力守此议，恐亦近诬。"⑤ 今人方健曾考证认为，王庶论赵鼎首鼠两端或为反语，而赵鼎给宋高宗出谋之辞或为李心传误记⑥。透过这些正反两面对赵鼎的说辞，粗略可见赵鼎实有被史笔涂黑的地方，如若这样的结论有其合理一面的话，那便印证了"佐国元勋""相业甚伟"之类的言辞。笔者不想就赵鼎的历史功绩妄加评判，只想进一步阐释他的议和态度及遭遇诏狱的深层原因。

　　从绍兴八年以前赵鼎的政治经历，我们可以粗略地勾勒出他许多为人传颂的业绩：清算蔡京集团、录用元祐党人，拨乱反正以收人心；轻徭薄赋、与民休息形成"战时财政体制"，以稳国计；团结上下、成功外交、拉拢江南士人以稳东南根本⑦。可以说，赵鼎在南宋初年中兴事

---

① 《要录》卷一一八，绍兴八年元月乙巳，第2192页。

② 《要录》卷一一九，绍兴八年五月戊申，第2225页。

③ 《要录》卷一二〇，绍兴八年六月丙子，第2243页。

④ 《要录》卷一二二，绍兴八年十月戊寅，第2282页。

⑤ 《要录》卷一二二，绍兴八年九月乙巳，第2274页。

⑥ 方健：《赵鼎事迹述评：以绍兴八年为中心》，《岳飞研究》第五辑，中华书局，2006，第279～285页。

⑦ 黄繁光：《南宋初年赵鼎的执政特色及其与诸大将的关系》，《岳飞研究》第五辑，第251～257页。

业中立下了汗马功劳，说他是保守派或主守派①，实在难以让人信服。
不过，赵鼎关注财政得失及温和的政治策略，又与宋高宗所面临的政治
环境及政治举措显得默契一致。李心传质疑"馆待之费少于军费"出自
赵鼎之口，但我们又实在找不到以高额军费支出为忧与以战为先之间有
什么联系。赵鼎所言"今日事，如久病虚弱之人，再有所伤，元气必耗，
惟当静以镇之"②，实在与宋高宗"治天下当以清净为本"③ 的言辞无甚
差异。

至于和战取舍，直到绍兴九年赵鼎罢相之前，他还表态朝廷当力守
外和内备的战略方针。这种方针是否为日后他博得保守派殊荣，尚不足
论，至少可以说赵鼎此方针并不足以置他于死地。实际上，赵鼎罢相之
时的奏章，不仅透露出宋高宗政权的政治视角，并且隐喻了此后他的政
治遭遇。史载，赵鼎从容奏曰："臣窃观陛下未尝容心，特既命为相，不
复重违其意，故议论取舍之间，有不得已而从者。如此，乃宰相政事，
非陛下政事也。"④ 说宋高宗任命谁做宰相就听谁的，未免有些只知表未
及里，宋高宗并非迁就之人，或许赵鼎只是故意给宋高宗一个台阶吧。
绍兴八年元月赵鼎"乞召诸大将总计"来推脱和议或应对和议，宋高宗
"不须恤此"的心态，足以表明宋高宗并非毫无主见的人。

从事实来看，绍兴和议缔结前后，宋高宗也正是以"宰相政事"自
居。对于高宗而言，和议国策的缔结及维稳必须有一个坚定的执行者，
以及一个良好的政治环境或基础；对于秦桧而言，和议国策的正常实施
与个人地位的稳固，都需要重塑个人的社会关系。而赵鼎积极吸纳人才
的政治策略及其与诸大将的关系，加之他并非锐意讲和的态度，势必影
响到宋高宗、秦桧所期望构造的政治环境，这或许也就是赵鼎遭遇诏狱
的关键所在。绍兴九年四月，右谏议大夫曾统、殿中侍御史谢祖信共论
赵鼎之罪，曾统奏"（赵）鼎叨位宰司，怙权植党，近既丐闲，安于近
辅"，谢祖信又奏赵鼎"内则潜与姻家阴结，密援以谋固其根株；外则

---

① 周宝珠：《南宋对金和战斗争中的主守派和赵鼎》，《河南师大学报》1979 年第 5 期；
王曾瑜：《岳飞和南宋前期政治与军事研究》，河南大学出版社，2002，第 515 页。

② 《要录》卷一一六，绍兴七年闰十月癸亥，第 2159 页。

③ 《要录》卷一四七，绍兴十二年冬十月乙丑，第 2773 页。

④ 《要录》卷一二二，绍兴八年十月甲戌，第 2279 页。

力引死党分布要地，以共成其羽翼；下则厚饵游士，谈说游扬以助发其气焰。……使天下之人惟知有鼎，不知有陛下……能使其党出死力，如此宁负陛下，不敢负鼎"①。如果将赵鼎以和议为非与朋党交接相比较而言，显然反对和议只是罪发的引子，朋党交接及其政治地位的影响力当是赵鼎之狱的真正原因。至少绍兴和议缔结之后反和议言论的意义尚不如之前，而绍兴和议之后大量诏狱事件判词中屡屡可见案发人与赵鼎、李光等交通的字眼，遂透露出主导政权者的政治视角意在净化即时的政治环境，维护和议政策的正常运行。无论我们怎样措辞赵鼎团结朝廷上下、打造中兴基业等功绩，仍难掩其朋党交通等嫌疑。绍兴八年十一月，秦桧因张九成在经筵讲书谈及西汉灾异事而恶之，张九成面奏解释道："外议以臣为赵鼎之党，虽臣亦疑之""臣每造鼎，见其议论无滞，不觉坐久，则人言臣为鼎党，无足怪也。"② 从张九成开脱之辞不难看出，赵鼎植党营私概无虚言，只不过张九成不愿承认自己属于这个朋党网络而已。赵鼎政敌朱胜非《闲居录》曾指出："赵鼎复相，植党益急，凡凶险刻薄之士，无不收录，使造虚语以排善类，张戒其一也。鼎荐常同为中司，同即以鼎所喜，奏为台属。戒自知其决去，即露章请留，以邀后福。其言狂躁愚弄。鼎既罢，犹知泉州，盖其党与维持之力也。"③ 即使朱胜非的言辞可能将政治上的对手纳入情感上的攻击对象，至少还可以看出赵鼎植党的表象。

据此可见，赵鼎的主战身份实与绍兴十一年之后的政治基础重建相矛盾，这才是他身陷诏狱的根本原因，这也是他获朋党交通罪名的根本原因。

二 坚定地主战：纯臣张浚的仕途落寞

张浚在南宋初年曾出将入相，是为南宋中兴名臣之一。且不论其军事才能如何，仅就其一腔忠君报国之热血，便可谓纯臣。然而，就是这样一位纯臣，在绍兴和议之后也遭遇了诏狱。与赵鼎略有不同的是，张浚诏狱发端于他始终坚持对金的强硬态度，一定程度上偏离了

① 《要录》卷一二七，绍兴九年四月癸丑，第 2400 页。
② 《要录》卷一二三，绍兴八年十一月丙戌，第 2287 页。
③ 张戒：《岁寒堂诗话笺注》，陈应鸾笺注，四川大学出版社，1990，第 184 页。

政策路线。尽管秦桧在张浚引荐之后忘恩负义，党同伐异助推了张浚仕途落寞，但张浚军事主张的失利，也一定程度上成为其绍兴十二年之后被贬嫡的罪责之一。至于张浚与赵鼎的朋党之争，既非权门之争，亦非学术之争，只不过两者政见的冲突拉开了两人的距离。张浚积极的政治主张尽管得到了一些士大夫的支持，但触犯了秦桧、宋高宗的政治路线，以张浚为中心自主形成的主战群体，当然被宋高宗政权识别为朋党，遂成为与秦桧朋党之争的牺牲品。在本节里，笔者不准备对张浚的政治行为做出评价，也不会停留在对人物事迹的流水记录上，而是将张浚党争对象、被党争及其诏狱的政治取向作为深入考察的内容，但愿能粗绘出绍兴和战问题与南宋初期政治文化重建的某些深层联系。

1. 学术与权力之外：张浚朋党的诸多假说

关于张浚朋党的历史描写，除了南宋初年台谏固守和议政策的恶意攻击之词外，今人评价亦涂抹良多①。总结而言，张浚朋党之说主要表现在三个方面：其一，亲汪、黄，而薄忠义；其二，亲拔扈从，迫害忠良；其三，以异说交通罪人，伺探国事。以这三个方面说张浚朋党往往是从否定角度评价人物的基本策略，大多不能够解释绍兴党争中张浚为何失势，但给我们提供了探讨张浚身陷诏狱的入口。

说张浚朋党者多数指其党附汪伯彦、黄潜善，攻击李纲等正义士大夫。南宋人吕中《大事记》云："张浚平生，忠肝义胆，不与虏俱生，而初年之见，反党汪、黄，而攻李纲未已，何哉？"② 明代人朱国祯云："苏云卿评张浚云：长于知君子，短于知小人。然浚所短，毕竟短于君子。"③ 清代人黄鹏远《读史吟评》亦云："世谓张浚长于知君子，此未为定论。方秦桧用事，浚为所卖，乃至与之共事，则固短于知小人。若夫为御史，则李纲；居相位，则怒赵鼎；论淮西，则斥岳飞；谈恢复，

---

① 今人杨德泉先生曾评价张浚"过恶极多""党附奸邪，诬陷忠良""托名恢复，大言误国，忌贤害能，志大才疏，欺世盗名，流毒苍生""颠倒黑白，掩败为功""遇有功处，则附会迁就以分其美""遇有过处，则隐约其词以避其罪""一生无功可纪而罪不胜书""一个根本不值得称道的历史人物"，（其罪）"虽死不足赎"。参见杨德泉《张浚事迹述评》，《宋史研究论文集》，河南人民出版社，1984，第563～589页。

② 《要录》卷一〇，建炎元年十一月戊子条，第271页。

③ 朱国祯：《涌幢小品》卷一四，中华书局，1959，第311页。

则吁史浩，是固专与君子为难！"① 按此推论，张浚党附汪、黄则是铁定的事实，但宋人都不知张浚因何与汪、黄为党，明清人就更无从知晓了。笔者认为，这个问题主要暗含两个条件，一是汪、黄二人臭名昭著，而张浚又与其相交；二是张浚因个人恩怨攻击李纲等积极抗金的士大夫。张浚因张邦昌及宋齐愈之狱与李纲政见不合，我们在前面章节就已基本弄清楚了。绍兴四年，张浚"谪居福州，而公（李纲）亦在福，搜与公会，既除旧隙，遂相厚善，至浚相，数与上前言其忠"②。李纲在"淮西之变"后上奏朝廷："张浚措置失当，诚为有罪，然其区区徇国之心，有可矜者。"③ 这说明李纲并未与张浚成为政敌，政见不合并没有转化为阵营区别。至于张浚与汪、黄二人的关系，有从学相荐④，有从政相荐⑤，亦有扶持后辈⑥，但终究是私人之谊，不是政见上的共识。清代人钱大昕云："（张浚）为黄潜善子乞恩泽一事，不失古人笃于故旧之谊，要其附和汪黄之迹，终不能为之讳也。"⑦ 张浚交厚汪、黄之迹终不能避而不见，但所谓"附和"则值得再商榷，张浚为黄潜善子乞恩泽显然是朋友故旧所为，若仅仅是政见附和当与朋友之谊相违，政见是否相近要从长远来看才够准确。朱熹曾言："魏公（张浚）初赴南京，亦主汪、

---

① 陈登原：《国史旧闻》第二册卷三六《张浚》，中华书局，1958，第83页。
② 《中兴小纪》卷一八，绍兴五年三月乙酉，第488页。
③ 《宋史》卷三五九《李纲传》，第11270页。
④ 绍兴七年，"帝谓辅臣曰：'元帅旧僚，往往沦谢，惟汪伯彦实同艰难。朕之故人，所存无几，宜与牵复。'秦桧、张浚曰：'臣等已议曰郊恩取旨，更得天笔明其旧劳，庶几内外孚信。'始伯彦之未第也，受馆于王氏，桧尝从之学，而浚亦伯彦所引，故共赞焉"。见《宋史》卷四七三《汪伯彦传》，第13746页。
⑤ 史载："闻高宗即位，驰赴南京，除枢密院编修官，改虞部郎，擢殿中侍御史。"见《宋史》卷三六一《张浚传》，第11297页。按此时黄潜善、汪伯彦为相，建炎二年八月庚申，殿中侍御史马伸言："黄潜善、汪伯彦为相以来，措置天下事，未能惬当物情。……如祖宗旧制，谏官、御史有阙，御史中丞、翰林学干具名取旨，三省不与，潜善近来自除台谏，仍多亲旧，李处遁、张浚之徒是也。观其用意，不过欲为己助。"见《要录》卷一七，第405页。
⑥ 绍兴七年五月，张浚推荐右承直郎黄秬差虔州录事参军，曾言："臣顷建炎之初擢预郎曹，实出宰相黄潜善、枢密汪伯彦之荐。潜善以谬戾得罪，死于贬所，骨骸未覆，赀产凋零。其子秬，仕宦不竞，殆无糊口之计。臣愚，欲用初除枢密院事，合得有服亲一名差遣恩例，陈乞秬差遣一次。上推陛下广覆包涵之仁，下全微臣朋友故旧之分。"见《要录》卷九一，第1759页。
⑦ 钱大昕：《十驾斋养新录》卷七，上海书店，1983，第165页。

黄，后以其人不足主也，意思都转。"①

　　至于张浚亲拔凶从、迫害忠良之说，也与朋党之说相去甚远。张浚布衣之交苏云卿曾评价张浚说："贤人也。第长于知君子，短于知小人，德有余而才不足。"② 此说也成为张浚朋党的罪状之一。以此反论张浚不辨君子、小人的言论多集中在张浚杀害曲端一事上，党同王庶、刘子羽等罪。比如，绍兴四年二月，侍御史辛炳先论："浚误国犯分，富平之役，赵哲转战用命，势力不敌而溃，浚乃诛哲，致其徒怨叛。又信王庶一言，杀曲端于狱中，端之部曲，又皆叛去。其后日夜攻打川口，公行文檄，求端于浚者是也。和尚原之战，王万年之功为多，浚乃抑之，万年怨愤叛去，与哲、端溃卒，力窥川口，虏人特因之耳。又用赵开营财利，行榷茶盐及隔槽酒法，苛细特甚。外召贼攻，内结人怨。西蜀之不亡者，幸也。"再入对论张浚"为黄潜善所知，自兴元曹官，一二年间引为侍从。及虏人有窥江南意，浚乃避祸远去，引用一时小人，如刘子羽、程唐辈，诛求聚敛，四川骚然"③。前论张浚杀曲端、赵哲之过，固然有辩论处，但后论张浚用小人、朋党之祸则另需讨论。台谏官指纠臣僚之错无可厚非，但如辛炳"素憾浚"显然有报私怨之嫌。张浚富平之败及杀害曲端，重用刘子羽、赵开等人，并非相互关联，曲端之死的根本原因一定程度上也属诏狱，前文已论，此不赘述。

　　与前两种情况略有不同的是，以异说交通罪人，伺探国是，属于嫁祸张浚的毫无依据的朋党之罪，这一罪名主要集中在绍兴和议之后。据史载，绍兴九年正月，宋高宗以宋金和议大赦，张浚复官，因多次上书反对高宗、秦桧与金议和，被排挤出朝。绍兴十一年十一月，宋金订立绍兴和议；同月，授张浚检校太傅、崇信军节度使、万寿观使闲差，次年封和国公。自此之后，直到秦桧死去之前，张浚一直被台谏官攻击，被贬谪的主要罪过也是"交结簧、鼓众听，撼摇国是"。于张浚来说，反对议和是其招致诏狱的主要原因；对秦桧来说，铲除权力绊脚石才是打击张浚的真正原因。正由此，张浚的失势与其朋党罪过实际没半点关系，张浚在绍兴九年被排挤出朝后，绍兴和议签订同月被退休守宫观，

---

① 《朱子语类》卷一三一《中兴至今人物》，第 3139 页。
② 《宋史》卷四五九《苏云卿传》，第 13460 页。
③ 《要录》卷七三，绍兴四年二月丙午，第 1405~1406 页。

显然有着深层含义；绍兴十六年张浚落节钺职名，又因其上疏言"当今事势如养大疽于头目心腹之间，不决不止，决迟则祸大而难测，决疾则祸轻而易治"，触怒认为"已太平，讳言兵事"① 的秦桧，这在秦桧看来，已由权力之争转向了政见的刀锋相见。

纵观张浚的朋党罪责，不难发现，朋党之过多半并不属实。诬其朋党的说法，前者以反忠义及沮抗金为据，后者却以沮和议为由。张浚与汪、黄的关系既是事实，又有朋友之谊，之所以认定其朋党罪责，主要不是因为他们这个朋党在政治斗争如何统一战线，而是因为张浚站在了李纲等忠义士大夫的对立面。至于张浚与其党羽刘子羽、赵开的关系，只不过是上下级臣僚的关系，却因张浚错杀曲端，转向了阻碍抗金的对立面，似与刘子羽、赵开成为朋党。绍兴和议签订之后，张浚不识政治大环境坚持抗金主张，恰恰触犯了宋高宗政权即时的国策，被贴上交通罪臣的标签显然是制造诏狱的借口。这里值得我们深究的是，将张浚主战之说看作他根本罪责为什么发生在绍兴和议之后，宋高宗、秦桧政权为什么借张浚交通罪臣来实现对其的打击，抑或为何要将张浚从权力中枢清退出局？

2. 主战的恶果：再论张浚诏狱的朋党罪责

有学者曾称，"国是"是南宋初期朋党之争的一个焦点和"误君误国"的根源，而党争主要源于未定国是②。张浚身陷诏狱的表面原因即是朋党交通，但这显然是在国是已定的情况下被诬陷的罪责。绍兴和议之后，张浚被诬陷的交通朋党罪名里从没有提及反忠义及沮抗金的字眼，很明显是切合了即时的宋金和议政策。

据统计，张浚的诏狱集中在绍兴和议之后，所获罪责主要集中在绍兴十六年及绍兴二十五年前后。前者因为张浚母亲太夫人计氏颂其父策论，张浚受此激励愤然上疏激怒秦桧。绍兴十六年秋七月，御史中丞何若即奏：

> 浚建造大第，强占民田，殊失大臣省愆念咎之体，居常怨恨，以和议非便，惟欲四方多事侥幸再进，包藏祸心，为害实大，望赐降黜，以为臣子喜乱徇私之戒。

---

① 《要录》卷一五五，绍兴十有六年秋七月壬申，第2937页。
② 沈松勤：《南宋文人与党争》，第169～170页。

后者主要反映在皇室后裔赵令衿与赵鼎之子赵汾、士大夫郑作肃、张宗元、续焘的诏狱判词中，均提到这些士大夫交结罪人张浚。绍兴二十四年八月，殿中侍御史董德元奏：

> （郑）作肃朋附席益，中伤善类，及知常州，张浚主兵行横敛之法，作肃极力率先督办，其数冠于诸州，比守吉州多敛军需，贱市官米，又贾贩油布之属，以规厚利，欲望重作施行，诏令本路提刑司取会具案闻奏。①

绍兴二十五年五月，侍御史董德元言：

> 臣谨按，左朝散大夫赵令衿，诈伪不情，专事狂悖，交结罪人，伺探国事。靖康中，尝为将作少监，乃吴敏引用也。敏罢相，令衿上书挽留，以报私恩。渊圣皇帝察其奸伪，坐废者累年，复为郎官。张浚误国，得罪天下，言者方论其过，令衿乃于此时，以急速请对，为浚游说。②

绍兴二十五年八月，殿中侍御史徐嚞即言：

> 今阴邪逆党，尚尔交结，簧鼓众听，撼摇国是。宗元天资阴狡，顷在川陕，与浚大误国事。今书问往来，健步络绎，无一日无之。浚之诸仆，皆寄名帅司亲兵，月置银与之。③

绍兴二十六年十二月，殿中侍御史汤鹏举言：

> （续）焘，乃张浚亲党，使之窥测朝事，以浚被论，每怀不平。④

---

① 《要录》卷一六七，绍兴二十有四年八月丙戌，第3168页。
② 《要录》卷一六八，绍兴二十有五年五月癸丑，第3193页。
③ 《要录》卷一六九，绍兴二十有五年八月己亥，第3210页。
④ 《要录》卷一七五，绍兴二十六年十二月癸卯，第3359页。

《宋史·赵令衿传》云：

> 初，赵鼎之子汾归过衢，令衿赆之，侍御史徐嚞希桧旨，诬令
> 衿与汾有密谋，伺朝廷机事。捕汾下大理寺，俾汾自诬与张浚、李
> 光等谋逆，而令衿预焉。[1]

通过这些文献记载不难发现，张浚的朋党罪责折射出三个方面的问题：其一，直接指斥张浚朋党罪的只有绍兴十六年张浚上奏要求宋高宗防范伪齐，被秦桧理解成"讳言兵事"时期的邪说，其他有关张浚朋党罪的说法都来源于赵令衿等人的判词；其二，这些有关张浚朋党罪的诏狱判词里，往往将"交结""交通"等词汇与"大误国事""伺探国事"等词汇相关联，显然将朋党罪责与国是政策进行了关联；其三，张浚的朋党罪责多发端于秦桧党羽徐嚞、何若、董德元等人的弹劾，从而折射出表面化的党争行为。

通过前面章节我们对绍兴年间群体诏狱罪名的梳理不难发现，绍兴诏狱罪名多为数罪并发，又以"动摇国是"之罪为核心要旨。张浚的朋党罪也是如此，秦桧党羽诬其朋党交结只是数罪之一，又以其反对和议为主要罪责。但值得注意的是，朋党交结罪名是重建新政治基础的关键，我们在此前章节也已论述，此处仅对朋党之争在政治性诏狱中的作用进行技术层面的解释。

所谓党争应该以政治利益为指向，这是政治行为或政治活动的主要内容之一[2]。张浚在绍兴诏狱中被冠以朋党罪名，主要原因还是其政治主张及政治身份与绍兴十二年之后的政治基础及国是政策产生了矛盾。这种矛盾以政治观点上的差异为分水岭，以执政者主观政治利益诉求为表象。绍兴十一年张浚卸任宰执，绍兴十六年又被何若弹劾，都源于其政治主张有违即时国策，所谓朋党罪名实属非党争情况下欲加之罪。朋党罪名之所以与主战的张浚关联起来，其主要目的是为重建政治基础，这个政治基础当以维持绍兴十二年确立的政治本位为特征。朋党罪名依

---

[1] 《宋史》卷二四四《宗室一》，第 8684 页。

[2] 有学者曾指出，所有政治活动和政治动机所能归结成的具体政治性划分便是朋友与敌人。卡尔施米特：《政治的概念》，上海人民出版社，2015，第 30 页。

托于文字狱，但归因于台谏群体的政治力量，口头性证据一般是台谏弹劾臣僚的主要手段，恰到好处地用于朋党罪名的确立之中。在南宋初期的台谏官弹劾臣僚的奏书中，朋党曾一时成为约定俗成的罪名被广泛使用，并且是除了动摇国是等误国罪责之外，在多元罪名中最为常见的罪名。朋党罪相比动摇国是罪具有更广泛的打击面，并且还为动摇国是罪名提供了可信的依据，谁能否认与主战派张浚交结的赵令衿会支持绍兴和议呢。

此外，我们应该清楚的是，张浚的朋党罪责虚无化的同时，预示着秦桧党羽把持的台谏群体朋党实质化。秦桧以绍兴和议为其政治资产，定将竭力维持绍兴十二年确立的新政治体制，那么极权或暴政就难免发生。绍兴十二年之后确立的秦桧专政体制，是制造绍兴群体性诏狱事件的条件，这一专政体制既建立在宋高宗意欲维持的绍兴和议政策基础上，又建立在秦桧独自笼络起来的官僚群体上。有学者即提出，秦桧专制时期的执政群体主要以两浙、江东系出身者的伴食大臣为主，这些特征反映出秦桧专制的政治基础具有一定的地域特征①。官员的出生地固然能够反映出政治选择上某种取向，但在特殊政治环境下，政治主张上的认同与否远远较之同乡之谊更为重要。据说张浚卸任宰相之时，他的蜀地同乡都不自安②，但张浚这些同乡未必因其朋党罪责遭遇罢免官职，因与张浚朋党交结身陷诏狱的赵令衿、赵汾、郑作肃、张宗元、续觱等人也并非西蜀人③。由此可见，秦桧党羽诬陷张浚的诏狱罪名里便不见交结同乡之词，而是将反对和议作为交通朋党伺探国是的根本罪名，而朋党罪责的最大好处是可以借此将政见不同的敌对势力一网打尽。秦桧专制时期要实现对张浚等主战派的全面打击，台谏及言官群体起到一定作用，并且台谏、言官也是绍兴诏狱等政治案件的主持者，在所谓党争中起到重要作用。秦桧的台谏党羽众多，并且多数伴食大臣也是由台谏官入宰执的。就诬陷张浚朋党罪的台谏官而言，有在秦桧专制时科举入仕

---

① 寺地遵：《南宋初期政治史研究》，第 324～325 页。
② 史载："（张浚）初到阙时，荐引蜀士。"见《宋宰辅编年录》卷一七，第 1171 页。另见史载："自张浚罢黜，蜀中士大夫皆不自安。"见《要录》卷一一五，绍兴七年十月庚子条，第 2150 页。
③ 按赵令衿是宗室后代，赵汾之父赵鼎是解州闻喜人，郑作肃是吴县人，续觱则是山西晋城人，张宗元是方城人；均非西蜀出身，与张浚非同乡。

的，有秦桧亲自提拔的，有迎合宋金和议政策升迁仕途的。比如，号称"恩榜状元"的董德元，绍兴十五年礼部试特奏补文官，绍兴十八年又以息兵之说夺殿试策论第一①，绍兴二十五年秦桧病榻前受黄金千两而被列入秦桧党②；极力诬陷赵令衿、赵汾为张浚朋党的御史徐嚞，曾在秦桧死后为秦熺求助奏请为相③；秦桧"提携"的何若，绍兴十三年，"指程颐、张载遗书为专门曲学，力加禁绝，人无敢以为非"④；绍兴十七年，"自御史中丞除签书枢密院事"⑤，实属"柔佞易制者"⑥，为秦桧党羽无疑。

至此可见，绍兴年间张浚的朋党罪名主要缘于主战的政治主张，其政治身份与地位对绍兴十二年之后的政治体制或绍兴和议形塑的较为稳定的政局来说影响重大。秦桧党羽意欲政治攻击张浚及其相关主战士大夫的表面目的，可能缘于秦桧"忌特进永州居住张浚尤甚"⑦，把张浚视为最大的政敌，但实际上符合了宋高宗政权即时的国是政策。绍兴年间，张浚的朋党罪中并不存在相互的朋党之争，所以这个朋党罪实属欲加之罪，以朋党罪名判张浚等人诏狱，根本原因是秦桧党羽意欲扩大打击面，肃清主战言论。如果说朋党存在的话，秦桧专制环境下形成的秦桧党才是真正的朋党。

第三节　和战视阈下绍兴诏狱的
政治路线

从法律角度来说，绍兴诏狱事件并没有过多地违背审刑逻辑，即使是非逻辑性的审刑逻辑，也尚属于正常的法律范畴。绍兴诏狱之所以为

---

① 《要录》卷一五七，绍兴十有八年四月庚寅，第 2984 页。
② 《宋史》卷三七一《汤思退传》，第 11529 页。
③ 《宋史》卷四七三《秦桧传》，第 13764 页。
④ 《宋史》卷四七三《秦桧传》，第 13760 页。
⑤ 《宋史》卷二一三《宰辅表》，第 5561 页。
⑥ 史载："柔佞易制者，如孙近、韩肖胄、楼炤、王次翁、范同、万俟卨、程克俊、李文会、杨愿、李若谷、何若、段拂、汪勃、詹大方、余尧弼、巫伋、章夏、宋朴、史才、魏师逊、施钜、郑仲熊之徒，率拔之冗散，遽跻政地。"见《宋史》卷四七三《秦桧传》，第 13765 页。
⑦ 《要录》卷一六九，绍兴二十有五年八月己亥，第 3210 页。

诏狱，更多还是缘于审刑程序及法理依据本身，严刑罪名与有罪推定相
互融通的结果，促成了告讦的盛行，不良的举告行为直接萌发和推动了
诏狱事件，致使其最终形成，而植根于政治目的之下的法理，恰恰无端
地佐证了这一过程的合法性。也就是说，绍兴诏狱的促成，更多地取决
于即时的政治目的。那么，绍兴诏狱到底在政治框架下充当什么角色，
又造成了什么影响，势必关系到绍兴年间诸多政策角逐及其运行情况。
此外，如何理解绍兴诏狱事件从政治利益框架下逃逸于社会道德视阈，
将是全新解释政治场域中政治交换行为的玄机所在。

　　显而易见，绍兴诏狱在宋高宗政权利益交换之中触动了社会道德
神经，以至于岳飞之死之类的诏狱事件，屡屡成为此后千百年以来人
们茶余饭后的谈资。即使在当时，岳飞之死也一定触动不少意气勃发
的文人士大夫。至少说，绍兴诏狱事件直接导致社会伦理道德的相对
失衡，与之相关的和战问题更成为诏狱事件形成的潜在因素。对于宋
高宗政权来说，绍兴和议的签订，无疑是宋金和战选择中最优的选择，
宋金弭兵之后宋高宗政权才得以稳定，但在实现这一最大化政治利益
的同时难免引起道德士大夫们的不满，通过暴力法治来获取政治利益
又将触动社会道德秩序。本节正基于绍兴诏狱事件导致社会伦理道德
的失衡情况，对宋高宗政权所面临的政治两歧性进行全新探讨，以期
通过对绍兴诏狱的时代认同情况、和战成本的再考量、道德秩序的转
向及宋高宗的民事举措三个方面的考述，揭示宋高宗政权在社会道德
失衡与政治利益谋取的政治两歧性之间如何抉择，以及如何达到预期
的政治目的。

一　绍兴诏狱的潜在政治目的

　　如果说绍兴和议引发绍兴诏狱的话，绍兴和议所带来的政治利益必
然是显而易见的。实则不然，绍兴和议签订过程并非得到朝臣的完全反
对，至少在最初讨论和战问题上存在和、战、守三种意见，绍兴诏狱的
大规模兴起也主要在绍兴和议缔结之后。另外，宋高宗政权对绍兴和议
与宋金交战所付出的政治代价也大相径庭，宋高宗政权热衷宋金和议也
并非在于单一的物质利益。那么，宋高宗政权制造绍兴诏狱事件的主要
目的是什么？本小节笔者主要从绍兴诏狱与绍兴和议的关系，以及绍兴

和战成本再考量两个层面展开论述。

　　1. 绍兴诏狱与宋金和议的关系

　　提及绍兴宋金和议，不免使我们想到南宋高宗政权那段屈辱的历史，割地称臣，纳贡银、绢，曾经成为后世人们不曾忘却的旧恨，而与之基本一致及辅助其实现的绍兴诏狱事件，更使那些忠心报国的士大夫们不能释怀。不过，此前的学者，过多地将研究视角定位在绍兴和议的政治行为上，即使提到绍兴和议与诏狱事件，也多是对秦桧弄权与朋党之争进行粗浅探讨①。实际上，绍兴诏狱事件与宋金和议的关系，并非简单的政治党争能够解释，更非处于权力中枢的秦桧所能左右。兴诏狱以促成言论统一的时代意义，与求稳定主和议的长久国家利益不期而遇的结果，是推动了绍兴年间的政治发展。关于两者的关系，我们从宋高宗的言论中便可获取诸多信息。绍兴十七年四月，制造御前军器所监造官马元益，上疏乞出秦桧，秦桧奏马元益言语狂妄。宋高宗说："真宗皇帝澶渊之盟，虏人百年不犯边塞。今者和议，人多异论，朕不晓所谓，止是不恤国事耳。若无赏罚，望其为国实难。自今用人，宜求靖共之操，如其不然，在朝廷者与之外任，外任者置之闲散，闲散而又不靖者，加以责罚。庶几人知劝惩，不至专为身计。卿（秦桧）所进呈行遣马元益，正得此意。赏罚既行，数年后可望风俗丕变矣。"② 从马元益之行遣，足以窥见宋高宗坚定和议的信念，和议为国事的政策意义，更佐证了诏狱事件突发的必然性。当然，对宋高宗而言，阻碍和议者即"专为身计"者，责罚毫无不当，以此则"可望风俗丕变"。然而，责罚必须事出有因，断不可如宋高宗那样言即必果。于是，通过法制程序来打击和议异论者的举措，十分及时地被提上日程。但这一行为举措的提出，与和议的时代认同情况一样，曾经历一个发展变化的过程，我们从和议主流论点的热议便可看出，诏狱事件的脚步正将接踵而来。

---

　　① 黄宽重先生曾指出，秦桧连续掀起几次规模不一的文字狱，正暴露出他执政期间内心的虚寒和对舆论的畏惧，而要发动最剧烈的手段来对付政敌。参见黄宽重《秦桧与文字狱》，《岳飞研究》第四辑，中华书局，1996，第167页。衣川强先生则认为，秦桧在第二次仕途经历中，抛弃了与道学者的关系，营造了台谏话语空间，所谓主和议，打击异己，彰显了讲和派与反对派的党争。参见黄宽重《秦桧の讲和政策をめぐって》，《东方学报》1973年第45卷，第285～286页。

　　② 《要录》卷一五六，绍兴十七年四月丙辰，第2958页。

（1）诚信与屈节之间——和议论的焦点

所谓和议论的焦点，大致指绍兴和议签订前后反对和议的士大夫的话语导向。习惯上来说，绍兴和议的反对者，多以父母之仇、宗庙之耻、宫眷之辱、百姓之冤的道德伦理观为词，而支持合议者则多谈和则安，经济匮乏而不能支撑军费开销。议和与否，对于宋高宗政权来说，定有正反两面的合理说辞，但绍兴之后的社会评价里，支持议和的说辞往往被理解成卖国的论调。当然，这可能因为宋高宗朝之后，秦桧基本上成为众矢之的的和议代言人，其丑化形象被纳入教化文本，从而绍兴和议签订前后士大夫认同和议的论点基本被模糊掉了。此外，又因为绍兴和议之后秦桧的拥立者及反对者反复对《日历》《实录》等文献的改写，以及元明两代文人士大夫道德评判下对宋代史书的附会，致使我们很难再看到当时有关和议的讨论情况。不过，现存的南宋初期编年体史书里，保存了大量宋人反驳和议的奏章、札子等资料，从这些完整叙述的字里行间，我们仍然可以不同程度地勾勒出当时士大夫和议论点的大致发展情况。

首先，绍兴和议的签订几经波折，最初起于绍兴七年十二月王伦、高公绘自金国归，传达金左副元帅宗昌的"好报江南"① 之词，直到绍兴十一年十一月宋金议和才最终缔结②。其间诸如赵鼎、孙近、胡铨等反对言论自不待言，单是宋高宗本人对和战的态度也并非一成不变③。和议签订的过程自然难掩士大夫对和议认知的心路历程，最初的道德评判或许不足以佐证此后的财政视角，先前的战争意念也许到了最后，被剥离得只剩下以战为和之资的论点。当然，和议签订之后有关和议为是的观点转变可能取决于秦桧制造的文字狱，但和议签订之前士大夫的和议论点迁移，则更多地体现着时代性的政治视角。王庶可谓主战派的主要代表，他在绍兴和议初次讨论半年后曾上书宋高宗："陛下当两宫北狩

---

① 《要录》卷一一七，绍兴七年十二月癸未，第 2185 页。
② 依据本文前面章节中所界定对绍兴和议分段论的看法，此处所论仍以绍兴八年和议为绍兴和议的开始或议论阶段，绍兴和议真正缔结则在绍兴十一年十一月。
③ 绍兴十年春正月，金人遣奉使官蓝公佐南归，议岁贡、誓表、正朔册命等事，且索要在宋境的河东、北士民，右正言陈渊言："自公佐之归，闻金人尽诛前日主议之人，且悔前约，以此重有要索。臣谓和战二策，不可偏执。"高宗则对陈渊说："今日之和，不惟不可偏执，自当以战为主。"《要录》卷一三四，绍兴十年春正月辛巳，第 2495 页。

之后，龙飞睢阳，匹马渡江，扁舟航海，以至苗刘之变，艰难万状，终无所伤，天之相陛下厚矣。至今虽未能克复故疆，銮舆顺动，而大将互列，官军云屯，百度修举，较之前日可谓小康，何苦不念父母之仇，不思宗庙之耻，不痛宫闱之辱，不恤百姓之冤，逆天违人，以事夷狄乎！"① 这一道德评判的和议论点，基本上代表了绍兴初年反对者的口径。不过，这样的道德评判，毕竟不能作为和议非是的充分论据，再加上宋高宗对和议的认可，王庶在数次申奏和议为非之后，将话语导向了金人奸诈不可信。同年十一月，他再次上书："独闻逆虏诡诈，动辄请和，口血未干，随即背叛，要我以难从之请，加我以违约之辞，兵兴而每堕其计，是以群议汹汹，民心少摇。事机之微，存亡所系，惟觊陛下深戒前辙，博采众情，与中外知兵大臣谋长久保邦至计。"② 以金奸诈、动摇民心为说辞，至少说明和议非过，只不过金人不可信而已。吏部员外郎许忻亦上书："敌情变诈百出，岂宜惟听其甘言，遂忘备豫之深计，待其祸乱之已至，又无所及？"③ 吏部尚书张焘亦言："臣窃惟虏使之来，欲议和好，将归我梓宫、归我渊圣、归我母后、归我宗族、归我土地人民，其意甚美、其言甚甘，庙堂以为信然，而群臣未敢以为信然，国人未敢以为信然。窃考其说，盖以谓彼非畏我兵甲之盛也，非惮我土地形势之强也，而遽有此议，狼子野心，未易测也。"④ 由此可见，和议之论从最初的道德评判逐渐转向了对金人诚信的质疑上，这不能不说在士大夫之间和议主流论点发生了迁移，识金人变诈成了和议签订前后之际的讨论焦点。

其次，绍兴八年南宋士大夫和议论调中，对金人屈节之礼的排斥。所谓屈节之礼，缘于绍兴八年九月金人遣来"江南诏谕使"⑤。"诏谕"本为皇帝告臣民的诏令，金人将宋高宗视为臣子是绝对不能让南宋士大夫所容忍的。再加上"江南"二字，很显然是将南宋纳入金国版图之意，这也使得士大夫们一时将和议论点导向了屈节论上。关于此事，郑

---

① 《会编》卷一八三，绍兴八年六月王庶还朝条，第1329页。

② 《会编》卷一八八，绍兴八年十一月二十九日，第1360页。

③ 《宋史》卷四二二《许忻传》，第12610页。

④ 《要录》卷一二三，绍兴八年十一月壬寅，第2299页。

⑤ 绍兴八年，"徽猷阁直学士王伦与乌陵思谋至虏庭，金主亶复遣签书宣徽院事萧哲等为江南诏谕使，使来计事"。见《要录》卷一二二，绍兴八年十月丁丑，第2281页。

刚中曾屡次上疏和议不可致屈，尤言"和议不败，天子不屈"①。户部侍郎李弥逊也曾多次上不当先事致屈札子，劝谏宋高宗曰："应之得其道，则不必致屈，而陛下之欲可得；应之非其道，则虽屈已从之，求吾所欲未必可得，而后日之患不可不虑也"②"仰惟陛下圣孝之至，不顾万乘之尊求和异类，而金人且以画地讲和为辞，初不及母兄宗族也，是岂可先事以致屈耶；敌人狂悖吞噬混一之名，故以陛下之所大欲，邀陛下今信其空言，遽从其请，彼既得所欲，则尚复何求而以土地宗族归陛下耶，是又不可先事以致屈也；金人，敌国也，卿士大夫，国人所赖以为国者也，陛下欲为亲而屈，使梓宫至，母后还，犹有口实以慰国人，今事未一得而坐失四海之心，不可不虑，是又不可先事以致屈也。"③屈节求和，本为宋高宗之为，但最初缘于金人的诉求，从而招致南宋士大夫忠节情绪的全面抵触。在士大夫们看来，金人无赖的诉求表明他们并没有真正的和议态度，金人的行径也已表明"礼不可屈，事必难从"④，这样的要挟之举，无疑驱使南宋士大夫将戒勿屈节视作和议论的焦点。而在金安节眼里，国体与割地两样都不可失，曾上书："世称侄国，国号不加'大'字及用'再拜'二字，皆不可从。海、泗、唐、邓为淮、襄屏蔽，不可与。必不得已，宁少增岁币。"⑤割地也好，屈节也罢，都是在宋金国力差异的情况下一种偏正式的政治外交，真正客观面对和议而谋求发展，还在于立足国情制定国计。

最后，和议论点之外，和议相对论的盛行。所谓和议相对论，即指基于本国条件客观剖析和议与否的论点，持这些论点的士大夫并不以和议与否为是非，多是随着实际情况的变迁，改变自己的观点。比如，司勋郎张巨山代秦桧作自解奏说："臣前赞议和，今请伐虏，是皆主善为师。"⑥虽秦桧尤因金背盟而主战，反和议的士大夫自然也有改变初衷的时机，这仅仅取决于和战的实际态势而已。冯楫曾建言："自古和不能独

①　郑刚中：《议和不屈疏》，《历代名臣奏议》卷八九，第 1228 页。

②　李弥逊：《筠溪集》卷二《答和议奏》，文渊阁四库全书本。

③　李弥逊：《筠溪集》卷二《再论不当先事致屈劄子》。

④　《要录》卷一二三，绍兴八年十一月甲申，第 2286 页。

⑤　《宋史》卷三八六《金安节传》，第 11861 页。

⑥　赵与时：《宾退录》卷四，上海古籍出版社，1983，第 47 页。

成，有威然后能成其和，和而有威，其和乃固。"① 这种基于武力资本的和战选择，虽然有其必然的合理性，但南宋初年武功的没落，只能笑其空谈。单一武功的提升可能不大现实，但财力丰足境况下，武功训练完备，亦可长其威，从而成其和。喻汝砺《论外睦内疆疏》云："愿陛下裕民力以丰天下之财，训武勇以饬天下之备，显忠直以来天下之言，厉名节以鼓天下之气。"② 显忠直、历名节自然有得天下之理，丰财力、完武备自然有生国威之实，但这一切皆在于宋高宗的政治态度，皇帝有志自然人心顺、士气振、国势强，和战主导权完全为我所有。绍兴九年二月，张浚上疏辩和议利害："陛下进而有为，人心顺，士气振，国立势强，其权在我，可战则战，可守则守，可和则和，无适而不如陛下志者。陛下退而不为，人心离，士气沮，国微势弱，其权在敌，欲战则不能胜，欲守则不能固，欲和则不能久，无适而如陛下之志者。"③

总而言之，绍兴和议论的焦点并不绝对。大致来说，从最初的道德评判到绍兴八年末有关金人议和诚信与否的质疑，再到屈节为非的和议论调的提出，和议论的焦点一直在变动中，而其中亦不乏和议相对论的言说。不难发现，无论是和议的主流论点还是相对论点，至少在绍兴八年以后，对议和持肯定态度的言论占据了和议话语空间的主要位置，士大夫们争论的焦点多是纠结于和议条件之间，并没有完全抛弃和议合理性的一面。既然如此，是否可以说绍兴和议曾取得了时代的认同，是否可以解释绍兴诏狱政治目的的合理性？实则不然，士大夫们议和观念的形成仅是宋金战事状况及最高执政者政治主张的影响所致。通过对和议论观焦点的探讨，我们可以得出结论：绍兴和议缔结前后，支持和议或不反对和议的士大夫占据了大多数④。但笔者并不认为这样的结论阻碍我们对绍兴诏狱的探讨，而恰恰相反是这将有助于我们从更深的层面对绍兴诏狱进行解读。

---

① 《要录》卷一二四，绍兴八年十二月乙卯，第2326页。
② 《要录》卷一三四，绍兴十年二月丁巳，第2501页。
③ 《历代名臣奏议》卷二三二《征伐》，第3054页。
④ 关于这个论点，陈志刚也指出，绍兴年间大部分的文武百官态度暧昧、厚颜无耻；直言抗战、坚决反对和议的大臣势单力薄，难以扭转议和的颓势，宋金和议实是大势所趋。陈志刚：《宋廷士大夫与绍兴八年和议——兼论南宋初年宋金和议的必然性》，《淮北煤炭师范学院学报》（哲学社会科学版）2005年第2期。

（2）痛惩异论——诏狱萌发的政治视角

所谓诏狱的政治目的，多半指打击和议异论者促成和议，如若士大夫都支持合议或不反对合议策略的话，诏狱事件似乎无从解释。事实上，前节考论的结果也许成为我们接下来立论的桎梏，绍兴和议论的焦点透露给我们的恰恰是士大夫言论里和议大致的合理性。那么，既然和议言论里士大夫并没有过多反对本质上的和议，为什么与和议相关的绍兴诏狱事件还是屡屡发生？要探讨这个问题，除了结合前面章节里提到作为严刑罪名法理依据的即时国策之外，我们还有必要对诏狱萌发的政治视角进行粗浅探讨。

从绍兴八年宋金和议到绍兴十一年和议最终缔结，遭遇诏狱的反和议士大夫并没有太多记载，胡铨可谓遭遇诏狱者第一人。关于胡铨之狱，史载：绍兴八年十一月辛亥，"枢密院编修官胡铨昭州编管。铨之上书也，都人喧腾，数日不定。上语秦桧曰：'朕本无黄屋心，今横议若此，据朕本心，惟应养母耳。'于是，桧与参知政事孙近言：'臣等比以金使及境，各进愚计，务欲接纳适中，可以经久。朝廷之体，贵在慎密，不敢漏言。闻铨上章历诋，盖缘臣等识浅望轻，无以取信于人。伏望睿断，早赐诛责，以孚众听。'诏答曰：'卿等所陈，初无过论。朕志固定，择其可行。中外或致于忧疑，道路未详其本末，至彼小吏，轻诋柄臣，久将自明，何罪之有？'至是乃议责铨，桧批旨曰：'北使及境，朝廷夙夜讲究，务欲上下安帖，贵得和好久远。胡铨身为枢属，既有所见，自合就使长建白，乃狂妄上书，语言凶悖，仍多散副本，意在鼓众，劫持朝廷，可追毁出身以来文字，除名勒停，送昭州编管，永不收叙。'"① 胡铨反和议的言论尚不重要，重要的是该案中的获罪缘由。此条史料记载甚明，"都人喧腾，数日不定"当是胡铨获罪的原因所在。另外，宋高宗也明确提到，他之所以支持和议是为了自己的仁孝，没料到大臣们竟非议如此。秦桧也指出，"闻铨上章历诋，盖缘臣等识浅望轻，无以取信于人"。也就是说，秦桧自认为，支持和议者在整个和议言论里尚没有一定的威信，而胡铨身在枢府，以和议为非，"蛊惑中庭"，对于和议政策来说将是很大的障碍。所以说，同年十二月，李光被任命参知政事时，

---

① 《要录》卷一二三，绍兴八年十一月辛亥，第2313页。

宗并不满意，而秦桧则言"光有人望，若同押榜，浮议自息"①。

再如，赵鼎因反对和议罢相乃至最后因诏狱致死，同样也是缘于他的政治身份，反对和议只是一个借口，以反和议为舆论中心所构造的江南士人群体原是宋高宗、秦桧政权不能容忍的。张浚尽管未因诏狱致死，但追究其身陷诏狱的原因，同样缘于其反和议言论，根本原因则是其个人政治背景影响到新的政治基础。前面章节我们已对赵鼎、张浚因朋党罪名身陷诏狱的政治因素进行了深入探讨，也已弄清楚绍兴和议缔结前后其和战主张与其政治身份的关系，此不赘述。

有学者曾考证，赵鼎、李光执政时都曾重用南方士人，尤其李光又是南方地主阶级的代表，到秦桧执政时仍然以南方士大夫为其执政群体，从而奠定南宋政权的基础②。很显然，秦桧要打造全新的南方政治基础，势必要摒弃以赵鼎、李光为中心的政治势力。赵鼎、李光等人的政治影响及社会威望对绍兴十二年形成的南宋政权来说，其意义非同凡响，如何利用或扬弃二人的政治地位必然关系到政局稳定，至于他们支持和议与否，实在无足轻重。和议作为国策来说，更多的关注点在于和议之后政治生活的稳定，确切地说，赵鼎、李光等人及与其相交往者不自觉地被投诏狱，很大程度上只能说他们成为实现国家稳定的牺牲品。

2. 绍兴和战成本的再考量

绍兴和战，历来是南宋史研究中颇为重要的课题，不仅因为和战问题直接关系到国家的道德判断，更重要的是关系到南宋王朝政治格局的形成。也正基于以上原因，绍兴和战问题此前曾备受学术界关注。从一元论人物评价到经济决定论的历史解构，绍兴和战研究非但没有回到全局视角的历史考量上来，并且更多地彰显着当代的政治观念，真正客观解读绍兴和战问题的研究成果则寥寥无几。但是，和战问题关系到绍兴诏狱事件发生的必然性，对和战成本的考量也是佐证绍兴诏狱事件客观

---

① 《要录》卷一二四，绍兴八年十二月己未，第2329页。
② 寺地遵曾据万斯同《宋大臣年表》指出，秦桧执政时，除了李光、王次翁、万俟卨之外，二十六名"伴食"大臣中有十九名出身两浙路、江南东路，这样执政群体中两浙、江南系出身者居压倒性多数的事实，显示出秦桧专制政权是以江南东路、两浙为基础。见寺地遵《南宋初期政治史研究》，第325页。

性的重要途径。本节即以绍兴和战中军费高额开支及宋高宗政权对政治利益最大化的诉求作为考察对象，深入探讨高额军费的实际支出情况及其造成的财政危机感，同时结合前代学者研究成果对宋金和议与收兵权关系进行全面梳理，以期揭示宋高宗政权在绍兴和战选择中追求的是物质、军事双重政治利益的最大化，这将是我们阐释绍兴诏狱事件时代性的又一侧面。以下笔者将对绍兴年间宋廷的财政危机情况及兵权归属问题展开论述。

（1）得兵失民——高额军费支出与财政危机感

关于南宋初期军事经济问题，此前的研究大致呈现两方面内容：一方面有学者认为南宋的军事、经济非但没有危机，并且十分具有优势，不能作为和议的原因[①]；另一方面有学者指出，南宋的军事力量和经济实力，并不具备战胜金国的绝对优势，绍兴和议签订之前，社会经济衰竭[②]。绍兴和议之前军费问题到底是什么情况，直接关系到和议的合理性一面。然而，高额军费与社会经济衰竭之间是否有必然联系，社会经济衰竭是否能够作为和议的理由，诸如此类的经济问题比较起来，似乎又得不出一个合情合理的解释。由于绍兴和议之前的经济问题恶化，并没有在和议签订之后得以解决，反而秦桧执政期间，赋税更增名目，民生问题可能更严峻[③]。由于本节篇幅及内容结构所限，对于绍兴和议签

[①] 朱偰：《宋金议和之新分析》，《宋史研究集》第十二辑，"国立"编译馆，1980，第147~165页。

[②] 此论可参见何忠礼《宋代政治史》，第372页；任崇岳《南宋初年政局与绍兴和议——绍兴和议研究之一》，《中州学刊》1990年第1期；任崇岳《南宋初年的经济与政治形势——绍兴和议研究之二》，《郑州大学学报》（哲学社会科学版）1993年第1期；汪圣铎《宋金绍兴和议前南宋财政面临的严峻形势》，《岳飞研究》第四辑，中华书局，1996；曹家齐《从宋、金国力对比看绍兴和议的签订》，《徐州师范大学学报》（哲学社会科学版）1997年第3期；刘光临《市场、战争和财政国家——对南宋赋税问题的再思考》，《台大历史学报》2008年第42期。

[③] 邓广铭先生据《宋史·食货志》中赋税之文称，秦桧"密谕诸路，暗增民税七、八"，故"民力重困，饿死者众，皆秦桧所为"，不但不曾减轻人民负担，反而加重，见邓广铭《南宋对金斗争中的几个问题》，《历史研究》1963年第2期。王德毅先生曾指出，经济问题是两宋王朝面临的首要难题，自北宋初建国至南宋末亡国，经济危机一直困扰着宋代政府。南宋初期为收拢归正人而放宽对应税收，再加上高额的经费支出，南宋初期重赋重税并没有因为绍兴和议而有好转迹象。但他同时又提到，南宋高额的军费支出，使得国防预算高涨，遂成为经济问题的重心所在。参见王德毅《略论宋代国计上的重大问题》，《宋史研究论集》第二辑，鼎文书局，1972，第287~310页。

订前后的经济差异，笔者不想做全面细致的比较，而仅对绍兴和议之前的经济产值、军费实际支出、财政危机感作深入的分析，以期呈现绍兴和战选择中经济成本的真实观感。

清代学者赵翼考证《宋史》时曾指出："南渡后，因军需繁急，取民益无纪极。"① 这个论点并不惟后人提及，生活在两宋之交的庄绰也曾写道："时天下州郡没于胡虏，据于僭伪，四川自供给军，淮南、江、湖荒残盗贼。朝廷所仰惟二浙、闽广、江南，才平时五分之一，兵费反逾前日。此民之所以重困，而官吏多不请俸，或倚阁，人有饥寒之叹也。"② 实际上，这种状况真正恶化始于绍兴初，绍兴五年二月，金安节曾提出："天下所急，惟兵与食。"③ 此论并非危言耸听，而是直接点明了南宋所面临的紧迫问题。国家经济收入如若未曾或较少用在军费支出，也还可以从他处节省缓解，使人无奈的是财赋所入大都用在养兵。绍兴二年五月，季陵应诏言："今乘舆服御之费，十去七八；百官有司之费，十去五六。至此而无益于国者，军政不修，而军太冗也。张浚一军，以川陕赡之；刘光世一军，以淮浙赡之；李纲一军，以湖广赡之。上供之物，得至司农、太府者无几矣。计行朝每月官吏之费寡，而军兵之费多，是竭天下之财，祗足以养兵。兵籍日众，财用日窘，国日削，民日贫，厥咎安在？议者非不知此意，谓兵为大事，艰难之际，恃以恢复，当尽节浮费，唯兵是图。其意诚美，殊不知欲强兵者，正不在冗食也。为今之计，倘能一举而空敌军，暂费暂劳，皆不足恤。若犹未也，当为长久之虑，无徇目前，至于大坏而后已。"④ 绍兴五年十一月，宋高宗曾在《赐刘光世韩世忠张浚诏》中也提到："凡财赋所入，未尝一毫妄费，悉用养兵而已。"⑤ 绍兴七年五月，四川转运使李迨曾建议朝廷："军兴后来所增岁入之数。今比旧额，已增过倍，取于民者，可谓重矣。若计司不恤，更增赋敛，民力困竭，事有难测，此亦朝廷所当深虑矣。"⑥ 当然，财政危机也不乏郊

---

① 赵翼：《廿二史札记》卷二五《南宋取民无艺》，中华书局，1984，第 539 页。
② 庄绰：《鸡肋编》卷中《绍兴军费》，中华书局，1983 年，第 76 页。
③ 《要录》卷八六，绍兴五年二月戊辰，第 1650 页。
④ 《要录》卷五四，绍兴二年五月丙戌，第 1120 页。
⑤ 沈与求：《龟溪集》卷四《赐刘光世韩世忠张俊诏》，四部丛刊续编本。
⑥ 《要录》卷一一一，绍兴七年五月壬午，第 2077 页。

祀之费、厚禄重赏、流入私囊等原因，但军费高额支出当属事实。到底军费花销占财政收入的什么位置呢？

首先来看南宋初期的财政收入情况。据史籍载："绍兴岁入之数，渡江之初，东南岁入犹不满千万，上供才二百万缗，此祖宗正赋也。吕颐浩在户部，始创经制钱六百六十余万缗，孟庾为执政，又增总制钱七百八十余万缗，朱胜非当国，又增月桩钱四百余万缗。"① 实际上，绍兴五年，参知政事孟庾言："大凡东南诸路经、总二司钱，岁收一千四百四十余万缗，四川岁收五百四十余万缗。"② 另外，按郭正忠先生考证，"东南岁入犹不满千万"并不指代南宋四川的收入，仅是东南十一路一百十八州的收入，并且仅是宋高宗"车驾巡幸"所能随时直接掌握那部分岁入③。绍兴六年八月，宋高宗曾下诏："每岁通收（榷货务）钱一千三百万贯，即依已降指挥推赏。"④ 加上榷货务的岁收，东南岁入绝不止一千万缗。除此之外，若将四川岁收算进去，每年南宋的总收入远远超出史载的收入总数。绍兴七年五月，四川都转运使李迨奏本司案牍簿籍都有疏漏时提到："绍兴四年所收钱物，计三千三百四十二万余缗，比所支计阙五十一万余缗。五年收三千六十万余缗，比所支计阙一千万余缗。皆以宣抚司攒剩钱，及次年所收登带通那应副。六年未见收数，支计三千二百七十六万余缗。今年所收，计三千六百六十七万余缗，比所支计阙一百六十一万余缗。"⑤《四川总领所》又载："始赵应祥之为大漕也，绍兴五年，四川收钱物总三千三百四十二万缗，而所出多五十二万缗，吴武安一军费缗钱一千九百九十五万。明年，收钱减二百八十万缗，出钱增六百六十六万缗，以宣抚司趯剩钱补其阙。而武安军需增缗钱三百八十万。应祥既积与武安不叶，遂丐免。七年，李子及代为都转运使。是岁本司所入，视六年增六百七万缗。"⑥ 从两种不同材料记载来看，绍兴五年，四川的财政收入大致为三千六十万余缗；绍兴七年，增长至三千

---

① 章如愚：《群书考索续集》卷四五《绍兴财用》，文渊阁四库全书本。
② 《要录》卷八六，绍兴五年闰二月己巳，第1652页。
③ 郭正忠：《南宋中央财政货币岁收考辨》，《宋辽金史论丛》第一辑，中华书局，1985，第178页。
④ 《会要》食货五五之二六。
⑤ 《要录》卷一一一，绍兴七年五月壬午，第2076页。
⑥ 《建炎以来朝野杂记》甲集卷一七，第391页。

六百六十七万余缗。不过，绍兴年间，四川通行铁钱，当折算成铜钱后再算入总额。据程民生先生考证，绍兴年间四川铁钱与铜钱的比率大致为 2：1①。也就是说四川在绍兴五年到七年之间，大致岁收为一千八百三十万余缗。加上东南岁收及榷货务一千多万贯岁入，南宋全国岁入铜钱将至少在三千万贯②。

其次来看南宋军费年支出数额。在计算军费支出额之前，我们有必要先粗略地统计一下绍兴初年军队人数。绍兴三年九月，宋高宗曾有言："今有兵仅三十万，当更精择，得胜兵二十万，器械悉备，训而用之，可以复中原、威夷狄，岂独扞防险阻哉？"③ 至于军费花销，由于种类名目繁多，我们只能统计出所能看到的情况。南宋初，因财计困难，官员不支实俸，包括武臣不统兵者一律按比例减支，"唯统兵官依旧全支"④。"谓如节度使真俸四百贯，米麦通二百五十石""惟统兵节度使则例支钱四百贯，米麦四十五石""要之统兵官亦不得全真俸也"⑤。建炎三年，御营司为加强对各军的管辖，曾规定"诸军并以万人为一军，每军十将，共置统制五员，逐军各置虎符，于御前收管，非降虎符，毋得擅出营""每统制官为军籍三本""诸将不得互相招收"。但是，"时诸将方自擅，迄不行"⑥。除去不同等级军士差异之外⑦，南宋初年普通士兵"每人日支米二升"⑧。按绍兴九年每石约合 3 贯 230 余文⑨，全部以普通兵标准来计算，三十万军员年费军粮钱至少为七百二十二万

---

① 程民生：《宋代物价研究》，人民出版社，2008，第 624 页。

② 包伟民先生曾指出，南宋正赋在全国财政总收支中所占比例不可考，不过可以肯定的是，随着"上供之外"的杂征调日益增额，上供正赋的地位必然会相应降低。参见包伟民《宋代的上供正赋》，《浙江大学学报》（人文社会科学版）2001 年第 1 期。即使这样，南宋全国年财政总收支亦不可能低于三千万缗，因为南渡之初正赋才二百万缗，再减少也不足以影响收入的总额。

③ 《要录》卷六八，绍兴三年九月庚午，第 1336 页。

④ 庄绰：《鸡肋编》卷中《绍兴军费》，第 76 页。

⑤ 《宋会要》职官五七之八〇，第 4602 页。

⑥ 《要录》卷二四，建炎三年六月辛未，第 581 页。

⑦ 据史载，南宋时效用兵曾日给三升米。见华岳《翠微北征录》卷一《平戎十策·恩威》，北京图书馆，2005。

⑧ 吕颐浩：《忠穆集》卷二《论运粮供军事》，文渊阁四库全书本。

⑨ 廖刚《论赐圩田札子·又札子》载：东南地区，米"三万石以中价计之，自不下十万缗"。参见廖刚《高峰文集》卷二，文渊阁四库全书本。

余缗。此处所计算仅为官府支给军人的口食粮，至于俸禄形式的月粮另有计算。按史继刚先生推证，南宋初年士兵月粮标准大致为一石至一石五斗左右①。折换成军费钱，大约年花销在一千一百八十八万余缗至一千七百八十二万余缗之间。当然，这些年花销都不包括将兵及军兵等级的差异，也不包括非正规军在内，更不包括俸禄与日食之外月贴补供给钱。绍兴年间，宋廷先后规定，各屯驻大军（御前军）的都统制"每月支供给钱二百贯"，副都统制一百八十贯，"统制、副统制一百五十贯，统领一百贯，正将、同正将五十贯，副将四十贯，准备将三十贯"②。军资与军兵差别很大。绍兴七年，四川都转运使李迨曾讲，驻川大军"官员之数比军兵之数约计六分之一，军兵请给钱比官员请给不及十分之一"③。至于战时与平日的粮草支出④及贴补钱数笔者不再深究，仅以上大约能够统计到的保守的正常军费年花销都占年收入三分之二以上。此外，盔甲及军衣也是军费支出的重要部分。按绍兴元年三月，宋高宗计划造甲十万，五军见甲已四万，尚有六万待造⑤。同年九月，尚书省请"江浙、福建诸州造甲五千副……所费以上供折帛钱支"⑥。绍兴二年十一月，诏："江浙、福建诸州造甲五千副，每度牒一为钱百二十千，以偿三副之直。"⑦ 绍兴三年，神武右军所定直："金装甲一副，费钱三十八千二百……朱马甲一副，费钱四十千一百。"⑧ 大致来说，绍兴初年，一副盔甲用钱四十贯左右。若按每年江浙、福建诸州造甲五千副计算，每年造甲已逾费二万余缗。当然，售卖度牒支盔甲费用可能减轻政府经济负担，但与盔甲相关的兵器、马甲等支出又难以统计。至于军衣费用，绍兴三年，东南诸路直接上供的淮南和福建路军衣绸六万六千匹、绢三

---

① 史继刚：《宋代军用物资保障研究》，西南财经大学出版社，2000，第7页。
② 分别见《宋会要》职官五七之七三、七四、八五，第3688、3694页。
③ 《要录》卷一一一，绍兴七年五月壬午，第2078页。
④ 关于战时粮草筹、调达，畑地正宪先生指出，国家军队中骑兵的建置，在与金军对抗中起了重要的作用，而骑兵的维持又取决于军马扩充、饲养、马料马草的调达，从而一定程度上加重了南宋政府的经济负担。参见畑地正宪《南宋における馬草・馬料の調達について》，《アジアの歴史と文化》5，2001-05-25，17。
⑤ 《要录》卷四三，绍兴元年四月戊寅，第927页。
⑥ 《要录》卷四七，绍兴元年九月丁未，第990页。
⑦ 《要录》卷六○，绍兴二年十一月壬午，第1205页。
⑧ 《杂记》甲集卷一八《御前军器所》，第434页。

十九万七千匹①。据程民生先生考证，绍兴元年至绍兴八年，绢价从每匹二贯攀升到每匹八贯四百文②。而绸价在绍兴三年，户部桩管时作价："每匹作五贯。"③ 仅按保守价格计算，绍兴三年东南诸路的军衣支出也当在一百八十五万二千余缗之上。除了以上提到能够粗略统计数字的军用物资之外，南宋为与金人作战还大量采购战马，另设置军资库，所花军费无法统计。然而，从以上笔者分析军费支出数据来看，南宋初年社会经济必然受累于养兵之计，这样的财政危机也必然会影响到士大夫即时的社会意识。

最后需要谈的是军费高额支出造成士大夫的财政危机感。综合前文考论，不难得出结论：绍兴初年和议之前，宋廷所面临的财政负担主要来自于高额军费支出。而这一结论也大量呈现在绍兴士大夫的言辞之间，上至宋高宗诏书，下至文人墨客的文论书信，随处可见养兵之苦的字句。以至于士大夫们将军费造成的经济危机比作心腹之病，"窃以天下之势犹一身，病在四支不足忧，病在心腹为可畏"④。的确可畏，"东南之财，尽于养兵，民既困穷，国亦虚弱，然此所费止于养兵一事而已"⑤。四川财赋多为地方截留应付军费及地方开支，上供之赋微不足道。东南两浙、福建财赋，本为南宋立国之本，除维持行在开支之外，大部分都用在淮浙军费支出，诸大将征战与否不足论，军需开支必须先启应付。建炎四年，一次就赐刘光世银帛二万匹两，仅为赏军渡江之费；绍兴六年，"诏

---

① 史载：绍熙三年秘书郎孙逢吉言高宗时，"东南诸路岁起绸三十九万匹（浙东上供八万，淮衣、福衣八千。浙西上供九万二千，淮衣万六千。江东上供九万，淮、福衣二万七千。江西上供五万二千，淮、福衣万五千。湖北上供三百。皆有奇），绢二百六十六万匹（浙东上供四十三万六千，淮、福衣五万三千，天申大礼八千。浙西上供三十八万一千，淮衣十三万八千，天申大礼四万匹。江东上供四十万六千，淮、福衣十三万九千，天申大礼八千。江西上供三十万四千，淮、福衣六万七千，天申大礼八千已上。皆有奇。淮东天申大礼五万九百五十，淮西大礼三千七百，湖南天申大礼四百，广东天申大礼四千六百，广西天申大礼六千五百），绫罗绝三万余匹（浙西绫八千七百，婺州罗二万，湖南平绝三千）。其淮、福衣及天申大礼与绫罗绸总五十二万匹有奇，皆起正色。其绸绢二百五十六万余匹，约折钱一千七百余缗，而绵不与焉。"见《文献通考》卷二十《市籴一》，第 586 页。
② 程民生：《宋代物价研究》，第 240～241 页。
③ 《宋会要》食货四〇之一七，第 6886 页。
④ 林季仲：《竹轩杂著》卷三《论军费札子》，文渊阁四库全书本。
⑤ 《要录》卷一二七，绍兴九年三月丁未，第 2398 页。

令都督府支银、绢各五千匹两，应副淮南东路兼镇江府宣抚使韩世忠支使，激励将士"①。诸如此类的军赏开支，在绍兴初年十分频繁。这些军赏多来自激赏库及宋高宗内藏库，而这些财库自北宋设置以来就是为了支援军费及借贷给三司或户部，其来源以东南诸路上供及课利为主，南渡之后，其职能主要用于赏军。宋高宗尤言："祖宗储积内帑，本以备边陲缓急之用"②"朕宫中未尝妄费，虽内帑所有不多，专用以激犒将士而已。"③ 可见，宋高宗对养兵之费所论概无虚言。今人林瑞翰先生就曾指出，绍兴十二年以前宋高宗政权的经济萧条，主要因为财赋多用于养兵④。不过，绍兴初年，高额军费策动东南财赋的事实仍然触动了大多数心忧天下的士大夫。不仅是士大夫文人屡屡以军费带来的财政危机为辞，即使如岳飞这样的武将也意识到"东南民力，耗敝极矣"⑤。这种危机感蔓延开来的时候，士大夫们多是条件反射提出诸如营田、节俭等富国强兵的财计之策，亦有人提出"不可摇东南根本以济西北"⑥。如果说前者还有传统报国之志的话，那么后者更多地考虑到南宋的现实生存，不能不说绍兴年间士大夫对于和战的态度，更多地取决于财政危机感的影响。

（2）将不可依——收兵权与主和议的内在联姻

在士大夫心中，军费高额开支造成的财政危机感，直接影响着和战的取舍；但对于执政者来说，财政问题是否决定自身的政治权力，或者说财政问题在政治权力中是否占绝对地位，这是执政者根本无须回答也不愿回答的问题。虽然财政问题关系到执政者的社会信誉，有可能触及社会道德评判，但是政治权力以支配和控制他人为目的，通过暴力来重塑权力合法化，更凸显掌握政治权力者的意志。如果说南宋初年宋高宗因为养兵之费已苦恼不堪的话，那么军事控制力的虚无更让他无所适从。南宋初年，宋高宗开元帅府时兵还不满万人，绍兴三年所说有三十万人，

---

① 《宋会要》兵一八之三七，第8995页。
② 《要录》卷八六，绍兴五年二月己酉，第1636页。
③ 《要录》卷八六，绍兴五年二月壬申，第1654页。
④ 林瑞翰：《绍兴十二年以前南宋国情之研究》，《宋史研究集》第三辑，"国立"编译馆，1984，第239页。
⑤ 《宋史》卷三五六《岳飞传》，第11395页。
⑥ 郑刚中：《论东南根本疏》，《历代名臣奏议》卷八九，第1224页。

也多为诸大将之兵，虽然宋高宗着手建立御营司、改御营司五军为御前五军、行营护军等军制，刘、韩、张、岳四大将之兵仍相对独立，这便是士大夫所担忧的"家军"。绍兴六年，岳飞奉旨往江州屯驻，宋高宗曾云："刘麟败北，朕不足喜，而诸将知尊朝廷，为可喜也。"① 由此可见宋高宗对诸大将军事控制力的向往。绍兴初年，便有不少士大夫提议建亲卫军以强中央抑地方武将势力，进而实现收兵权的设想，亦有人提出择偏裨以分其势的策略。然而，收兵权的举措并非简单的尾大不掉之患所致，绍兴初年的社会背景及宋金战争态势的迁移，无不对宋廷收兵权意识的发展产生莫大助推作用，而绍兴和议与收兵权在政治权力谋取上又达成潜在的一致性，这便是笔者下文所探讨的重心所在。

一般来说，收兵权若与和议有关系的话，收兵权要么是和议成功的保护伞②，要么是和议的果实③，由于绍兴和议前后的支持者多是文官，那些激烈反对和议的武将们势必威胁到和议的稳定。何忠礼先生认为，对于宋廷而言，收兵权与和议两者相辅相成，只有与金人讲和，才能收回诸大将兵权，也只有收回诸大将兵权才能确保和议顺利④。寺地遵先生则干脆反对两者之间存在联系，认为南宋权力中枢无法决定要和要战，和战都有可能，但他又提出，收兵权有可能是金人改变战争政策的前提或契机⑤。他所依据的史料主要是，绍兴十六年九月，高宗曾云："自合兵以来，诸将出入，若身之使臂，臂之使指，无不如意，兹为可喜。" 附

---

① 《要录》卷一〇六，绍兴六年十一月癸酉，第 1998 页。

② 史载，金元帅宗弼曾遗书秦桧曰："汝朝夕以和请，而岳飞方为河北图，必杀飞，始可和。"见《宋史》卷三六五《岳飞传》，第 11393 页。今人持此论者，诸如，迟景德：《宋高宗与金讲和始末》，《政大历史学报》1983 年第 1 期；李克武：《败求和，胜亦求和——宋高宗屈膝求和心理分析》，《华中师范大学学报》（哲学社会科学版）1992 年第 1 期；等等。

③ 叶适：《水心别集》卷一四《纪纲四》载："（秦桧）急于求和，以屈辱为安者，盖忧诸将之兵未收，浸成疽赘，则非特北方之不可取，而南方亦未定也。"见叶适《水心别集》，中华书局，1961，第 817 页。王夫之：《宋论》卷十《高宗》载："故和议不成，则岳飞之狱不可起。……高宗之为计也，以解兵权而急于和。"王夫之：《宋论》，中华书局，1964，第 185 页。此论也多为今人所识，诸如，刘伟文：《试论宋高宗的军政建制及其影响》，《宋史研究集刊》，浙江古籍出版社，1986，第 206 页；任崇岳：《南宋初年政局与绍兴和议——绍兴和议研究之一》，《中州学刊》1990 年第 1 期；黄宽重：《从害韩到杀岳：南宋收兵权的变奏》，《宋史研究论集》第二十二辑，"国立"编译馆，1994，第 113～134 页；等等。

④ 何忠礼：《宋代政治史》，第 362～363 页。

⑤ 寺地遵：《南宋初期政治史研究》，第 264～266 页。

注引用《中兴圣政》史臣曰"绍兴以来，所以为国者有二：金欲战，则分江、淮之镇以授将帅；金欲和，则收将帅之权以归朝廷。规模既立，守备益固，操纵自我，此之谓定论。兀术求和，畏我之强也。故兵可以合，兵合而朝廷之势重，将帅之权轻，神机静虑，盖用之于天下无事之时，而不以为常也"①。姑且不论寺地遵先生的观点是否正确，单就他所用的材料就有些站不住脚。他所用第二条史料显然是为宋高宗收兵权的辩解之词，至于两者之间的关系是否果真如此，我们还需要更多的支撑材料。总而言之，收兵权与和议之间存在关系已是必然，只是两者之间的关系如何定位的问题。从绍兴十一年前后的政治过程来看，十一年四月收兵权，十一月订立和议，十二月岳飞之死，似乎只是毫无联系的几个事件。收兵权在和议签订之前，为收兵权而和议之说似乎不攻自破；岳飞之死在和议签订之后，为和议而收兵权似乎亦不合情理。很显然，我们想正面的剖析两者之间的关系并非易事。但是，当我们对诸大将在南宋初期宋金和战中的角色描述之后，再结合对绍兴诏狱事件政治意义的探讨，收兵权与绍兴和议的关系定将豁然清晰，同时也可窥见绍兴和战成本的另一个侧面。

　　清人赵翼读《宋史》有感而言："至于宋史各传，（韩）世忠屯镇江，刘光世屯建康，以私忿欲交兵，常同劾其骄狠无忌惮。是时光世部将王德擅杀世忠部将，会诏移屯，世忠遂遣兵袭其后，并夺建康府廨。移屯时，光世惧世忠扼其路，乃趋白鹭，世忠果遣人袭之。张浚以世忠所部逼逐谏臣坠水死，因劾奏夺其观察使。滕康亦劾世忠夺御器械，逼死谏臣，乃止罚金，何以惩后？世忠又饮于内侍李廙之家，刀伤弓匠。此皆世忠少年粗豪之过，亦不必讳，而世忠传不载。"② 实际上，不惟后世学者从史籍中看到南宋初期武将不服从军政的事迹，早在建炎四年，南宋名臣汪藻就曾上奏说："如刘光世、韩世忠、张俊、王燮之徒，身为大将，论其官，则兼两镇之重，视执政之班，有韩琦、文彦博所不敢当者；论其家，则金帛充盈，锦衣肉食，舆台厮养皆得以功赏补官，至一军之中，使臣反多，卒伍反少。平时飞扬跋扈，不循朝廷法度，所至驱

---

① 《要录》卷一五五，绍兴十六年九月己丑，第2943页。
② 赵翼：《廿二史札记》卷二三《宋辽金史》，第502页。

掳，甚于夷狄。"① 绍兴元年，汪藻又上奏说："今诸将之骄，枢密院已不能制。"② 绍兴二年，沈与求亦奏："今图大举，而兵权不在朝廷，虽有枢密院及三省兵房、尚书兵部，但奉行文书而已。"③ 诸如此类指摘大将跋扈难驭的奏章还有很多，而后世学者往往理解成文武臣交恶或重杆弱枝的非议之论。究竟武将飞扬跋扈在宋高宗政权军政考量中是否占据重要地位，这需要从诸大将在诸多战争中的表现来看。汪藻痛斥诸将云："张俊明州仅能少抗，奈何敌未退数里间，而引兵先遁，是杀明州一城生灵，而陛下再有馆头之行者，张俊使之也。臣痛念自去秋以来，陛下为宗社大计，以建康、京口、九江皆要害之地，故杜充守建康，韩世忠守京口，刘光世守九江，而以王燮隶杜充。其措置非不善也，而世忠八九月间，已扫镇江所储之资，尽装海舶，焚其城郭，为逃遁之计。泊杜充力战于前，世忠、王燮卒不为用。光世亦偃然坐视，不出一兵，方与韩梠朝夕饮宴，贼至数十里间不知。则朝廷失建康，敌至两浙，乘舆震惊者，韩世忠、王燮使之也；失豫章，太母播越，六宫流离者，刘光世使之也。呜呼！诸将已负国家，罪恶如此！而俊自明引军至温，道路一空，居民皆逃奔山谷。世忠逗留秀州，放军四掠，至执缚县宰以取钱粮，虽陛下亲御宸翰，召之三四而不来，元夕取民间子女张灯高会，君父在难而不恤也。燮自信入闽，所过邀索千计，公然移文曰'无使枉害生灵'。其意果安在哉？"④ 按"刘光世畏金人之锋"⑤ 久为史明，建炎四年十月，右正言吴表臣乞刘光世援楚州，以救赵立，"时上以金书疾置，趣光世会兵者五，而光世不行。于是城陷且再旬，而朝廷犹未知也"⑥。即使南宋民族英雄岳飞，也非征战、调遣服从中央指挥。建炎四年九月，刘光世奏淮南诸镇郭仲威溃散，薛庆身亡，赵立不知存亡，而岳飞屯驻江阴军，并不见赴镇救亡⑦。此外，同年十一月，岳飞自柴墟镇渡江，金左监军宗昌攻张荣鼍潭湖水寨，张荣以湖淖阻金人。后来金人进犯泰州时，岳

---

① 《要录》卷三一，建炎四年元月辛未，第713～714页。
② 《要录》卷四二，绍兴元年二月癸巳，第909页。
③ 《要录》卷五一，绍兴二年元月壬子，第1050页。
④ 《要录》卷三一，建炎四年元月辛未，第714页。
⑤ 《要录》卷三六，建炎四年八月甲午，第822页。
⑥ 《要录》卷三八，建炎四年冬十月甲申，第855页。
⑦ 《要录》卷三七，建炎四年九月壬寅，第828页。

飞索性以泰州不可守，而弃城去①。诸如此类，武将作战不力、应援不救的案例还有很多，岳飞之死的罪状之一即是濠州战役中他不救援②。借此，南宋初期的士大夫也常常谈到诸将不合、不能统筹调遣之弊。沈与求曾代宋高宗作《赐刘光世韩世忠张浚诏》云："惟是上下内外合为一家，如报私仇，乃克有济，傥或各以其职，自分彼此，日复一日，成功实难。"③ 常同亦云："国家养兵，不为不多，患在于偏聚而不同力，自用而不同心。"④ 林季仲亦曾上奏云："戒敕诸帅，戮力一心，以固社稷。凡应援可及、坐视不救者，军有常法，必罚无赦。"⑤

　　除了武将作战不力、飞扬跋扈、互不相援的事实之外，我们还有必要剥离清楚南宋初期武将形象的塑造过程及宋高宗政权对武将的认知情况，只有这样才能纵深揭示收兵权与和议之间的关系。习惯上说，张浚、岳飞都堪称南宋初期的忠臣，无论前者忠君或是后者忠国，两人在对金强硬态度上都近乎一致，于是，史料上赞誉之词多为人所信，有时候后人附会之词也常常混淆众听。比如，《宋史·岳飞传》载，军中得兀术间谍，岳飞假装认为是自己所遣之谍，作蜡书约刘豫同诛兀术，间谍将蜡书呈给兀术后，兀术遂废刘豫⑥。《宋史·张浚传》亦载，郦琼叛奔刘豫，张浚交蜡书给郦琼，金人怀疑刘豫，遂废之⑦。清人赵翼考证认为，"刘豫先赂金元帅达兰（旧史名挞辣），得立为帝，后出师侵宋，辄败，屡请金兵为援。金领三省事宗盘曰：'先帝立豫者，欲豫开疆保境，我得

---

① 《要录》卷三九，建炎四年十一月丙午，第 868 页。

② 绍兴十年五月，金人片面撕毁绍兴八年十一月与宋廷签订的协约，同年十月再度占领开封，十一年正月渡淮水，攻寿春府，主力计划渡长江进军和州。十一年二月，宋廷组织了规模空前的柘皋战役，最终以张俊军、杨沂中军、刘锜军为主力，取得了柘皋大捷。高宗曾夸饰："自敌犯边报至，人言非一，朕惟静坐一室中，思所以应敌之方，自然利害皆见。"见《要录》卷一三九，绍兴十一年二月庚寅，第 2618 页。此实为高宗战略构想下的大战役，而岳飞并未参与。其中濠州战役时，岳飞以军粮不足，不愿救援。高宗发出亲劄十七回，岳飞始终不动，最后在高宗恳请之下，好不容易行军三十里，听说濠州已陷落，遂驻舒州、蕲州境上。见《要录》卷一三九，绍兴十一年三月庚戌，第 2623 页。王伯庠《王次翁叙记》载："上始有诛飞意。"见《要录》卷一四〇，绍兴十一年四月乙未条引文，第 2635 页。

③ 沈与求：《龟溪集》卷四《赐刘光世韩世忠张浚诏》。

④ 《宋史》卷三七六《常同传》，第 11626 页。

⑤ 林季仲：《竹轩杂著》卷三《乞戒敕诸将状》。

⑥ 《宋史》卷三六五《岳飞传》，第 11387～11388 页。

⑦ 《宋史》卷三六一《张浚传》，第 11305 页。

按兵息民也。今豫进不能取，退不能守，兵连祸结，从之则豫收其利而我受其弊，奈何许之！'于是始有废豫意。会豫又请兵，金乃令达兰、乌珠伪称南侵至汴，宣诏废之。是豫之废，因其进不能取，且屡请兵也。今乃以归功于张浚、岳飞之两封蜡书，真所谓牵连附会者也。"① 可见，南宋初期的名臣、武将在赢得史家笔誉之词里，含有相当的水分。那么，宋高宗政权又是如何看待他们，将关系到收兵权的根本。建炎三年八月，环庆经略使王似上言："方今用兵之际，关陕六路帅乞皆用武臣。"吕颐浩却说："臣少识种谔，眇小而为西夏信服。今之武帅，类皆斗将，非智将，罕见如谔之比。"杜充又说："方今艰难，帅臣不得坐运帷幄，当以冒矢石为事。"宋高宗最后说："王似未知，武臣少能知义理，若文臣中有智勇兼资，练达边事，如范仲淹者，岂必以亲临矢石，何为多借武帅？"② 建炎四年九月，赵鼎奏刘光世不救楚州之罪，宋高宗却说："光世当此一面，委任非轻，若责之太峻，恐其心不安，难以立事。"③ 不仅是台阁重臣，就连宋高宗本人，都没有对时下的武将认可，但又无可奈何。宋高宗所借此而立的只有这些地方军事势力扩充集结起来的家军，并未自行编组皇帝直辖军队④。正是基于这种境况，曾有士大夫不断上书，要么如汪藻主张"择偏裨以分其势"⑤，从而削弱武将势力，进而权归中央；要么如廖刚主张"选精锐以为亲兵"⑥，从而以强干弱枝，强化皇权。

　　究竟如何抉择，摆在宋高宗面前的政治状况并不乐观，但宋高宗凭

① 赵翼：《廿二史札记》卷二三《宋辽金史》，第508页。

② 《要录》卷二六，建炎三年八月戊申，第603页。

③ 《要录》卷三八，建炎四年九月戊子，第855页。

④ 参见寺地遵《南宋初期政治史研究》，第30~31页；张峻荣《南宋高宗偏安江左原因之探讨》，第73~78页。

⑤ 建炎四年，汪藻奏言："莫若择有威望大臣一人尽护诸将，虽陛下亲军亦听其节制，稍稍以法裁之，凡军辄敢擅移屯以护驾为名者，自主将以下并论如法，仍使于偏裨中择人才之可用者，间付以方面之权，待其有功加以爵秩，阴为诸将之代。"见《要录》卷三一，建炎四年元月辛未，第606页。绍兴元年，翰林学士汪藻又奏："自古偏霸之国，提兵者，未尝乏人。岂以四海之大，而寥寥如此？意偏裨之中，必有英雄，特为二三大将抑之，而不得伸尔。谓宜精择偏裨十余人，各授以兵数千，直属御前，而不隶诸将，合为数万，以渐消诸将之权。"见《要录》卷四二，绍兴元年二月癸巳，第909页。

⑥ 绍兴元年，吏部员外郎廖刚言："臣愿稽旧制，选精锐十数万人，以为亲兵，直自将之。居则以为卫，动则为中军，此强干弱枝之道，最今日急务。昔段秀实尝为唐德宗言：'譬犹猛虎，所以百兽畏者，爪牙也。爪牙废，则孤豚特犬皆能为敌。'正谓是也。愿陛下留神毋忽。"见《要录》卷四六，绍兴元年秋八月癸巳，第983页。

着对宋金和议的向往，毅然选择了"择偏裨以分其势"的政治构想。绍兴八年四月，监察御史张戒言诸将权太重，要处理此事，必须有方法，宋高宗说计划一二年间实现"择偏裨以分其势"的构想。又说之所以要与金人和议是因为不能防守，"和议成否，姑置勿论，当严设备尔"①。至于宋高宗是否"择偏裨以分其势"并不重要，重要的是宋高宗首先意识到议和是因不能防守，也就是说对武将能力持怀疑态度，当然这也与武将作战不力及不能同心协力相关。同时，宋高宗所谓一二年间实现"择偏裨以分其势"，又似乎表明他将和议签订视为收兵权的最佳时限。事实上，宋高宗收兵权的行动并没有等到一二年之后，至少在已成言论事实里，"择偏裨以分其势"构想触及了某些武将的神经②。大致来说，在宋高宗眼里，收兵权与和议或许并没有直接的时间联系。

一如寺地遵先生所言，宋高宗在家军之外，常常将军团加以编组，以确立自己的权威，这种家军国家化，也透露出宋高宗收兵权的方法是完全政治性的③。宋高宗最终实现收兵权并非单一依靠"择偏裨以分其势""选精锐以为亲兵"两种方法，而是在对武将明升暗降的基础上，将家军军团又一次编组，从而择偏裨以隶御前诸军④。不过，这与寺地遵先生所提到收兵权使金人改变战争政策的观点并不一致。据史载，绍兴十年五月宋金战争，绍兴十一年二月柘皋大捷，宋向金提出誓书，同年三月，金交付宋册书⑤。而罢三宣抚司，改其部曲称某州驻扎御前诸军，当在此后两个月。金人概不能有感于宋朝收兵权而选择和议，由于时间上也不允许。如何解释收兵权与和议之间的关系？我们有必要对宋

---

① 《要录》卷一一九，绍兴八年五月戊子，第2218页。

② 史载："初，王庶自淮上归，命（张）宗颜以所部七千人屯庐州，命中护军统制官巨师古以三千人屯太平州，又分京东淮东宣抚处置使韩世忠二军屯天长及泗州，使缓急互为声援，徙（刘）锜屯镇江，为江左根本。时朝廷以诸将权重，欲抚循偏裨，以分其势。俊觉之，谓行府钱粮官、右通直郎新监行在榷货务刘时曰：'乡人能为我言于子尚否？易置偏裨，似未宜遽，先处已可也，不知身在朝廷之上能几日？'（王）庶闻之曰：'为我言于张十，不论安与未安，但一日行一日事耳。'"见《要录》卷一二〇，绍兴八年六月乙亥，第2243页。

③ 寺地遵：《南宋初期政治史研究》，第32页。

④ 史载："绍兴十一年四月，三宣抚司罢，乃改其部曲称某州驻扎御前诸军。"见李心传《建炎以来系年杂记》甲集卷一八《御前诸军》，第403页。

⑤ 此据《金史》卷四《熙宗本纪》、卷一五《宗弼传》。

高宗绍兴八年主张和议与绍兴十一年主张和议的大致状况进行比较，由此找出两者之间的内在联系。绍兴八年和议的反对者之中到底都有哪些人，根据前面章节笔者对和议论焦点的检讨，士大夫群体似乎并没有太多坚执论战的，大多认为和议不可行的士大夫只是反对和议的礼节及金人的态度。郑刚中曾在绍兴八年上奏言："臣窃见讲和之事，初则士大夫以为忧，中则民庶以为忧，今则将帅以为忧。"① 再结合前文提到"择偏裨以分其势"言论影响，不难理解，宋金和议的反对者莫过于武将群体。不过，对宋高宗而言，武将群体的作用更多地体现在防御上②，从而保障东南根本的稳定。绍兴八年虽然提及和议与收兵权的初步构想，但并没有实际收兵权的举措，也许以期和议成功之后再做打算吧。但绍兴十一年宋金和议最终缔结之前，金人册书刚到，宋高宗、秦桧便急于收兵权，并不是因为和议签订已成掌中物，可能由于柘皋大捷中，宋高宗集团战略构想得以实现，这让宋高宗政权看到了合兵的优势之处。当然，这只能是笔者的猜测。然而，宋高宗在同年十月曾说："艰难以来，将士分隶主帅，岁久未尝迁动，使植根深固，岂是长策？尝令互易，如臂指可以运掉。才过防秋，便当为此，则人人可以指踪号令矣。"③ 不难看出宋高宗的视角所在，宋高宗认为"将士分隶主帅"的弊端实在影响到政权的稳固，所谓"植根深固"，也一如赵鼎、李光等士大夫强大的政治地位一样，对宋高宗政权构成巨大威胁。虽然三宣抚司已罢，但兵权并未全收，宋高宗所言也是针对川陕而已。显然，从此论中我们可以明晰，宋高宗政权收兵权完全是从执政根基着眼，而宋金和议又给予了相对稳定的政治环境，两者并没有必然的因果关系，但两者最终归宿一样，都是为了实现宋高宗政权的最大政治利益。

二　绍兴诏狱的非对等政治补偿

绍兴群体诏狱事件的发生，虽然以反对绍兴和议为惩戒标准，但这

---

① 郑刚中：《北山文集》卷一《谏议和疏》，文渊阁四库全书本。
② 史载："岳飞谓豫不足平，要以十万兵横截金境，使敌不能援刘豫，则中原可收复，遂请由商虢取关陕，欲并统淮右之兵而行。高宗云：'朕驻跸于此，以淮甸为屏蔽。若辍淮甸之兵，便能平定中原，朕亦何惜？第恐中原未复，而淮甸失守，则行朝未得奠枕而卧也。'"见《要录》卷一○九，绍兴七年三月乙亥，第2051页。
③ 《要录》卷一四二，绍兴十一年十月庚午，第2672页。

些诏狱事件牵涉众多官僚士大夫，在南宋政权初创的道德语境里产生了重大影响，对稳定宋高宗政权的政治基础必然不利。究竟该如何稳定诏狱触动的社会道德秩序，成了宋高宗政权必须面对的又一政治课题。绍兴诏狱发生过程中及其发生后，宋高宗政权即将重建道德秩序及实施惠民政策纳入政治日程。虽然这些政治举措实施上可能流于形式，但从诏狱事件本身来说是一种非对等的政治补偿。

1. 不复更见兵革——道德话语秩序的转向

从和战成本考量来说，无论绍兴和议具有多么大的合理性，也无论绍兴和议作为一个国策具有多大的正当性，与和议相关的诏狱事件终究无法在道德天平上显出丝毫重量。对于宋高宗政权而言，南渡立国时百废待兴，拨乱反正即是通过道德评判来收天下之心的最佳途径。如果说建炎初年至绍兴初年，这一工作业已完成的话，宋金和议的签订同样触痛士大夫们的忧国之情，如何左右由和议乃至诏狱事件惊扰过的道德秩序，将是国家政治行为中重要的一环。王德毅先生曾指出，"道德深、风俗厚是国家长存之道，夫以秦朝之强，隋朝之富，也未能享国久长，而宋朝以积弱之势却得到了，证明得人心要广积德义，敦厚风俗，使社会协和，减少不必要的内伤，虽有外患，尚不至于立即造成致命伤，只要人心不死，是可以很快中兴的。南宋以半壁山河仍能偏安一百五十年，就是很好的例证"①。事实上，绍兴和议签订前后，宋高宗政权即是循着这一道德观大肆宣传施教的，只不过宋高宗、秦桧所谓的道德观仅是弥补即时的政治缺失，以获取最大的政治收益而已②。大致来说，自绍兴八年元月和议计划实施至绍兴三十一年夏天完颜亮南侵，高宗重建道德秩序主要体现在倡仁孝、敦风俗、止兵革几个方面，这几方面前后交错的道德说辞基本上成为他施政的道德基础。此前，我们一直以绍兴和议为耻辱、以绍兴诏狱事件为道德毒瘤，以至于总是受时代错位的影响，而很少注意到不同时代观念下道德评判的方向。道德是判断一个行为正

---

① 王德毅：《宋代士大夫的道德观》，《宋史研究集》第二十八辑，"国立"编译馆，1998，第 4 页。

② 斯宾诺莎曾提到，绝对遵循德性而行，在我们看来，不是别的，即是在寻求自己的利益的基础上，以理性为指导，而行动、生活、保持自我的存在。斯宾诺莎：《伦理学》，贺麟译，商务印书馆，1958，第 187 页。

当与否的观念标准，又是调节人们行为的一种社会规范。按照孔子的思想，治理国家，要"以德以法"，道德和法律互为补充。法律反映立法者的意志，顺应民意的立法者制定的法律条文，反映了社会道德观念在法律上的诉求。借此可见，如何解释即时的社会道德观念及执政者的道德取向，将是探究南宋初期和议事件及诏狱事件的又一思路。

　　建炎至绍兴初年，政治文化发生重大变迁，大致在绍兴八年前后，从最初拨乱反正的政治环境下元祐文化的勃兴转向了实用主义的新学。经过这一政治文化的转型或变迁，执政者道德秩序的方向也发生了转变，如何从道德语境里解释和议的合理性，成了宋高宗政权急需面对的重要问题。绍兴八年元月，宋高宗决议与金人讲和之初，便遭到一些士大夫及武将的反对。在宋高宗看来，和议是必然选择，关键是如何说服或抵制士大夫的反和议言论。当然，承祖宗遗志收天下兵权也不可直言不讳，武将跋扈、经济衰竭更不能作为议和的合理理由，只有将传统的仁孝观念提在嘴边，才是不错的选择，而事实也恰恰证明了宋高宗这一道德手段的效果。绍兴八年六月，宋高宗曾借助金帝遗言阿骨打恪守宋金协约之事，告诫大臣们金人议和的可信之处，而大臣们屡屡"以不可深信为言"。赵鼎曾建议宋高宗应告诉大臣们"讲和诚非美事，以梓宫及母兄之故，不得已而为之"①，以此孝诚之言堵士大夫之口。撇下赵鼎是否曾为宋高宗出此策略不说，仅从"群议遂息"的字眼便可看出，宋高宗仁孝托词应起到了一定效果。至少在宋高宗迎回梓宫及母后之前，宋高宗一直奉行不辍地大肆宣讲仁孝言论。用仁孝打底的和议国策，在德主法辅的传统社会里，自然也就有一定合法性。此外，我们从绍兴八年士大夫和议议论里，虽然屡见有关金人不可信或不可致屈的论点，但从来没有看到士大夫质疑宋高宗为仁孝而和议的观点。李弥逊曾以和议不可致屈上奏："臣愿陛下厚礼使人，馆之阙下，先遣报谢使，致所以谢之之礼。因令致书，道廷臣、国人，众情未孚，强以难从，虑或生衅，有害两国之欢。请致梓宫、母后、兄弟、宗族于近地，卜日可迎，然后议所以礼之，则不失敌人之情，而陛下之欲可得也。"② 李弥逊言辞之间，凸

---

① 《要录》卷一二〇，绍兴八年六月丙子，第2243页。
② 李弥逊：《筠溪集》卷二，文渊阁四库全书本。

显的并不是和议为非,更不曾对和议为仁孝持不同意见,而是给宋高宗建议如何处理国礼与仁孝之间的矛盾问题。事实上,宋高宗的这种仁孝论只是将先前作为对金强硬论的证据,经过和战成本的考量之后,转化成和议的证据。在这一证据转换使用的过程中,当然也会遇到前后抵触的时候。比如,绍兴八年六月,王庶曾提出和议为非,认为"銮舆顺动而大将星列,官军云屯,百度修举,较之前日所谓小康,何苦不念父母之仇,不思宗庙之耻,不痛宫眷之辱,不恤百姓之冤,逆天违人,以事夷狄乎!"① 尽管此后王庶的论点也迁移到了和议论的焦点上来,王庶似乎仅是不附和和议而已,但王庶的遭遇仍然透露出宋高宗处理两种仁孝冲突的方式。同年十一月,胡铨的狱案发生之时,宋高宗也似乎非常"委屈"地说:"朕本无黄屋心,今横议若此,据朕本心,惟应养母耳。"②

后来,宋高宗的仁孝论并没有持续多长时间,随着金人还回梓宫、母后,高宗关于和议及诏狱的道德说辞势必有所转变。早在绍兴二年,宋高宗、秦桧就曾提及休兵之议,只不过那时候地方势力诸如董先、翟兴、徐文等纷纷叛投刘豫,国势危机,襄、邓、随、郢州镇抚使桑仲请求朝廷举兵声援,吕颐浩主外都督江、淮、荆、浙诸军事,以至于宋高宗、秦桧的休兵之议,最后竟成为"不战何以休兵""自古中兴之主,何尝坐致成功"③ 的言辞。绍兴六年,宋高宗见赵鼎奏报民力累困,有自缢者,遂言:"他时事定,愿不复更见兵革。"④ 而绍兴十年,宋金交战之时,宋高宗又与宰执论战守之计曰:"战守本是一事,可进则战,可退则守。非谓战则为强,守则为弱,但当临机应变而已。"⑤ 绍兴十二年和议缔结之后,宋高宗又云:"朕兼爱南北之民,屈已讲和,非怯于用兵也。若敌国交恶,天下受弊,朕实念之,令通好休兵,其利溥矣。士大夫狃于偏见,以讲和为弱,以用兵为强,非通论也。"⑥ 从宋高宗几番休兵之论不难看出,止兵革并非始终的主张,止兵革只是适应即时需要的

---

① 《会编》卷一八三,绍兴八年六月王庶还朝条,第1328页。
② 《要录》卷一二三,绍兴八年十一月辛亥,第2313页。
③ 《要录》卷五七,绍兴二年八月己亥,第1154页。
④ 《要录》卷一〇六,绍兴六年冬十月己未,第1726页。
⑤ 《要录》卷一三七,绍兴十年秋八月癸未,第2583页。
⑥ 《要录》卷一四四,绍兴十二年三月辛亥,第2720页。

选择罢了，但是止兵革关系到国家利弊、民事安危。很显然，休兵为民当是和战选择中道德的制高点。从宋高宗休兵言论的前后差异中，我们还可看到宋高宗的这一道德话语基本应付了不同时期的反和言论，并且恰到好处地占据了话语的优势地位。寺地遵先生曾指出，南宋政权诞生以来，所有的政权主持人都迫于其眼前的课题，从无余暇检讨基本的国家政策，更不可能有机会去决定政策的优先顺序。并且指出，绍兴初年吕颐浩镇压及收拾叛乱与建立国家财政，成为即时的优先国策①。诚如先生所言，绍兴二年，吕颐浩主外之时，恰是伪齐势力强盛之时，外加东南游寇、土贼的变乱，对于宋高宗政权来说无疑是雪上加霜，"不战何以休兵"之语便适时提及，但这并不能说宋高宗国策里一直主战。

绍兴六年十二月，赵鼎并不同意张浚北进伐刘豫的积极路线，上奏说："豫，几上肉耳。然豫倚金人为重，不知擒灭刘豫，得河南地，可遂使金不内侵乎？……鼎复言，强弱不敌，宜且自守，未可以进。"② 从赵鼎的奏议中不难看出，放弃灭掉刘豫而选择自守，仅是为了防止金人内侵。而绍兴四年赵鼎曾为宋高宗草诏亲征刘豫，至少在绍兴四年到绍兴六年间赵鼎的政治地位达到了前所未有的高峰。在这段时间里，宋高宗与赵鼎谈到的休兵之事，显然也是国策迁移中的举措。至于绍兴十年，宋高宗的战守之论，亦可影射到社会道德观的即时阐释。但这一兵革之论并没有维持多久，当绍兴和议真正缔结之后，宋高宗仍将止兵革视为道德至上的高度，和此前兵革论不同的是，他将止兵革分为两个维度来阐释：其一，休兵为民。无论从传统道德观基础来看，还是从即时的民事诉求来说，这一说辞都找到了最佳的道德支撑。如果这一说辞能够落实到实践之中的话，势必激起社会群体的道德认同感，而宋高宗也着实在政治运作中颇为得意地谈到了这一点。绍兴十七年，宋高宗曾告诉秦桧说："（赵）不弃必深知四川财赋。计今调度给足，则军兴以来，凡所科敷，并可蠲罢。朕所以休兵讲好，盖为苏民力耳。如其不然，殊失本意。"③ 其二，不忘武备。这一点虽然并非直接的道德视角，但给予屈己签约、厌兵渎武而招致道德失衡以抚慰。绍兴十一年十二月，宋高宗曾

---

① 寺地遵：《南宋政治史研究》，第 95 ~ 96 页。
② 《要录》卷一〇七，绍兴六年十二月戊戌，第 2009 页。
③ 《要录》卷一五六，绍兴十七年七月己巳，第 2963 页。

对秦桧说："和议已成，军备尤不可弛。宜于沿江筑堡驻兵，令军中自为营田，则敛不及民，而军食常足，可以久也。"① 绍兴十三年元月，宋高宗又对大臣们说："古人琴制不同，各有所属。朕近出意作盾样，以示不忘武备之意。"② 也许宋高宗的言说更多是后人附会，但据史载，我们仍然可以看到宋高宗不忘武备的一些信息。绍兴十四年四月，右护军都统制吴璘说陕西、四川可募到卫兵，宋高宗却明谕辅臣说："诸军招填阙额，类是南人，恐西北寖损，数年之后，始见其弊。兼诸路军器物料，近多不到，方闲暇时，尤宜整治。"秦桧据此说："外议妄谓朝廷讲好休兵，不以武备为急，不知除戎器、戒不虞，圣虑未尝忘也。"③ 当然，西边武备无论是和议之前还是之后，都不可偏废，宋高宗深知其中利害，所以对于军费开支，宋高宗政权从未斤斤计较。吕大中《大事记》尤言："（秦）桧虽偃兵以苟安，而上御殿阅焉；又每岁阅殿前、马、步、军，赏将士艺精者，增置殿前司军；又分军于州郡，以控制盗贼，其立武不忘也。"④

　　综合宋高宗的道德秩序之意图，可以清晰地看到，"不复更见兵革"在绍兴和议以后之所以能够占据社会道德制高点，重要的是宋高宗将即时的道德话语导向了传统道德评判的基点，同时又说休兵之后武备不可偏废，从而赢得了非议和议者的相对支持。然而，单一的止兵革之说，并不能平定征战动荡带来的社会躁动，而社会情绪的稳定又需要政治上温柔敦厚的品格，这也是历来王朝初立之时与民休息的目的所在。绍兴和议签订前后，社会动荡的同时，政治环境也并不安定，摆在宋高宗政权面前的不仅是国策如何制定，政治品格的塑造也同样是急需面对的问题，宋高宗曾适时地提出所谓的"政治清净说"。赵鼎可谓宋高宗"政治清净说"的发端者，绍兴七年闰十月，在臣僚们质疑赵鼎再相的政治魄力时，他曾说："今日事，如久病虚弱之人，再有所伤，元气必耗，惟当静以镇之。"⑤ 我们权且不去关心如何解释虚弱境况，"惟当静以镇

---

① 《要录》卷一四三，绍兴十一年十二月乙丑，第 2691 页。
② 《要录》卷一四八，绍兴十三年二月乙巳，第 2796 页。
③ 《要录》卷一五一，绍兴十四年四月丙辰，第 2857 页。
④ 《要录》卷一五四，绍兴十五年十二月戊申，第 2922 页。
⑤ 《要录》卷一一六，绍兴七年十月癸亥，第 2159 页。

之"，直接透露给我们的是一种无为而治的政治策略，但从本质上来说，这种清静也是一种社会道德关怀。

事实上，宋高宗、秦桧更将这种清静提升为社会道德范畴的风俗。绍兴八年十一月，宋高宗因王庶上疏论不可与金和于道而云："近日士大夫好作不靖，胥动浮言，以无为有，风俗如此，罪在朕躬。卿等大臣，亦与有罪，盖在上者，未有以表率之故也。"孙近曰："陛下圣德躬行，多士狃于习俗，未能乡化。他时疆事稍定，当须明政刑以示劝惩，庶几丕变。"① 在宋高宗眼里"士大夫好作不靖"即是风俗败坏的表现，换言之，"好作不靖"又何尝不与清静背离。看来要取得政治上的清静还是有必要动政刑，只有这样风俗才能变敦厚，而风俗敦厚又是社会道德关怀所在。南宋名臣留正曾为宋高宗辩解说："自是士大夫曾驳和议、不合风旨者，皆以怨讦抵刑谴。其丕变之言，将为必酬平日之言以示威也，岂不深负太上皇帝责望之意哉！大臣误国甚矣！"② 而宋高宗的"清净"观念里却并不为自己掩饰，绍兴十二年，宋高宗曾告诫大臣说："天下幸已无事，惟虑士大夫妄作议论，扰朝廷耳。治天下当以清净为本，若各安分不扰，朕之志也。"③ 所谓"妄作议论"，本来就是绍兴诏狱事件中颇多的罪责之一，宋高宗实在难脱其咎。不过，就宋高宗言辞表面来看，清净之说仍是一种道德关怀之词，是否抚慰诏狱事件带来的道德创伤，也未可知。绍兴十五年，秦桧进言放免四川转运司因赡军借用常平钱十三万缗，秦桧说："近来户部岁计稍足，盖缘休兵，朝廷又无妄用故也。"宋高宗说："休兵以来，上下渐觉富贵。大抵治道贵清净，人君不生事，则天下自然受福。"④ 宋高宗显然将这种清净之说提升到治道层次，不仅在道德语境里占据了话语权，并且和议国策也找到了传统政治观念的理论支撑。绍兴二十六年，宰执进呈大理寺主簿郭淑论差役事，宋高宗又说："自有成法，不须更改。今祖宗法令，无不具备，但当遵守。比来轮对及之官得替上殿官，多是无可奏陈，致有率意欲轻变成法，有司看详，尤宜详审。朕观汉史，曹参遵萧何画一之法，而汉大治，盖何所定律令既

---

① 《要录》卷一二三，绍兴八年十一月甲辰，第 2304 页。
② 《要录》卷一二三，绍兴八年十一月甲辰，第 2304 页。
③ 《要录》卷一四七，绍兴十二年冬十月乙丑，第 2773 页。
④ 《要录》卷一五四，绍兴十五年秋七月己巳，第 2906 页。

已大备，若徒为纷更，岂所谓治道贵清净耶？"① 从这条材料里我们看到的已不仅仅是治道问题，而是宋高宗将遵守祖宗之法这一特定的政治文化纳入到传统的政治范式里来，以期在士大夫之间取得时代的认同。

2. 和议为民——宋高宗的民事思想

如果说道德秩序转向关乎着社会意义上舆论平衡的话，民本思想的即时阐释及其相关举措的出台，则更多彰显执政者对于非逻辑性政治事件中利益缺失的补偿。从绍兴十二年之后的诸多史料记载中，笔者常常看宋高宗休兵为民的言论，事实证明，宋高宗政权正是选择了这一政治交换的路径，从而重建其民众认同的政治权威。关于南宋初期的重民举措，并非绍兴和议之后才显见于史籍。宋高宗自南渡立国，便借东南财赋为根本，如何筹备日常所需及高额军费开支，当离不开对江南士大夫之依托及对东南民众之安抚。诸如，吕颐浩执政时对东南财政国家化的构想，以及李光被重用时所提及的"江南民力涵养论"，都是宋高宗政权重民政策的实践案例，此前已多被学者们关注②。不过，宋高宗政权倡导下的重民举措，多是缘于宋高宗本人的民事思想理念。尤其在绍兴和议缔结之后，宋高宗在谈及民事问题时，多将话锋转向自我的政治解读里，从而体现个人在民事政策中的地位及影响力。本节笔者将对宋高宗民事思想的理论取向及实践情况进行全面探讨，以期揭示宋高宗政权在非逻辑性政治事件之后实施利益补偿的政治方案。

（1）效法汉文帝——民事思想的理论维度

史载，绍兴十五年七月，两浙转运判官吴珹"条具便民事"③；同年八月，左朝议大夫知池州魏良臣"条上便民事"④；绍兴十六年十月，宋

---

① 《要录》卷一七四，绍兴二十六年八月壬申，第3325页。
② 寺地遵先生曾对吕颐浩巩固南宋政权的过程中如何征敛江南以承担国家财政及镇压内乱等问题做了深入细致的研究，指出吕颐浩的这些政治举措实关系到以江南为根本的基础。他还提到，绍兴七年至八年，高宗为了自身权威的正当化主张休兵和议政策，至于由此而生的政权不安，再利用所谓的"江南民力涵养论"来调整，从而取得要求减轻财政负担的江南士人的支持。参见寺地遵《南宋初期政治史研究》，第94~97、188~193页。吴业国、张其凡先生则对"江南民力涵养论"产生的过程、影响及其废弃原因做了粗略探讨。参见吴业国、张其凡《南宋"江南民力涵养论"始末》，《中州学刊》2010年第1期。
③ 《要录》卷一五四，绍兴十五年秋七月戊辰，第2906页。
④ 《要录》卷一五四，绍兴十五年八月甲戌，第2906页。

高宗言："今天下无事，民事最急。"① 简言之，绍兴十二年之后，诸如此类的"便民事""裕民事"字眼不绝史册。究竟何谓民事？宋人的笔端并没有给出一个合理的解释。但是，古人文论里早有过关于民事的记载。滕文公问为国之道，孟子曰："民事不可缓也。"② 此为"安民为王"的尊民理念，"民事"实指农事。汉人荀悦《申鉴·政体》云："国无游民，野无荒业，财不虚用，力不妄加，以周民事，是为养生。"③ "民事"是为裕民政策，是为国政。晋干宝《晋纪·总论》："节理人情，恤隐民事。"④ 此中"民事"，指的是民心、民情的意思。总之，宋代之前的"民事"一词并没有一个具体的指向意思，只是宽泛地表示与民相关的某种概念。从绍兴时期文献记载来看，宋高宗所谓的"民事"，并没有一个清晰的概念。值得我们关注的是，宋高宗有关民事的说辞中常常提到汉文帝。比如，绍兴十六年四月，宋高宗准备亲耕籍田之前曾下诏说："内降诏曰：朕惟兵兴以来，田亩多荒，不惮卑躬，与民休息。今疆场罢警，流徙复业，朕亲耕藉田，以先黎庶。三推复进，劳赐耆老，嘉与世俗，跻于富厚。昔汉文帝频年下诏，首推农事之本，至于上下给足，减免田租，光于史册，朕心庶几焉。咨尔中外，当体至怀。"⑤ 很显然，宋高宗的民事思想理论与汉文帝相关，但具体有哪些渊源，这不仅关系到我们对宋高宗民事理论的进一步认识，更可为我们对宋高宗政权政治意图的认识打开一个视角。

谈及汉文帝为后世模范者，不外乎对内实行"安民为本"，减轻租赋、徭役、躬修节俭；对外以礼相待，克制忍让，执行和亲政策；法制上受黄老思想"赏罚信"的影响，主张严格执法。宋高宗和此前的皇帝们一样，对汉文帝之所以情有独钟，也是这些方面，只不过宋高宗将汉文帝这些举措身体力行地实践罢了。从宋高宗一直引以为荣的节俭风尚到宋金和议的签订，不管屈辱还是荣耀，汉文帝的政治事迹似乎都呈现在了宋高宗的身上。所以说，要厘清宋高宗民事思想的思路，有必要对

---

① 《要录》卷一五五，绍兴十六年十月己酉，第 2945 页。
② 《孟子·滕文公上》，阮元校刻《十三经注疏》，中华书局，1980，第 2702 页。
③ 荀悦：《申鉴》卷第一《政体第一》，商务印书馆，1929，第 2 页。
④ 房玄龄等：《晋书》卷五《帝纪第五》，中华书局，1974，第 135 页。
⑤ 《要录》卷一五五，绍兴十六年二月癸卯，第 2929 页。

宋高宗诸多关于汉文帝的言论做全面检讨。

　　节俭不仅是宋高宗最为自豪的事情，更是南宋初期面临的最为紧迫的现实问题。如何解决军费及宫廷营造带来的财政压力，关系到南渡立国的基础。建炎三年，宋高宗曾和大臣谈及国用匮乏，财政支出的地方太多，吕颐浩说："用兵费财，最号不赀，故汉文帝不言兵而天下富。"①宋高宗则认为，"用兵与营造最费国用"。营造及其他支出方面，宋高宗确实表现出节俭省财的一面，以至于大臣们常常提及宋高宗节俭美德可比汉文帝。比如，绍兴二十六年，魏良臣言及绍兴初宋高宗曾焚浙漕徐康国所进台州螺钿椅桌一事，宋高宗更自诩"土木被文绣非帝王美事"，魏良臣则恭维说："汉文帝所以称贤君，正由节俭也。"② 可以看出，臣下将宋高宗节俭风尚与汉文帝联系起来，颂扬的是宋高宗的圣德，这种圣德如果体现在汉文帝对外以礼相待、克制忍让等方面的话，更多是寻求一种即时的道德支撑。绍兴十一年六月，宋高宗曾对大臣们说："夷狄不可责以中国之礼。朕观三代以后，惟汉文帝待匈奴最为得体。彼书辞倨傲，则受而弗较；彼军旅侵犯，则御而弗逐。谨守吾中国之礼，而不以责夷狄，此最为得体也。"③ 很显然，宋高宗将汉文帝推出来，是预防再次与金和议时大臣们提出屈节之事。不过，绍兴和议缔结之后，宋高宗与臣僚谈及汉文帝则主要集中在至诚与民本两个方面。

　　如何理解至诚与学问、矫伪、浮华等关系，成了绍兴和议之后宋高宗谈汉文帝较多的话题。绍兴十一年，宋高宗云："唐太宗除乱比汤、武，致治几成、康，可谓贤君矣！然夸大而好名，虽听言纳谏，然不若汉文帝之至诚也。人君惟至诚临下，何患治道之不成哉！"秦桧则附会拍马说："文帝虽至诚而少学，太宗虽问学而未诚，犹可以扬名于后。今陛下至诚问学，度越二君，则尧、舜、三代，何远之有！"④ 显见，秦桧并没有完全理解宋高宗的意思。宋高宗之所以将唐太宗和汉文帝比较，就是为了突出汉文帝至诚的珍贵之处。绍兴十二年七月，宋高宗又与臣僚谈到汉文帝至诚，宋高宗对大臣们说："和议既定，内治可兴。"秦桧又

---

① 《要录》卷二六，建炎三年八月丙寅，第607页。
② 《要录》卷一七一，绍兴二十六年元月丁未，第3253页。
③ 《要录》卷一四〇，绍兴十一年六月辛未，第2642页。
④ 《要录》卷一四二，绍兴十一年冬十一月丁酉，第2679页。

恭维说："以陛下圣德，汉文帝之治不难致。"秦桧亦恭维说："汉文帝文不胜质，唐太宗质不胜文，陛下兼有之。"宋高宗再次表态说："唐太宗不敢望汉文帝，其从谏多出矫伪""朕谓专以至诚为上。太宗英明有余，诚有未至也。"① 同年十二月，宋高宗再次和秦桧说："秦熺论唐文皇之文华，汉文帝之文实。"② 文华与文实，也就是浮华与实在的意思，换言之，也就是虚妄与至诚的意思。宋高宗为何屡屡谈及汉文帝的至诚，或许正是为了平息绍兴和议之后的非议，进而奠定更稳固的政治基础。绍兴二十六年九月，御笔蠲放民间拖欠的丁绢，以惠民众。沈该等言："昨降指挥，止为免丁钱，今陛下欲并与丁绢及绵全行蠲放，圣恩宽大，百姓被蒙实德。今岁丝蚕登熟，置场收买，便可足数。"宋高宗则说："不唯宽民力，且不失信于民。"③ 可见，宋高宗有意树立皇权诚信意识。如果说宋高宗节俭风尚，在南渡之后适时维护了圣德的话，他援引汉文帝至诚的观点，则是为了绍兴和议之后重塑皇权的诚信形象。在相对和平无事的政治环境里，何以体现皇权诚信，不外乎兑现和议前与民休息的诺言，以及和议后实施诸多民事举措。事实上，对于后者而言，民事理论的架构仍是急需解决的问题。

绍兴十二年二月，宋高宗曾言："福建所买牛，第二纲可发来临安，借与人户。朕闻民间乏牛，皆以人耕田，其劳可悯。朕令画以人耕田之象，置于左右，庶不忘耕稼之艰难。汉文帝每下诏，必曰'农者，天下之本'，若文帝，可谓知民事之本矣。"④ 绍兴十三年四月，两浙转运副使张叔献等乞请宋高宗，要依照元祐故事，在华亭置闸以捍咸潮。宋高宗又说："今边事初息，当以民事为急，民事当以农为先。朕观汉文帝诏书，多为农而下，以农者天下之本。置闸，其利久远，不可惮一时之劳也。"⑤ 可见，宋高宗援引汉文帝的观点，将农作之事理解成民事的核心任务，这也是基于绍兴和议之后经济衰竭状况而做出的政治选择。为了体现农事的重要性，宋高宗举行盛大的籍田仪式，并躬身亲耕，秦桧出

---

① 《要录》卷一四六，绍兴十二年八月甲戌，第2754页。
② 《要录》卷一四七，绍兴十二年十二月己未朔，第2785页。
③ 《要录》卷一七三，绍兴二十六年七月壬寅，第3311页。
④ 《要录》卷一四四，绍兴十二年二月丙戌，第2715页。
⑤ 《要录》卷一四八，绍兴十三年四月庚辰，第2804页。

任耕籍使①。当宋敦朴乞请每年春天天子出郊亲耕传达皇帝圣德时，宋高宗十分坦诚地说："农者，天下之本。守令有劝农之名，无劝农之实，徒为文具，何益于事？"② 不仅是此前籍田形式的复杂，籍田诏书也文句烦琐。宋高宗告诫大臣们说："将来籍田降诏，须语简意足，使人晓然知敦本之意。汉文帝劝农之诏，频年有之，不过数十语，当时民知务农，遂至富庶。"③ 无论是籍田也好，还是导民务农也罢，宋高宗似乎都以汉文帝为楷模来刻画自己的重民形象。先是话语倡导以农为本，继而亲耕为模范，最后对劝农诏书的简意，又是劝农实效性的诉求。不过，汉文帝的民本思想并非简单重农政策的实施，与之相关的严格执法思想也不容忽视。宋高宗也曾谈道："凡治天下，惟赏与罚。有赏而无罚，虽尧、舜不能治天下。守令有劝农之实，若不能奉行朝廷德意，当痛黜之。"④ 整体上来看，宋高宗效法汉文帝的民本思想，似乎仅局限于农事范畴，与民相关的民事狱讼、租赋税收等都未曾提及。实则不然，从宋高宗援引汉文帝休兵为民促和议开始，民事问题已不仅仅只是民本层面。宋高宗曾言："朕今日所以休兵讲好者，正以为民耳，若州县不知恤民，殊失朕本意。"⑤ 讲的即是恤民，并不单单指农事生产，恤民者更多指关顾民生，只不过诸多民事举措，在实施过程中展现内向与外延等特征。

（2）内向与外延——民事举措的时代特征

从上文对民事思想理论渊源的探讨足以看出，农事作为民事之本主要沿袭自汉文帝。宋高宗对汉文帝至诚的认知，当是民事理论架构的基点。宋高宗为了重塑皇权的圣德形象，实现政局的稳固，不仅在理论上刻意从汉文帝那里寻求支撑，诸多民事举措的实施，更是适时实行。绍兴和议之后，财政负担依然沉重，给金国的巨额岁币、边防军旅的开支、冗官的官俸官禄等，都成为民众的负担。有学者即指出，秦桧掌权以后，一方面把战争时期临时实行的各种苛捐杂税固定下来，另一方面，秘密命令江浙各地的监司，增加赋税七八成⑥。据现有的零散史料，我们已

---

① 《要录》卷一五四，绍兴十五年闰十一月庚辰，第 2921 页。

② 《要录》卷一五四，绍兴十五年闰十一月甲申，第 2921 页。

③ 《要录》卷一五五，绍兴十六年元月丙寅，第 2927 页。

④ 《要录》卷一五五，绍兴十六年四月乙巳，第 2932 页。

⑤ 《要录》卷一六一，绍兴二十年九月甲戌朔，第 3057 页。

⑥ 何忠礼：《宋代政治史》，第 389 页。

很难判断当时的经济恶化状况。即使如此，我们仍能从南宋相关史料里找到一些绍兴和议后民事政策改善的信息，是否说明宋高宗民事思想的实践效果，也未可知。李心传《两川畸零绢估钱》中曾记载："绍兴二十五年，钟世民奉诏裕民，每匹减一千。二十七年，萧德起为帅，又减一千。其后节次减免，今犹输七千或七千有半。"①《宋史·高宗本纪》载：绍兴二十六年元月，"蠲诸路积负及黄河竹索钱"②。根据以上两条史料，至少可以说明绍兴和议之后宋高宗惠民政策上曾颁布了相应的举措，至于这些举措是否带来了实际的社会效益，我们很难判断也无须判断，我们探讨的初衷是宋高宗民事思想的政治意义，或者说宋高宗政治行为的目的所在。宋高宗的惠民政策是否即是他民事思想的体现，抑或民事举措的范围、方向及策略有何特征，这将关系到我们研究的初衷。

从绍兴和议之后的史料中常常可以看到所谓的"条具便民事""条上便民事"等字句。一如前节我们的疑问，究竟何谓民事？我们断不能再从理论角度去阐释，因为宋高宗所援引汉文帝的观点里仅是农事。不过，我们从这些字句之后的内容看到，便民事者不仅指水渠修补③，还包括折帛钱法④，便民事的范围异常宽泛。之所以这些便民事件屡屡被写入史籍，可能与宋高宗对任官选官政策的建设有关。绍兴十一年，宋高宗曾言："朝廷用人，初无内外之异，士大夫唯以仕进为心，奔竞苟得居内则为迁，在外则为黜，夫外任责以民事。自朕观之，其势实重于内，而数十年间风俗隳坏，趋向倒置，要思所以革其弊也。"⑤绍兴十六年，宋高宗又说："今天下无事，民事最急。监司郡守须是择人，监司得人，为县者自不作过。盖县官皆铨注，难别贤否，全在考察。昏缪不任者，别与差遣；清强有才，则宜擢用之。"⑥以民事业绩为官员升迁的依据，自然包括了官员施政中与民生相关的方方面面，民事概念可谓宽泛至极。民事的宽泛概念投影到民事举措上，直接呈现给我们的是民事概念的外延，这种概念的外延当关系到宋高宗政权的施政路径。实际上，通过民

① 李心传：《建炎以来系年杂记》甲集卷十四《两川畸零绢估钱》，第292页。
② 《宋史》卷三一《高宗本纪八》，第584页。
③ 《要录》卷一五四，绍兴十五年秋七月戊辰，第2906页。
④ 《要录》卷一五四，绍兴十五年八月甲戌，第2906页。
⑤ 《中兴小纪》卷二九，绍兴十一年九月丁未，第750页。
⑥ 《要录》卷一五五，绍兴十六年十月己酉，第2945页。

事业绩考察地方官员工作情况，历来都是执政者通用策略，只不过南宋初期宋高宗政权将亲民资序作为考评官员的唯一标准，并用刑罚来鞭策官员恤民亲民。考其源头，大致在绍兴六年，时张浚任宰相，"首言亲民之官，治道所急，比年内重外轻，流落于外者，终身不用，经营于内者，积岁得美官，又官于朝者多，不历民事，请以郡守监司有治状者除郎官，郎曹浅者除监司郡守，馆职未历民事者除通判"①。宋高宗遂下诏："朝廷设官，本以为民，比年重内轻外，殊失治道之本，自今监司郡守秩满，考其治效，内除郎官，而未历民事者，使复承流于外，庶几民被实惠，以称朕意。"然而，这种以民事为首要条件来考评官员的方法，屡屡遭到反对。绍兴十七年，秘书省校书郎沈介面对时言："臣愚窃谓郡邑之吏，朝夕奉行，莫匪民事，一有诖误，无复自新。而又元降指挥，罪无定名，有司承用者，不为之区别，凡涉民讼，一切坐之。其于轻重之差，公私之辨，类或未尽。欲望诏加刊定，凡侵渔百姓，以抵赃私者，蔽以前令；其或虽缘民事，罪止公坐，则自如常律。庶几仰称陛下爱民慎罚之意。"②但此事下刑部看详后，并没有施行。绍兴十九年，敕令所又言："臣僚札子，乞详议民事一罪，庶协于中。看详民事被罪条法，谓擅行科率，及应因害民之事以被罪者，作自犯民事，不注知州、军、通判、知县、县令差遣。缘民事被罪，情实为重，难以与其他公罪事体一同。欲乞并依见行条法施行。"③这次敕令所奏议虽然得到了宋高宗认可，但民事致罪者仍终身不许治民。

直到绍兴二十六年，枢密院编修官吴棣言："顷因臣僚建议，增置民事之科。应缘民事被罪者，并不得注知州军、通判、知县差遣。夫守令、通判，亲民之官，苟有所犯，未有不干涉于民者。使其人实由奸贪，而犯赃私之罪，则坐以重法，固不足恤。万一素行廉勤，偶陷公过，而或傅致于民事，遂令终身不入亲民之选，则人才必有废弃者，岂不重可惜哉？又况刀笔之吏，因此执疑似之迹，故生沮难，或致交通贿赂，为害不细。一时权臣欲专予夺之柄，故不肯遽罢，但令申取朝廷指挥，殊不以紊乱祖宗法度为意。欲望睿旨，将吏部民事一条，早赐蠲除。所有百

---

① 《中兴小纪》卷二〇，绍兴六年十二月乙巳，第544页。
② 《要录》卷一五六，绍兴十七年三月甲申，第2955页。
③ 《要录》卷一六〇，绍兴十九年秋八月辛亥，第3027页。

官注拟，及公、私、赃罪格法，并依旧制施行。庶几法令简明，易于遵守。"① 此奏最终取得了宋高宗的认可，废除了民事律。从民事罪或民事律的迁延发展来看，宋高宗政权十分重视民事，甚至通过严格刑罚官员来实现民事政策的有效推行。显然，这种宽泛的民事举措透视出来的是宋高宗政权面对的即时政治问题，体现的是国家大政方针由对外和议政策转向了对内的社会发展之上。不过，宽泛的民事举措更多地彰显出即时国策的特征，具体措施的实施则透露出民事概念狭隘的一面及国家即时利益的谋求方向。

绍兴和议之后，民事举措具体实施主要体现在土地政策的更革、赋税制度的改善、对官员具体施政的监督等方面。宋高宗南渡以来，土地方面一直存在着"有田者未必有税，有税者未必有田"② 的弊端。尤其在绍兴和议之后，中央政府为了建立稳固的经济基础，确立对下层地方的统治，曾推行经界法，这本身就是一种民事举措。自绍兴十一年十一月，李椿年列举了经界不正十害，上奏乞自平江府试行经界法，然后再推广到全国，此事得到宋高宗、秦桧的认可。绍兴十四年十二月，李椿年以丁母忧离职之后，秦桧起用王铁措置两浙经界。宋高宗曾言经界之法，民众多以为便，秦桧也说："不如此则差役不行，赋税不均，积弊之久，今已尽革。去年陛下放免积欠，天下便觉少苏。"③ 从秦桧的言辞可见，经界法的实行关系到国家财政出入问题，意义重大。不过，由于种种社会问题，李椿年的经界法并没有实行多久便告结束④。有学者曾指出，宋高宗、秦桧政权主导下的经界法，在完善地方统治秩序的同时，也一定程度上加速了州县基层政权非正式经费体系的形成，为南宋前期各项经济制度的发展确立了模式⑤。

除了土地政策方面的经界法之外，赋税制度的改善也是民事举措的

---

① 《要录》卷一七一，绍兴二十六年元月戊辰，第 3263 页。

② 《中兴小纪》卷三〇，绍兴十二年十一月庚寅，第 783 页。

③ 《要录》卷一五三，绍兴十五年元月戊辰，第 2888 页。

④ 王德毅先生曾指出，李椿年的经界法并不是及身而止的，绍兴十九年李椿年再次离职之后，经界法一直延续下来，至理宗之末，经界法若断若续地推行了几百余年，李椿年之后的经界法皆是其成规。参见王德毅《李椿年与南宋土地经界》，《宋史研究集》第七辑，"国立"编译馆，1974，第 472 页。

⑤ 吴业国：《经界法与南宋地方社会》，《求索》2009 年第 12 期。

重要反映。绍兴十五年，左朝议大夫、知池州魏良臣条上便民事言："今民间有合零就整钱，如绵一钱，令纳一两，绢一寸，令纳一尺之类，是正税一分，阴取其九也。乞折帛钱并输实数，更不合零。"① 此处所谓"合零就整"，主要指地方官僚通过差额补整的手法骗取民财，从而加重了民户赋税负担。时秦桧执政，阴取百姓钱税以敛财。直到绍兴二十五年十月，财计者令州县不得合零就整，兼权侍郎钟世明担心与秦桧主张抵牾，又怕扰民，遂奏："今年分民户畸零租税，欲令依见行条法折纳价钱，如愿与别户合钞纳本色者，听。"② 此奏直到次年元月秦桧死去之后才被批准通过。绍兴二十七年，户部侍郎林觉又言："民间纳税钱、丁盐绸绢，乞以第五等所输，自一文以上，令折见钱，仍共钞，庶以便民。"宋高宗说："朕尝思之，合零就整，此固甚善。十户共钞，官司先给由子与钞头，若即时钞入，则十户无扰。不然恐钞头收藏，由子不肯赍出，比至官催紧急，众户不免再纳，此贫民所以重困。卿等可措置，令经久便民，然后行之。"③ 至此，新"合零就整"的便民措施最终颁布。

相比较来说，对于地方官不虑民事的监督与奖罚，更具时效性。绍兴十四年春，宋高宗曾云："朕尝谓天下惟在赏罚，若赏当贤，罚当罪，则人知劝沮，天下无不治。朕每留意民事，如县令治状显著，不特再任，便当拔擢，方可激劝也。"④ 绍兴十九年，宋高宗又下诏："监司守臣奏对，非民事勿陈，尚虑至意不周，俾吾赤子不被其泽，是用咨尔在位，各扬乃职，使主德宣而民罔不获，则予汝嘉，其或诞谩不恭，亦不汝赦，赏信罚必钦哉。"⑤ 绍兴二十七年，宋高宗又提到："今四方无事，当以民事为意，监司郡守不可不得其人。"⑥ 民事举措推行如何，实关系到官吏是否得人，宋高宗以奖罚为手段，必然有一定的时效性。不过，对官员的赏罚仅是起到督促作用，如何起到具体的效果，还在于民户的监督。绍兴二十一年，敕令所删定官魏师逊面对，曾提到"比年远迩丰穰，而郡县因米直之贱，乃于输纳之时，令民以苗米折钱。舍其所有，取其所

---

① 《要录》卷一五四，绍兴十五年八月甲戌，第2906页。

② 《要录》卷一七一，绍兴二十六年元月戊辰，第3263页。

③ 《要录》卷一七七，绍兴二十七年六月丁酉，第3384页。

④ 《中兴小纪》卷三一，绍兴十四年春正月戊午，第805页。

⑤ 《中兴小纪》卷三四，绍兴十九年六月己未，第870页。

⑥ 《要录》卷一七七，绍兴二十七年五月戊辰，第3381页。

无，民必又下其直，以粜所费，何止一倍？是丰年适为之病也"①，希望宋高宗责令州县监司觉察，并许民户越诉。绍兴二十二年，大理评事莫蒙面对，又言"州县常赋秋苗，官耗义仓，各有定数，而别立名色于民户，至有纳一二倍才及正额者，止资官吏侵欺盗隐，无补用度，乞令有司检坐条法揭示，许民越诉"②。民户越诉，本来有违法制，但地方官员徇私舞弊，上下勾结，没有一个申诉途径的时候，对于执政者来说，民户越诉不失为对官员有效的监督方法。绍兴二十四年，大理寺主簿郭淑面对说："州县受纳物帛，吹毛求疵，稍不及格，即以柿油墨烟连用退印，望严戒饬。"宋高宗尤言："此重为民害，可令监司觉察按劾，如失觉察，令御史台弹奏，仍许民越诉。"③

无论宋高宗政权的民事举措是否出于宋高宗本人的意旨，也无论宋高宗的恤民宽厚之诏是否仅是虚伪的光环，至少在绍兴和议之后的史料中我们看到宋高宗民事思想实践过的痕迹。宋高宗曾告诉秦桧："近有监司、郡守上殿，所奏第应文书，自今并奏民事。"④ 还曾几近虚妄地说："'百姓足，君孰与不足？'百姓之财，乃国家之外府，安可尽取？但藏之于民，缓急亦可以资国用。"⑤

寺地遵先生在谈到南宋政权的基本性格时指出，绍兴十二年确立的南宋政权，乃是由北宋末权门势力掌握了主导权，得到金之支持与谅解，放弃了北宋的民族整体性，却继承其集权主义的政权，与北宋政权的固有性质相对照时，其反动性极强，而其政治权力体由特定政治势力组成的情况也更加严重⑥。从南宋初期宰执政见之争及秦桧专政来看，先生此论着实点中了这一时期政治构架的外在特征。不过，我们也不能忽视南宋初期宋高宗本人的政治构想及社会背景对政治权力体的影响。至少，在本章笔者对绍兴年间诏狱事件与政治状况的考察结论里，特定政治势力的作用若没有宋高宗本人的政治嘱托及政治环境变迁的推动，也不可能呈现出反动性。实际上，我们还应置身历史场景之中来审视宋高宗政

---

① 《要录》卷一六二，绍兴二十一年二月壬寅，第3064页。
② 《要录》卷一六三，绍兴二十二年元月丁巳，第3091页。
③ 《要录》卷一六六，绍兴二十四年四月庚子，第3156页。
④ 《中兴小纪》卷三四，绍兴十九年二月丁卯，第868页。
⑤ 《要录》卷一七一，绍兴二十六年二月甲申，第3270页。
⑥ 寺地遵：《南宋初期政治史研究》，第282~283页。

权的政治主张。我们之所以评判宋高宗政权反动性极强，多半是从道义语境得出的认识。反观绍兴年间发生的群体性诏狱冤案，尽管执政者的初衷可能为了重建新政治基础或重建舆论环境，但无一不与绍兴和议论题相关，而绍兴和议的缔结并不反映完全的屈辱，多半是适时的较为理性的政治选择。刘子健先生曾指出，南宋对金的屈辱应该是包容式的政治概念，在外交史政策上可以解释为绥靖外交或妥协外交，其原则是让步以免更不利，但并不肯全面屈服，而冀求以让步换取另外层次上的有利条件，或至少是有利的希望①。这样的认识或许有些过于偏激，但南宋人从财政角度看待绍兴和议乃至隆兴和议问题大多还是持认同态度。梁庚尧先生曾指出，绍兴末、隆兴间两度议和，南宋君臣并不计较向金输纳岁币，只不过争其多寡，甚至希望以岁币换取其他条件，一方面是由于南宋君臣认识到本身实力有限，不足以完全推翻绍兴和约；另一方面也由于这时国家的经济状况已非南宋初年之比，岁币支出占岁入比例颇低，即使是主张停罢岁币的辛弃疾，也不从财力的负担立论，反而认为区区之数不足顾惜②。纵观本节内容，笔者在对这种认识基本认同的基础上得出更为深刻的认识。

　　首先，从笔者对绍兴诏狱的法律解析来看，绍兴诏狱的审讯过程自始至终都灌输着有罪推定思想，无论是告讦的合法化，还是证据的实效性，都透露出诏狱的主观目的；一些严刑罪名的法理基础，亦表明诏狱事件与国是政策的背离。其次，赵鼎、张浚等宰执身陷诏狱，实质上是与权力主体政见冲突的结果，这不仅反映出宋高宗政权确立宋金和议政策的坚定信心，也透露出宋高宗、秦桧重建新政治基础的政治意向。最后，我们从对绍兴诏狱与绍兴和议关系的考察发现，由于反和议而导致诏狱事件发生，只是表面现象，诏狱萌发只是宋高宗政权为政局的稳定而对政治基础的统一或重建；宋高宗政权在绍兴和战中的政治选择，虽然理论上符合宋高宗政权对政治利益最大化的诉求，但触及社会道德的失衡，以至于宋高宗对道德话语秩序的导向，及通过一系列民事举措来

---

① 刘子健：《史学方法和社会科学——研究宋代的一些例证》，《食货月刊复刊》第 15 卷第 9～10 期，1986，第 2 页。
② 梁庚尧：《南宋时期关于岁币的讨论》，《"国立"台湾大学历史学系学报》1994 年第 18 期，第 155 页。

对社会道德失衡的利益补偿，则不失时机地被提上了日程。事实上，宋高宗对道德话语秩序的导向主要集中在绍兴和议前后，而所谓民事举措的利益补偿，则主要体现在"绍兴更化"之时对诏狱平反的运动之中。绍兴诏狱发生之后的民事呼声，只是这一举措的开始。当然，我们还需要指出的是，绍兴诏狱事件并非宋高宗政权政治运作之中唯一的非逻辑性政治行为，诸如总领所等制度性的建构同样扮演了重要政治角色①。但这样的制度性建置，从它的最终政治目的角度来看，制度规约的作用俨然只是一种政治行为，并非以制度为其本质特征。另外，我们应该弄清楚的是，所谓宋高宗政权意欲重建的政治基础多半指南渡后的政治文化重建，这种政治文化的重建势必需要一个稳定的政治环境，而秦桧执政时期对宋朝因革制度的草创②，也着实反映出这一政治方向。

---

① 雷家圣先生认为，南宋的总领虽为管理财赋之官，但在"绍兴十二年体制"下的秦桧当政时期，总领似乎是秦桧排除异己的重要执行者。虽然湖广总领林大声是否曾经指使王俊陷害岳飞，目前已无从查考；但淮东总领胡纺陷害耿著以牵连韩世忠，四川总领赵不弃搜求阴事以中伤郑刚中，其过程几乎如出一辙，可见总领在秦桧收兵权、排除异己、确立"绍兴十二年体制"的过程中，扮演了相当重要的政治角色。参见雷家圣《南宋高宗收兵权与总领所的设置》，《逢甲人文社会学报》2008 年第 16 期，第 151 页。

② 吕中《大事记》："国家靖康之祸，乃二晋之所未有。中国衣冠礼乐之地，宗庙、陵寝、郊社之所，尽弃之虏；礼器、乐器、牺尊、彝鼎、马辂、册冕、卤簿、仪仗之物，尽入于虏。渡江以来，庶事草创，皆至桧而后定。"见《要录》卷一四八，绍兴十三年二月乙酉引文，第 2800 页。

第四章 "绍兴更化"与孝宗初年的政治重建

一般而论，秦桧之死便意味着绍兴诏狱的结束，秦桧背负绍兴诏狱罪责应该到了终结，绍兴诏狱中受迫害的士大夫也应该被平反昭雪。事实并非如此，秦桧死后不久，尽管绍兴诏狱中受迫害的士大夫大多得到了平反，但岳飞诏狱一直还悬而未决。时人屡屡提及的"绍兴更化"，似乎只是体现在宋高宗对政治文化的重建。除了对现行中枢权力制度进行了局部调整外，宋高宗政权还在高呼重民口号声中继续推进吏治建设，"复亲庶政，躬揽权纲"之后任命沈该、汤思退两位宰相，以期建构南宋偏安江南稳定的政治格局。从绍兴群体性诏狱的发生，到"绍兴更化"政治活动的渐次开展，我们看到南宋初期的国是政策并没有彻底稳定，宋高宗政权意欲确立的宋金和议政策，直到宋孝宗乾道年间才真正成为长久国策。笔者在本章里，将对秦桧死之后宋高宗政权为稳定政治秩序而开展的"绍兴更化"政治活动进行深入解析，进而全新解释绍兴末年至乾道初年南宋政治的变迁。

第一节 "绍兴更化"：标签式的政治转向

谈及绍兴诏狱的平反，许多人可能会以为这是一个即时性的轰轰烈烈的政治大事件，因为大凡拨乱反正都是旧貌换新颜的大事情。实际并非如此，绍兴诏狱受迫害者主要是士大夫官僚群体，所谓平反也只是朝廷内部的事情。另外，绍兴诏狱平反主要是秦桧死后发生的，是一个不断变化发展中的事件，宋高宗本人对诏狱事件的认知似乎也在新的台谏群体的呼声中潜移默化着。与绍兴诏狱平反步伐一致的惩治秦党运动，在纵深推延的过程中，又似乎重走了绍兴诏狱的轨迹。所有这些现象，透露给我们的似乎并不是诏狱平反后的万象更新，代之而来的是宋高宗的治道谋术①。事实也并非完全如此，从传统史学观来看，秦桧之死标志着一个宰相专权时代的结束；从南宋初期的社会发展历程来看，这却昭示着南宋帝国步入了孝宗朝政局恒定的前夜。若按寺地遵先生将绍兴十二年宋金和议缔结视作绍兴十二年体制的开始，那么直到乾道、淳熙体制的形成，其间"绍兴更化"无疑是两者之间过渡的标志。如何客观认识"绍兴更化"，这是南宋政治史研究的重要课题，之所以史称宋高宗"亲政"即是"绍兴更化"，绝不仅仅是宋高宗为自己表功。虽然"绍兴更化"一如"元祐更化"一般拨乱反正地对此前的诏狱事件进行了平反，继而展开对专政势力的铲除运动，但是其真正的历史意义体现在对现有政治文化的重建及对制度的更革上。

一　何谓"绍兴更化"

关于"绍兴更化"，此前的学者已有论及。沈松勤先生曾提到，绍兴"更化"在靖康元年已露端倪，至绍兴五六年（1135～1136）间取得全面成功。更化的主要内容有二：一是为元祐党人平反，"甄叙元祐故家子孙"；一是废弃安石之学，"选从程氏学士大夫渐次登用"②。这里需要注意的是，沈先生所论的"绍兴更化"是指绍兴初年的"元祐之兴"。从现存史料文献来看，"绍兴更化"断不是绍兴年间的"更化"运动，而是特指绍兴末年宋高宗为整治秦桧专政而制造的一次大规模政治运动。南宋人楼钥曾在《跋胡澹菴和学官八诗》中提到，胡澹菴先生曾因一书触犯秦桧，遭到秦桧迫害，"绍兴更化始得北还"③。《故令人汤氏行状》亦载："金坛汤氏，世大家，令人曾祖讳鹏举。方秦氏当国，回翔远外，人以为清，及绍兴更化，扫除奸党，振起朝纲，人以为任。"④ 岳飞后代岳珂也在《吁天辩诬通序》中记载，"绍兴更化，逐谗党，复纯州，还诸孤之在岭峤者"⑤。

① 王曾瑜先生曾提到，宋高宗在秦桧死后，部分的平反诏狱，处分了原来文字狱的告讦者，与以往奖励告讦、历行文禁比较来说，宋高宗的帝王之术实在高妙，反复无常，令人觉得深不可测。见王曾瑜《绍兴文字狱》，《岳飞和南宋前期政治与军事研究》，第565页。
② 沈松勤：《南宋文人与党争》，第25页。
③ 楼钥：《楼钥集》卷七四，第1330页。
④ 刘宰：《漫塘文集》卷三五《故令人汤氏行状》，文物出版社，1982。
⑤ 岳珂：《鄂国金佗粹编续编校注》卷二〇，中华书局，1989，第1022页。

由此可见，"绍兴更化"和北宋的"元祐更化"大致相似，都是对一些政治行为过失的拨乱反正，对一些冤屈平反昭雪。从时间段上来看，"绍兴更化"发生在高宗朝末年，正值秦桧死后，绍兴和议已签订，诸将兵权已收，应该是政制发展的良好时态。表面来看，"绍兴更化"一如前面提到的拨乱反正，大体符合革新除弊的社会特征。事实上，"绍兴更化"在对绍兴诏狱平反昭雪方面所做的工作并不充分，至少对岳飞诏狱并未平反，这也透露出宋高宗真正的政治目的并不在此。朱瑞熙先生曾指出，及至秦桧一旦归天，宋廷立即采取措施，在官员人事上做出重大的调整，同时对各科、各级科举考试进行整顿，至宁宗、理宗时，人们对高宗这一阶段在内政方面的拨乱反正，加以肯定，称为"绍兴更化"①。先生所谓"绍兴更化"成名于高宗之后，或言差矣，所论其对政制更革之功用，却一语中的。

绍兴二十七年七月十三日，中书舍人周麟之曾言："……然自累朝以来，号东西二省为维持政本之地，尤重其选。……爰自近岁，事与旧违。当军兴时，则有事干机速，不可少缓，及休兵之后，因仍不改。用事者又私意自任，废弃成法，故有所谓报者，有所谓中人报者，有所谓尚先行者，有所谓入己者，往往皆成定例。自陛下更化，数者之弊固已稍革；沿袭之久，狃于故常，未暇一一釐正。若使诏旨一颁，敕札随降，所谓给舍者但书押已行之事而已。设或事当论奏，则成命已付于有司，除目已布于中外，使士大夫进退失据，在朝廷亦为难处，甚非祖宗所以分三省建官之意。欲望申明旧制，凡命令之出，并经两省。"②周麟之所谓的"更化"之义主要是针对秦桧专政而言的革新，显然这份奏议当在"绍兴更化"之后，也就是说"绍兴更化"虽然是表面的拨乱反正，实质却是借助"更化"来实现政制的更革。事实上，不惟周麟之建言三省规制的"复旧"，台谏制度也是这一更革的重心所在。

南宋人陈贾曾在《御史台厅壁记》中记载："绍兴更化，诏除公正之士，以革缔交合党之风，已而又降书札，刊元丰手诏于台院，盖欲遵

---

① 朱瑞熙：《宋高宗朝科举制度的重建和改革》，上海中国科举博物馆、上海嘉定博物馆编《科举学论丛》第 2 辑，线装书局，2007，第 10 页。

② 《宋会要》职官一之五一至五二，第 2966 页。

用忠纯体国之人以成笃厚之政。"① "革缔交合党之风",实为"绍兴更化"之际反秦桧运动的主旨所在,而"笃厚之政"又是高宗政权稳定即时政局的政治口号。由此可以推想,"绍兴更化"的重要目的是为了重建高宗名义上能够"驾驭"的政制体系,从而实现高宗朝后期政局的稳定。

二　秦桧之死与宋高宗政权重建

秦桧死后,宋高宗政权掀起了一定规模的更化活动,但这种更化并不真正反映在宋高宗政权对绍兴诏狱事件的检讨上,其拨乱反正的初步目的是重建政治文化,对秦桧专权时期的官僚群体进行重组,一来体现其革新除弊的政治风貌,二来为政策巩固打好政治基础。

1. 绍兴诏狱的平反

据史载,秦桧死于绍兴二十五年十月丙申。值得玩味的是,绍兴二十五年二月至十月之间,陆时雍、沉长卿、施钜、赵令衿、刘珙、郑时中、郑仲熊、王升、张宗元、陈祖安、张祁十几人皆曾犯政治罪,在秦桧的打压下皆罢官;秦桧死后的第二天,他的党人曹泳便遭台谏攻击而勒停,于新州安置②;第五天,便诏陈诚之、魏良臣、沈该、汤鹏举疾速赴行在③;第六天,便更易言事官④。秦桧死后,宋高宗变更旧人的急切心情可想而知。表面看来,宋高宗对秦桧专权的根基已了如指掌,为了阻止诏狱事件继续发展恶化,果断地更换掉秦桧的台谏伴食者,对曹泳的勒停也表现出对秦桧党人处置的迹象。然而,这并不能表示宋高宗已经决意平反绍兴诏狱中的士大夫。宋高宗对秦桧党人的急迫处置不假,但这和绍兴诏狱事件完全是两码事。同年十一月,赵鼎之子赵汾依旧陷入台狱,特降二官。宋高宗的制词曰:"汝大臣子,不自爱重,言者谓汝交通宗室,窥伺机事。朕议汝于法,究其始末,亦既有状,从有司议,姑削二官,尚体宽恩,毋重后戾。"⑤ "交通宗室,

---

① 潜说友:《咸淳临安志》卷五《行在所录》,浙江省地方志编纂委员会编《宋元浙江方志集成》第1册,杭州出版社,2009,第325页。
② 《要录》卷一六九,绍兴二十五年十月丁酉,第3219页。
③ 《要录》卷一六九,绍兴二十五年十月庚子,第3220页。
④ 《要录》卷一六九,绍兴二十五年十月辛丑,第3220页。
⑤ 《要录》卷一七〇,绍兴二十五年十一月戊申,第3223页。

窥伺机事",显然是绍兴诏狱中常见的罪证。可见,宋高宗并没有准备对绍兴诏狱平反的迹象。就在秦桧去世之后,宋高宗还哀伤地说:"秦桧力赞和议,天下安宁,自中兴以来,百度废而复备,皆其辅相之力,诚有功于国。"① 不管这种哀伤姿态是否虚伪,至少宋高宗对秦桧力主和议表示强烈赞许。国是既然是和议,维护和议果实及净化舆论环境便离不开非逻辑性政治行为。不过,宋高宗这种意向实在坚持不了多久,因为秦桧势力必须倒台,宋高宗才能重建新官僚队伍,而秦桧势力的倒台势必影射绍兴诏狱事件的非法性,宋高宗当然不会承担那些骂名,即时将诏狱之误推脱到秦桧党人身上,不仅有利于收买人心,也顺应了道德舆论的转向。于是乎,绍兴二十五年十一月,当魏良臣等奏报洪皓病重欲复旧职宫观居住时,宋高宗坦言:"皓顷在虏中,屡有文字到朝廷,甚忠于国。中间以语言得罪,事理暧昧,可依所奏。……大理寺官多是观望,廷尉天下之平,如此,朕何所赖?赵令衿、赵汾被罪事,起莫汲、汪召锡,如近日张祁坐狱,皆是曹泳以私憾诬致其罪,卿等可速治之。"② 这里提到的莫汲、汪召锡、曹泳,皆为秦桧党人。由此可见,宋高宗是在对秦桧势力清除的目的下,适时地将诏狱之过推卸给了他人。

绍兴诏狱事件平反运动真正拉开帷幕当始于宋高宗的两份诏书,就在宋高宗答应洪皓官复旧职宫观居住的第四天,宋高宗下诏说:"廷尉为天下平,而年来法寺,惟事旬白,探大臣旨意,轻重其罪,致民无所措手足。玩文弄法,莫此为甚!比恐尚尔任情,亟罢旧吏,所冀端方之士,详核审覆,一切以法而不以心,俾无冤滥,副朕丁宁之谕。"③ 次日,宋高宗又下诏说:"近岁以来,士风浇薄,持告讦为进取之计,致莫敢耳语族谈,深害风教,可戒饬在位及内外之臣,咸悉此意,有不悛者,令御史台弹奏,当重置于法。"④ 这两份诏书的用意,虽然仅是诫谕执法官员及内外大臣莫再制造诏狱,但相比绍兴和议刚缔结之时宋高宗对告讦的认同来说,已是很大的变化,至少宋高宗已承认诏狱事件的根本过失。

---

① 《要录》卷一六九,绍兴二十五年十月丁酉,第3219页。
② 《要录》卷一七〇,绍兴二十五年十一月乙丑,第3227页。
③ 《要录》卷一七〇,绍兴二十五年十一月丁卯,第3228页。
④ 《要录》卷一七〇,绍兴二十五年十一月庚午,第3228页。

实际上，告讦的弊端早在秦桧死前就有朝臣提及①，而时值秦桧执政，宋高宗并没有当回事。此时虽然宋高宗已正视了诏狱之过，到底该如何处理诏狱事件，宋高宗也没有一个既定的计划。或许在宋高宗看来，整治台谏之弊当是首要的大事，他在秦桧死去的第二月便下诏说："台谏，风宪之地，振举纪纲，纠剔奸邪，密赞治道。年来用人非据，与大臣为党，而济其喜怒，甚非耳目之寄。朕今亲除公正之士，以革前弊。继此者，宜尽心乃职，惟结主知，无更合党缔交，败乱成法，当谨兹训，毋自贻咎。"② 不过，"以革前弊"已成为时代的呼声，平反诏狱势在必行。

绍兴二十五年十二月壬午，"执政进呈刑部状，开具到前后告讦人：右朝奉郎张常先，先任江西运判，告讦知洪州张宗元与张浚书并寿诗；右通直郎、直秘阁汪召锡，左从政郎莫汲，并告讦衢州寄居官赵令衿有谤讪语言；右朝散郎范洵，告讦和州教授卢傅霖作雪诗，称是怨望；左朝奉郎、提举两浙路市舶陆升之，告讦亲戚李孟坚，将父光所作文集告人，及有讥谤语言；左从政郎、福建路安抚司干办公事王泂，任两浙转运司催纲日，告讦知常州黄敏行不法等事；追官勒停人、前右通直郎、明州鄞县丞王肇，诬告程纬慢上无人臣之礼等语言，致兴大狱，并是虚妄；降授承信郎雍端行先任监潭州湘潭县酒税，告讦本县丞郑玘、主簿贾子展因筵会酒后有嘲讪语言，致兴大狱；福州进士郑炜，告吴元美讥谤等事"③。至此宋高宗才说："此等须痛与惩艾，近日如此行遣，想见人情欢悦，感召和气。"既然告讦人得到除名勒停的处置，诏狱受害者的罪责自然也得到豁免。宋高宗随之下诏："除名勒停前左朝请郎、荆门军编管人范彦辉（坐作夏日久阴诗），前右朝奉大夫、展州编管人王趯（坐与李光通书及借人），前右朝散大夫、夔州编管人元不伐（坐撰造行在言语），特勒停前右承议郎、徽州编管人苏师德（坐其子撰常同祭文称'奸人在位'），除名勒停前右承务郎、峡州编管人李孟坚（坐父光所

---

① 绍兴二十五年，左奉议郎、知大宗正丞、兼工部员外郎王圭面对，言："县令之职，于民尤亲。近年以来，告讦成风。善于其治，或遭诬诉，有司极其锻炼，故作邑者惧祸之及，一切因循苟且，为自全之计。责其尽绥抚之方，势有不可。欲望圣慈付之有司，略为措置，申严行下。不惟以绝冤滥，亦使能者知勉，以副陛下责成之意。"见《要录》卷一六九，绍兴二十五年八月丁丑，第3205页。

② 《要录》卷一七〇，绍兴二十五年十二月甲戌，第3232页。

③ 《要录》卷一七〇，绍兴二十五年十二月壬午，第3236页。

撰小史，皆非事实），右承务郎、绍兴府羁管人李孟津（坐鼓唱台州人，乞管镐为知州），除名勒停前右承务郎、梅州编管人王之奇，前右承务郎、容州编管人王之荀（坐怨望谤讪），特勒停前右朝散大夫、鼎州编管人阎大钧（坐依随郑刚中），并放令遂便。"由此可见，绍兴诏狱的平反主要取决于宋高宗的意旨，有了宋高宗的允诺，平反诏狱受害人的措施才逐步推进。次日，宋高宗又下诏："除名勒停前左朝请郎、处州编管人邵大受（坐朋附范同，浮言无稽），前左从政郎、武冈军编管人芮晔（坐赋牡丹花诗怨望），前右从政郎、万安军编管人杨炜（坐上李光书诋和议），前左迪功郎、横州编管人郑珏，前右迪功郎、肇庆府编管人贾子展（坐酒后有嘲讪语言），并放令逐便，仍与复元官。"① 不过，我们必须清楚，宋高宗允诺下的诏狱平反并没有声势宏大地开展起来，最初得以平反的士大夫多是涉告讦或攻击秦桧而遭斥，即使有以和议为非者也是一些下层官僚士大夫，真正触及时政的赵鼎、李光等诏狱罪人并没有及时得到平反。直到宋高宗"亲政"半年之后，新上任的宰执进呈御史台看详诏狱事件时，宋高宗才允许对绍兴诏狱中上层官僚士大夫进行平反②。那么，秦桧死后，诏狱事件的平反本应该是收人心的好事，为何宋高宗"复亲庶政"后对此却显得漠不关心？要回答这个问题，还需从秦桧之死说起。

秦桧死后，摆在宋高宗面前的就是重整中枢官僚群体。宋高宗首先着眼于对台谏言官的更换，仅任董德元、魏良臣、汤思退为参知政事，宰相职位空缺。宋高宗的意图很明确，要铲除秦桧势力，必须依托为自己代言的台谏官僚出头，三位副相只是担负这段转型期的行政运作而已。

① 《要录》卷一七〇，绍兴二十五年十二月甲申，第 3236～3238 页。
② 史载："宰执进呈御史台看详到责降及事故前宰执并侍从官十五人情犯，或与叙复职名，或给还致仕恩泽，轻重分为五等，欲取更圣裁。上曰：'甚当，可依此行下。'遂诏：'故追复观文殿大学士赵鼎，特与致仕恩泽四名；故追复资政殿学士孙近，与致仕恩泽三名；故追复显谟阁学士汪藻，与致仕恩泽二名；故左中大夫刘大中、李若谷、段拂，并追复资政殿学士，与恩泽二名；故左朝散大夫程昌寓，追复徽猷阁待制，与致仕恩泽二名；故左太中大夫范仲追复龙图阁直学士、故左中奉大夫王居正、右文殿修撰赵开，并追复徽猷阁待制，与恩泽一名；故左朝散大夫黄龟年，与致仕恩泽一名；故左朝请郎李朝正、左朝散郎致仕高阅、左朝奉郎游操、左朝奉郎李本中，并特与恩泽一名。'"见《要录》卷一七二，绍兴二十六年五月戊申条，第3296 页。

从宋高宗区分董德元、汤思退是否为秦桧党人①即可看出，宋高宗对秦桧专政并非完全认同。即使在秦桧死前，宋高宗对秦桧植党营私也十分反感②。秦桧死后，宋高宗对秦桧党人更是穷加黜逐，得罪秦桧遭放逐的官员亦时有招回③。宋高宗曾对普安恩平郡王府教授赵逵说："卿乃朕擢，秦桧日荐士，曾无一言及卿，以此知卿不附权贵，真天子门生也。"④ 以此可见宋高宗后期任人的思路，实为再造自己的官僚群体，这样，对秦桧党人的惩治便被及时提上了日程。显然，对于宋高宗来说，与诏狱平反相比，对秦桧党人的惩治或重整官僚队伍更为重要，表面化的诏狱事件平反中铲除了秦桧党人，铲除秦桧势力又捎带地平反了部分的诏狱受害者。当然，收人心、招和气也是宋高宗朝后期的政治需求。我们还应该注意到，秦桧死后，宋高宗急需面对的问题还有国是如何维持，但和议国是的促成表面看来主要是秦桧的功绩，即使在金人眼里，秦桧也是和议稳定的中流砥柱。从秦桧死后宋高宗伤感之言我们看到的是，绍兴和议此前或此后的顺利推行都取得了宋高宗绝对的认同。绍兴二十五年十二月，宋高宗更是告诫魏良臣、沈该、汤思退说："两国和议，秦桧中间主之甚坚，卿等皆预有力，今日尤宜协心一意，休兵息民，确守无变，以为宗社无穷之庆。"⑤ 次年三月，因荆襄间妄传张浚被召回朝廷，金人颇疑宋金盟约，在沈该的劝说下，宋高宗下诏："朕惟偃兵息民，帝王之盛德；讲信修睦，古今之大利。是以断自朕志，决讲和之策。故相秦桧，但能赞朕而已，岂以其存亡而有渝定议耶！近者无知之辈，遂以为尽出于桧，不知悉由朕衷，乃鼓唱浮言，以惑众听。至有伪造诏

① 史载："初，（秦）桧病笃，招参知政事董德元、签书枢密院事汤思退至卧内，以后事嘱之，且赠黄金各千两。德元以为若不受，则他时病愈，疑我二心矣，乃受之。思退以为桧多疑心，他时病愈，必曰：'我以金试之，便待我以必死邪？'乃不敢受。上闻之，以思退为非桧之党。是日，以思退兼权参知政事。"见《要录》卷一六九，绍兴二十五年十月丙申条，第3217页。

② 史载："诏尚书左司郎中张士襄奉使不肃，可罢见任；其虞候张海打损控马人，送大理寺断遣。士襄使北还，入对，奏事欺罔，上怒，秦桧与士襄里党，止以其不肃罢之。"见《要录》卷一六八，绍兴二十五年三月己酉，第3187页。

③ 史载："诏保信军承宣使、提举万寿观曹勋，保康军承宣使、提举佑神观韩公裔，并令行在居住。二人皆上使令之旧，久为秦桧所逐故也。"见《要录》卷一六九，绍兴二十五年十月壬寅，第3220页。

④ 《要录》卷一七〇，绍兴二十五年十一月壬申，第3231页。

⑤ 《要录》卷一七〇，绍兴二十五年十二月乙未，第3244~3245页。

命，召用旧臣，献章公车，妄议边事，朕实骇之。仰惟章圣皇帝子育黎元，兼爱南北，肇修邻好。二百余年，戴白之老，不识兵革。朕奉祖宗之明谟，守信睦之长策，自讲好以来，聘使往来，边陲绥静，嘉与宇内，共底和宁。内外小大之臣，其咸体朕意，恪遵成绩，以永治安。如敢妄议，当重置典刑。"① 很显然，李心传又一次为宋高宗掩盖了骂名，故吕中骂沈该、万俟卨、汤思退、魏良臣说："（秦）桧之身虽死，而桧之心未尝不存。张、赵所引之君子日少，而桧之所教之小人日多。故自桧死后，虏颇疑前盟之不坚，为之禁妄议和好以信虏，为之重窜张浚以悦虏，无以异于桧之为也。"②

此外，我们还应注意到，秦桧死后一年内，宋高宗政权的政治行为主要表现在三个方面：其一，铲除秦桧势力重整官僚群体；其二，谨守与秦桧一起铸就的和议国策；其三，平反诏狱与继续打击反和议者。如果说前两方面已多少有助于解读诏狱平反滞后性的话，那么宋高宗继续打击反和议者将更能解释这一问题。绍兴二十六年十月，张浚上书劝宋高宗说："臣愿陛下鉴石晋之败，而法商汤、周太王、文王之心，用越勾践之谋，考汉唐四君之事，以保图社稷。深思大计，复人心、张国势、立政事，以观机会。未绝其和，而遣一介之使，与之分别曲直逆顺之理，事必有成。"③ 此奏一出，便招宰执、台谏以"动摇国是"为劾。张浚再次被贬官显然出于宋高宗旨意，宋高宗尤说："不如此，议论不能得定。"④ 宋高宗为了维持绍兴十一年定下的和议国策，势必在针对绍兴诏狱受害者平反的过程中留有余虑，诸如张浚一般反和议主战派如何安置，实在与平反诏狱措施相互矛盾，但又为了更化时弊，奠定自己的统治基础，诏狱平反必然在纠结中继续推行。寺地遵先生曾指出，秦桧死后，政治运作上再看不见超越一切的最高领导人物，不过是由宋高宗、宰执们组成集团领导体制，继承绍兴和议路线⑤。笔者则认为，秦桧死后，宋高宗主导下建立的宰执、台谏群体仅是宋高宗决策的执行者，并没有

---

① 《要录》卷一七二，绍兴二十六年三月丙寅，第3284页。

② 《要录》卷一七二，绍兴二十六年三月丙寅条引文，第3284～3285页。

③ 《要录》卷一七五，绍兴二十六年冬十月丁酉，第3349页。

④ 《要录》卷一七五，绍兴二十六年闰十月己亥朔，第3350页。

⑤ 寺地遵：《南宋初期政治史研究》，第423页。

决断权①，宋高宗正是期望依靠这个群体打造自己的辉煌形象与美好梦想，而这个群体的造就并非简单地取决于他们的地域身份背景。

　　2. 反秦桧派的政治旨归

　　按前节所言，宋高宗在秦桧死后对秦桧势力的铲除，旨在重整官僚体系，那么，秦桧死后所发生的大量反秦桧运动便可以理解。我们似乎可以完全将此归结为宋高宗主导下的政治行为。实则不然，秦桧死后，以秦桧为主的一元官僚势力开始瓦解，代之而起的是残余的大量秦桧党人和获得宋高宗平反的反秦桧势力及其召回的少量中立者，而这一时期参与反秦桧势力的台谏群体，既有原来的秦桧党人，亦有其他派别的人，表面看来都是为了自我的政治利益而跻身于宋高宗的官僚队伍之中，但他们的言行及政治取向或有不同。寺地遵先生曾指出，绍兴末张浚复权过程中，反秦桧势力与继承秦桧路线的特定政治势力，不仅包括后秦桧时期掌握政权的沈该、汤思退势力，还包括与秦桧同时代由于政见问题而被驱逐现又返回政坛者，以及秦桧时代科举及第，仅从职江南知县等末端职位的下层官僚士大夫，而这两股势力最初仅具备罢免宰相、执政的政治力量，却没有足够力量去否定秦桧路线，更谈不上有何政治构想与展望②。大致来说，这样的看法有一定道理。但通过张浚复权过程中的拥立群体来看沈该、汤思退势力的分层，似乎有些机械化。笔者认为，秦桧死后南宋一元官僚势力得以解体，无论是权力认同还是政策认同，沈该、汤思退势力都听命于宋高宗，其统领的官僚群体本身并没有决断权。所谓绍兴末宋金再次开战而改变国策，金人单方面撕毁协约显然是客观原因，但这客观原因逼迫宋高宗政权改变国策，而并非取决于主战派或主和派的影响。我们从现有的南宋史料中粗略看到，秦桧死后到宋高宗传位孝宗五年间，沈该、汤思退势力中反秦桧派的政治行为，与秦桧所主导下的绍兴诏狱事件并无本质上的差别，虽然是代表宋高宗来铲

---

① 据史载："宰执进呈殿中侍御史周方崇论左朝奉大夫、主管台州崇道观陈惇，左朝请大夫赵迪之，贪暴无耻，乞屏于远方。上曰：'所论未知实否，且下逐路监司体究。'沈该曰：'既是台章，恐不须体究。'上曰：'朕见人才难得，未尝不留意爱惜，每谕以台谏风闻，言事不可容易，须再三询访。朕惟言者之听，岂可不审？今二人者，合如何施行？'该曰：'乞送吏部，与监当。'"见《要录》卷一七五，绍兴二十六年十二月己未载，第3361页。

② 寺地遵：《南宋初期政治史研究》，第427～430页。

除秦桧势力的余孽，但其逻辑特征同样呈现出非逻辑性，而这些非逻辑性政治事件同样为我们探究宋高宗政权晚期的政治取向打开了一个缺口。

正如前文所提到的那样，秦桧一死，新上任的台谏官便展开了对秦桧党人的攻击，最先被惩治的是兼知临安府曹泳，以及其同党朱敦儒、薛仲邕、王彦傅、杜师旦。右正言张扶奏曹泳"肆为凶悖，傲诞不逊，招权怙势，以收人情，监司郡守，必欲出其门下。……动摇国是，专欲离间君臣，窃恐别有觊觎，将致误国"，殿中侍御史徐嘉亦言其"性资凶险，貌状奸雄，威声虐焰，震慑朝野，而又招权市恩，擅作威福。……妄议朝政，便欲窃弄权柄，恣其悖逆不臣之心，以摇国是，罪恶贯盈"①。右正言张修奏又言曹泳"朋附大臣，将平昔交结不逞之徒，徇情辟差，共为奸恶"，以及曹泳之侄曹纬"造作语言，动摇国是"②。对曹泳的打击开启了反秦桧运动的帷幕，而在这一运动中殿中侍御史汤鹏举实为不可不提及的反秦桧斗士。秦桧死后，汤鹏举初为殿中侍御史，因论事指责秦桧党人，曾第次迁侍御史、御史中丞、参知政事。李心传尤言："鹏举为台官，凡一年有半，所论皆秦桧余党，他未尝及之。"③绍兴二十五年十一月，汤鹏举曾论罢王晌、王铸、郑侨年、郑震、方滋言："晌附势作威，寡廉鲜耻；铸专事诡谀，出官未久，遽得监司郡守；侨年不通世务，沉湎贪饕；震不历州县，骤躐监司，顷为福建市舶，每有货物，半入私帑；滋阴狠恣，横奸赃狼藉，自楚州移桂府，自广帅移福州，其所出珠翠、犀象，尽入于权贵之家，复得明州优厚之处，此诚公议不行，私恩特甚。高官美禄，一家有暖衣饱食之幸，而孤寒远官，数年不得差遣，终身有号寒啼饥之忧，其怨将何归耶？"④又论王扬英"寡廉鲜耻，近除职知眉州，可谓幸矣！嫌其地远而不行，方且对众扬言，我尝荐秦熺为宰相，必为我致力。命下三月，傲然自安。方命不恭，无甚于此"⑤，再论张扶"顷为明州教授，奴事曹泳，夤缘改官，用泳之荐，遂为正言，凡有奏陈，尽出泳口"⑥。同年十二月，汤鹏

---

① 《要录》卷一六九，绍兴二十五年十月丁酉，第3219~3220页。
② 《要录》卷一七〇，绍兴二十五年十一月己未，第3226页。
③ 《要录》卷一七六，绍兴二十七年二月戊午，第3369页。
④ 《要录》卷一七〇，绍兴二十五年十一月辛未，第3230页。
⑤ 《要录》卷一七〇，绍兴二十五年十一月丁巳，第3225页。
⑥ 《要录》卷一七〇，绍兴二十五年十一月壬申，第3231页。

举又劾徐宗说"不学无术，夤缘幸会，遽躐版曹，而为时相管庄，自为苟贱"①，再论王会"初无履历，恃桧与熺之亲党，致身禁从"②，更论齐旦"奴事权臣"，康与之"赃滥尤甚"，徐嚞初"撰造言语，桧酷信之，尝中害张宗元、范彦辉。……致周三畏放罢，苏师德编管"③。绍兴二十六年二月，汤鹏举又论林一飞"鼓唱浮言，动摇国是"④，王珉、徐嚞"皆以谄事秦桧，故骤为台谏"⑤。同年二月，汤鹏举又论魏良臣"人品凡下，天姿凶险，率意任情，浮躁浅露。通判已下差遣，已得旨，令吏部差注，必留堂除，以市私恩。台谏之论列人才，良臣引用私亲赵公智，必欲庇之，是恨台谏不与之为支党也"⑥。同年三月，汤鹏举又论钟世明"便僻侧媚，见李椿年为经界，遂投名为干官，见徐宗说与秦桧管庄，遂谄奉宗说，得尚书郎，见丁禩往太平州修圩，遂结丁禩，与之同往。既归，乃奉使四川，及还，除职名为浙漕。又事曹泳，泳败，附魏良臣，复除都司兼权侍郎，良臣既罢，世明慢骂姜菲，略无操守"，陈岩肖"尝在秀州学舍，为秦桧父立祠堂，作记献颂，叨求进取"⑦，慎知柔为"曹泳、王会鹰犬也"⑧。

除了汤鹏举反秦桧的论事之辞外，台谏官中周方崇、凌哲、朱倬、叶义问、任古都曾是反秦桧势力的斗士。比如，周方崇亦论魏良臣"狠愎自用，不恤公议，分朋植党，背公营私"，凌哲则言魏良臣"昵比匪人，甘心媚灶，刚愎不悛，轻躁自用"⑨。绍兴二十六年十一月，周方崇又论张柄"顷任棘卿，凡权臣滋长告讦以胁制群臣者，柄必极力锻炼"⑩。绍兴二十八年元月，朱倬亦言何大圭"凶暴狠傲，专事挟持，寄食李纲，纲死而殴其弟。其在削籍也，张浚为之保叙，浚失势，则以短

---

① 《要录》卷一七〇，绍兴二十五年十二月乙亥，第3234页。
② 《要录》卷一七〇，绍兴二十五年十二月乙未，第3245页。
③ 《要录》卷一七〇，绍兴二十五年十二月丙申，第3247页。
④ 《要录》卷一七一，绍兴二十六年二月乙酉，第3271页。
⑤ 《要录》卷一七一，绍兴二十六年元月辛亥，第3254页。
⑥ 《要录》卷一七一，绍兴二十六年二月辛卯，第3272页。
⑦ 《要录》卷一七二，绍兴二十六年三月癸亥，第3283页。
⑧ 《要录》卷一七二，绍兴二十六年三月戊辰，第3286～3287页。
⑨ 《要录》卷一七一，绍兴二十六年二月辛卯，第3272～3273页。
⑩ 《要录》卷一七五，绍兴二十六年十二月壬辰，第3358页。

卷潜之于秦桧,由是躐直蓬山,时目为秦府缉事"①。同年三月,叶义问亦论宋朴、沈虚中"阿附秦桧之罪"②。绍兴二十九年二月,朱倬、任古共劾陈诚之"附会秦党,旋跻显途,冒处枢庭,无补国论"③。绍兴二十七年十一月,汤鹏举刚就任执政不久,便遭到叶义问弹劾,论其"以为人臣不忠之罪,莫大于掠美以欺君,植党以擅权""实秦桧党中之奸猾"④。实际上,秦桧死后,反秦桧势力以清除秦桧党人为话语的政治攻击目的还远不止这些,诸如叶义问、朱倬对汤鹏举势力的弹劾,任古等人对沈该、汤思退的攻击,都凸显出这种政治行为特征。笔者之所以不厌其烦地列举以上事例,只是想通过其中的罪名话语透析反秦桧派的政治视角而已。

前面通过对绍兴诏狱特征及审刑程序的考察,我们或许会惊奇地发现,以上列举反秦桧势力的弹劾奏言中,也出现有类似绍兴诏狱的罪名。诸如"招权怙势""动摇国是""造作语言""分朋植党"等,这些罪名常常在绍兴诏狱事件中行用。相对绍兴诏狱来说,尽管这些罪名或许有实,但反秦桧派的这种政治行为及手段也着实不能让人信服,因为这些罪名恰恰在绍兴诏狱的平反过程中又一次次地上演。比如,从政治制度层面来看,绍兴十一年后,在秦桧专权下,确立的台谏弹劾执政而后取代执政、入主中书的政治模式⑤,在秦桧死后反秦桧政治行为中仍在延续。汤鹏举的仕途历程,即是这一政治模式的最佳例证。秦桧死后,汤鹏举初为殿中侍御史,后迁侍御史、御史中丞,最终因为弹劾奏事升至参知政事,并且还有很短时间知枢密院事的经历。此外,我们从反秦桧派的弹劾事件中也曾屡屡看到台谏弹劾宰执的事件,这些事件中绍兴诏狱罪名也时有行用。比如以上引文中汤鹏举等台谏官弹劾魏良臣,叶义问等弹劾汤鹏举,在这些弹劾奏词里,往往掺杂"分朋植党""背公营私"等罪名,致使我们很难将其理解为正常的台谏论事。至于如何看待这些非逻辑性政治行为,我想还有必要进一步厘清其特征背后的政治

---

① 《要录》卷一七九,绍兴二十八年元月丙戌,第3424页。
② 《要录》卷一七九,绍兴二十八年三月戊子,第3431页。
③ 《要录》卷一八二,绍兴二十九年六月己亥,第3501页。
④ 《要录》卷一七八,绍兴二十七年十一月戊辰,第3409页。
⑤ 董文静:《南宋台谏取代执政政治模式的形成——以董德元为线索的考察》,《北京联合大学学报》(人文社会科学版)2010年第2期。

目的。

　　从反秦桧派的政治行为特征来看，大致上来说其证词或罪名主要表现在三个方面：其一，绍兴诏狱事件中攻击政敌的严刑罪名继续行用。关于这一点上文笔者已粗略论述，至于如何阐释其中原因，可能关系到宋高宗朝后期面临的首要问题，即如何重治官僚队伍与维持绍兴十一年之后的和议国策。秦桧专权直接给最高统治者宋高宗的印象便是分朋植党的罪恶，而秦桧之死必然触动秦桧党人的敏感神经，如何在这个权力交接的时刻维护清净的政治环境，"动摇国是"之罪实为最具威慑作用的手段。其二，"秦桧党人"俨然成为这一时代的最佳罪名。宋高宗虽然很少公开承认秦桧的过错，但他对打击秦桧党人的默认，乃至痛斥王会"所至狼藉，止缘恃秦桧之势，乃敢如此"①，指责"秦埙中甲科，所对策叙事，皆桧、熺语"②，无不表现出对秦桧专权的不满。绍兴二十六年四月，刑部更公开化将十位秦桧党人奏罢③。不过，一如绍兴诏狱中严刑罪名一样，"秦桧党人"这一特定罪名一旦在皇权意识下合法化，必然作为打击报复的手段而被台谏官员推而广之，超越正常的行用范围亦是自然。寺地遵先生曾指出，来自于秦桧专制时期江南知县队伍的叶义问、任古、陈良翰等人，在秦桧死后步上高官之途，他们之所以攻击、排斥当时占据中央官衙，还有中间的中级支配机构的秦桧系人士，根本就是与他们要夺取地位，由反秦桧系官僚出任其职有关④。从这个角度来看，反秦桧派的政治主张似乎再不需用规范性的政策约束了。然而，我们必须注意的是，反秦桧派既有叶义问、任古等江南知县群体，亦包括汤鹏举、周方崇、凌哲等秦桧党人。叶义问、任古等弹劾汤鹏举等人如若符合反秦桧事件的话，此后叶义问群体攻击沈该、汤思退则绝非此

---

① 《要录》卷一七〇，绍兴二十五年十二月乙未，第3246页。
② 《要录》卷一七三，绍兴二十六年六月戊寅，第3306页。
③ 绍兴二十六年，刑部言："依已降指挥，开具到自去岁郊祀后，监司、郡守尝被台劾之人：直龙图阁赵士粲（前知绍兴府，专与秦桧做联），直徽猷阁龚鉴（前淮南运判，其弟与秦桧管庄）。直秘阁郑侨年（前知庐州）、郑震（前知严州）、郑霭（前四川提举茶马）、高百之（前知温州）、张永年（前知无为军）、王晌（前知太平州），已上六人并桧亲党。孙汝翼（前知荆南府）、直敷文阁方滋（前知明州），已上二人并交结桧。共十人诏并夺职。"见《要录》卷一七二，第3289页。
④ 寺地遵：《南宋初期政治史研究》，第384页。

路径，并且前者为夺取政治地位尚有可言，后者则完全与反秦桧政治行为不相干了。朱倬、任古等奏沈该之过时，惟论沈该"天资疏庸，人品凡下"①，"垄断之夫，不学无术"②。因见此论似无力度，便再论其"轻爵禄以市私恩，布亲故以责酬赂""黩货无厌"③。其三，反秦桧派的行径彰显着台谏群体对专权势力的制衡作用。我们从秦桧死后诸多非逻辑性政治行为中不难看出，无论是原秦桧势力遗留的台谏官，还是来自于所谓江南知县群体的言事官，其弹劾的主要目标都是宰执及与之相关的朝臣士大夫，并且这样的弹劾基本上都取得了一定的效果。秦桧死后，宋高宗最为关切的就是对台谏言事官的更换。由于秦桧专政主要取决于对台谏言事官的控制④，宋高宗应该深知其危害性，如何重整官僚群体，当首先确保言事者直接代表自己的意愿。不过，《宋史·叶义问传》曾载："枢密汤鹏举效桧所为，植其党周方崇、李庚，置籍台谏，锄异己者。"⑤ 诸葛忆兵先生据此认为，这也是宋代台谏为宰相所用的案例⑥。据笔者检索有关汤鹏举的史料发现，周方崇、李庚为汤鹏举举荐没错，但并非在汤鹏举短暂的宰相任期，而是在其任台谏官期间⑦。至于沈该、汤思退被弹劾的奏词里，也很少见到与台谏分朋植党的罪名。此外，宋高宗后期对官员选任制度的更革及对吏治的整顿，台谏言事官当功不可没。至此可见，反秦桧派的台谏群体之所以回归正常行使对宰相等官员的监察职能，很大程度上并不取决于台谏群体的身份及其个体

---

① 《要录》卷一八二，绍兴二十九年六月乙巳，第 3503 页。

② 《要录》卷一八二，绍兴二十九年六月己酉，第 3506 页。

③ 《要录》卷一八二，绍兴二十九年六月戊申，第 3506 页。

④ 此论可参见衣川强《秦桧の讲和政策をめぐって》，《东方学报》1973 年第 45 卷，第 285～286 页。寺地遵先生也曾指出，至少在绍兴八年时，重监察官的政治经营，尚被限定为一种实现政治目的——和议——的方法，并作为少数派瓦解多数派的手段。绍兴十二年以后，这种方式被强化，以只贯彻专制支配为目标，显现出秦桧政治手法内含的监察、暴力性，直到他死，这种暴力政治皆无可抑制。见寺地遵《南宋初期政治史研究》，第 303 页。

⑤ 《宋史》卷三八四《叶义问传》，第 11817 页。

⑥ 诸葛忆兵：《宋代宰辅制度研究》，中国社会科学出版社，2000，第 278 页。

⑦ 史载："左朝奉郎、通判婺州周方崇为监察御史。方崇，海陵人，汤鹏举所荐也。"见《要录》卷一七〇，绍兴二十五年十二月己卯条，第 3235 页。史载："左通直郎、新拟差知平江府昆山县李庚充御史台主簿。庚，临海人，汤鹏举所荐也。"见《要录》卷一七一，绍兴二十六年元月辛亥条，第 3254 页。据笔者核对，荐此二人任台谏官时，汤鹏举尚为殿中侍御史。

政治利益之诉求，宋高宗的旨意当起到决定作用。绍兴二十六年，汤鹏举奏劾林一飞"鼓唱浮言，动摇国是"时，宋高宗曾说："朕每览封章，若其言可行，即行之，若其言非，虽涉狂妄，亦不欲罪其人，盖所以来天下之言也。今东书用意如此，言路既有论列，岂可免行遣？"① 南宋人高斯得更有言："绍兴末，台谏奉行天子风旨，有宣谕使言者，有宣谕使不得言者。"② 刘子健先生曾指出，南宋君主除了任用权相之外，同时用各种手段来控制和应付言官，南宋言官的力量异常薄弱③。虞云国先生也曾提到，宋代台谏对宰相的制衡作用始终存在，取决于皇帝的决断④。

总之，秦桧死后，反秦桧派在对秦桧党人清除的过程中，其弹劾奏词里罗列的严刑罪名及单一的反秦桧逻辑，同样彰显着非逻辑性的政治行为特征，但其根本政治取向符合宋高宗后期的政治环境。即使如此，宋高宗如何借此建构其全新的政治构架还有待于对政治制度的再检视，以及对秦桧专政造就的官僚环境再整治，这些举措是否开启了南宋政治格局形成的基础，将是下面章节探讨的问题。

三　绍兴末年的制度更革与吏治整顿

前文中已提到"绍兴更化"的主要内容，除了政治文化重建就是制度更革，但我们还须注意的是，制度更革的外在诉求是吏治整顿，这和官僚队伍重组性质不同，主要是为制度推行营造良性的政治环境。就这一时期的制度更革而言，南宋史料虽然未曾详尽描述，但保留下来众多制度改革方面的史料。遗憾的是，宋高宗常常谈及制度便云"祖宗家法不可变"，以至于此前的学者论及宋高宗这些言辞时，常常简单地将此归咎为他对靖康亡国教训的总结及南宋特殊背景下对祖宗"德泽在人"的诉求⑤，而很少关注他对制度更革的感知。张复华先生

---

① 《要录》卷一七一，绍兴二十六年二月乙酉，第 3271 页。
② 高斯得：《耻堂存稿》卷一，丛书集成新编，新文丰出版公司，1985，第 5 页。
③ 刘子健：《南宋君主和言官》，《两宋史研究汇编》，第 11 ~ 20 页。
④ 虞云国：《宋代台谏制度研究》，上海社会科学院出版社，2001，第 105 页。
⑤ 参见邓小南《祖宗之法——北宋前期政治述略》，第 473 页；曹家齐《赵宋当朝盛世说之造就及其影响——宋朝"祖宗家法"与"嘉祐之治"新论》，《中国史研究》2007 年第 4 期。

曾对宋高宗朝制度更革进行过全面系统的研究，得出结论说，宋高宗朝所为之政制更革以新创之制度为最多，其次是恢复元丰以前制度，再次是变更旧制，恢复哲宗元祐制度者仅居第四位；大体而言，宋高宗朝战争期间政制更革重在创新以适变，和平期间政制更革重在复旧以处常，创新属权宜之性质，复旧则在建立经久之制①。实际上，更革与复旧正是"绍兴更化"活动的真实面目，宋高宗后期要取得政治上的权威，必然要否决秦桧体制的某些方面，但没有将视角完全转向创新之上，而是在创新的同时更多地从祖宗旧制中寻找出路，这也是此一阶段政制更革颇具局限性的原因。另外，所谓制度更革，更多是针对官僚体制的重整或重建，而秦桧专政时遗留下来的官僚腐败问题，不仅关系到官僚体制的重建，还关系到内重外轻造成的政局稳定，从而也为宋高宗政权倍加关注。

1. 祖宗家法不可变？——制度更革的瓶颈与突破

秦桧死后，对于宋高宗而言，最为紧迫的事情，便是如何在维持绍兴和议的基础上，对秦桧专政时的政治风气及体制进行矫枉和修正。然而，定位全新的制度，是革新除弊创造新的成法，还是复祖宗之旧弥补时弊，至少在宋高宗那里并没有一个定数。绍兴二十六年二月，右正言凌哲奏言："国家自祖宗时置进奏院，若朝廷之号令政事、注拟赏罚之类，皆付之邮传，播告天下。比年以来，用事之臣乃令本院监官先次具本，纳于时相，谓之定本。动辄旬日，俟许报行，方敢传录。而官吏迎合意旨，多是删去紧要事目，止传常程文书。偏州下邑，往往有经历时月，不闻朝廷诏令。切恐民听妄生迷惑，有害治体。望将进奏院定本亟行罢去，以复祖宗之旧，以通上下之情。"②凌哲的意思很明确，之所以要复祖宗之旧是由于秦桧专政，造成制度紊乱，"有害治体"。而在宋高宗看来，"自有成法，不须更改。今祖宗法令，无不具备，但当遵守。比来轮对及之官得替上殿官，多是无可奏陈，致有率意欲轻变成法，有司看详，尤宜详审。朕观汉史，曹参遵萧何画一之法，而汉大治，盖何所定律令既已大备，若徒为纷更，岂所谓治道贵清净耶"③。绍兴二十七年

---

① 张复华：《宋高宗朝政制更革之研究》，《"国立"政治大学学报》1996年第72期。
② 《要录》卷一七一，绍兴二十六年二月庚辰，第3270页。
③ 《要录》卷一七四，绍兴二十六年八月壬申，第3325页。

十月，宋高宗又告诉宰执说："近臣僚献利害，往往各述己见，未必知有无见在之法。自今宜令有司讲究详审，无轻改祖宗成宪。"① 宋高宗的意思是祖宗法令已很完备，根本无须更改，治道者贵守成，贵清净；即使法令不足以救弊那也不是法令的错，只怪我们没有执行好，"祖宗旧法，未易轻改。在祖宗朝，凡事悉本仁恕，未尝真决一士大夫，惟于赃罪则不贷，盖以赃罪害及众，不可不治故。在法，所举之人犯赃，举主当与同罪。然自来不曾举行，故人不知所畏。但严举官之令，有犯者必与施行，则人自知畏，前弊自可革，恐未须便改法"②。绍兴二十九年六月，左司谏何溥、右正言都民望共奏左仆射沈该"性资庸回，志趣猥陋"，要求宋高宗将沈该罢黜，宋高宗却说："朝廷进退大臣，诚非细事，祖宗自有恩数。"③ 难道连罢免宰相祖宗也有恩数？显然宋高宗是时不时地挪用祖宗家法搪塞言官，此后沈该自知理亏乞罢政时，宋高宗却诏令不允，宋高宗并不想罢免沈该的意思已很明确。那么，宋高宗所论祖宗家法是否就是修正秦桧专政时弊的良药？我们从宋高宗后期的具体举措来看，事实并非如此。

对于中枢权力制度，秦桧死后宋高宗即着手进行了更革整治。朱瑞熙先生曾指出，秦桧死半年之后，宋高宗才任沈该、万俟卨为左右相，不再兼任枢密使，枢密院长官职权得到恢复，由整顿官员转向制度。对中央决策系统进行局部调整的情况下，其运作机制发生了较大的变化，主要表现在对言事官的更革与备员，打通信息渠道，讲筵官选取仍从旧制，恢复给事中与中书舍人的约束监察机制④。较之中枢机构来说，对赋税多寡、经总钱数等关系到国计民生的定制计划，更可称革除时弊之举。绍兴和议之后，虽说南宋少了与金交戈之患，但天灾人祸、官吏蠹财，时常影响着政府的租赋收入。绍兴二十五年十二月，监察御史王圭建言："莫若度州县所用多寡之数，立为定例，使上下通之，此外不得分毫。有所须索，必重置典宪。不唯少宽民力，亦使官租易办，

---

① 《要录》卷一七八，绍兴二十七年冬十月己未，第 3406 页。
② 《要录》卷一七四，绍兴二十六年八月戊寅，第 3326 页。
③ 《要录》卷一八二，绍兴二十九年六月丙午，第 3504 页。
④ 朱瑞熙：《宋高宗朝的中央决策系统及其运作机制》，《岳飞研究》第四辑，第 302～318 页。

公私之利，无以逾此。"① 对于经总制钱的定额，也多半是为宽民力，增收入。绍兴二十六年六月，户部侍郎曹泳奏请，经总制钱"以绍兴十九年立为定额"②。但此论一出，便招致朝臣们非议，最终朝廷的结论是："诏户部以十九年以后，二十五年以前，取酌中一年，立为定额申省。"③虽然经总制钱这样的定额超过了当时国家的经济能力④，但作为一种经济制度仍不失为一次革新之举。此外，南宋人洪迈曾云："如玉牒修书，主簿不豫，见于王定国《杂录》。予犹及见绍兴中太府寺公状文移，惟卿、丞系衔，后来掌故之吏昧于典章，遂一切与丞等。今百官庶府皆庋官制，非特此一事也。"⑤ 实际上，就太府寺公状文移的检讨官来说，更革自绍兴末年已有之。绍兴二十九年八月，侍御史朱倬、殿中侍御史汪澈、左司谏何溥、右正言都民望、监察御史任文荐等奏言："奉旨同议裁减诸司官兼局。窃见修书局四处，岁费官吏犒设等钱十五万余缗，今参照祖宗古制，自元丰置宗正寺，以玉牒隶之，今欲不置玉牒所检讨官，只以本寺卿、丞领编修事。又国史院见修神、哲、徽三朝正史，乞依旧宰臣提举，其修史、同修史共置二员，及编修官二员。日历所文字，自有秘书省承行，不须创局。敕令所见修吏部法，乞催促投进外，官吏尽罢。今后或遇特旨编法，临时委刑部或大理寺官编修，应内侍充提举、承受等官，及三省吏人供检并罢。"⑥ 国史院、实录院官员设置及此销彼设，本为即时所需，但绍兴二十九年国史院以宰臣提举，置修国史、同修国史共二员、编修官二员，内侍省官充都大提举诸司官、承受官、诸司官，基本上成为此后国史院的制度模式。

---

① 《要录》卷一七〇，绍兴二十五年十二月丁西，第3249页。

② 《要录》卷一七三，绍兴二十六年六月戊子，第3309页。

③ 《要录》卷一七五，绍兴二十六年闰十一月庚辰，第3357页。

④ 绍兴三十年二月二十九日，诏："经、总制钱，诸路一岁亏之二百余万缗，令提刑司检察，将诸州公库不许违法置店卖酒，日下改正住罢。其巧作名目，别置军粮酒库、防江酒库、月桩酒库之类，并省务寄造酒及帅司激赏酒库应未分隶经总制去处，并日下立额分隶，补趁亏欠元额。仍自今年为始，须管从实拘收，限次季孟月二十五日以前差官管押离岸，不得于帐状内存留见在却称见行起发，故意作弊，务要岁终敷趁足额。如日后尚敢循袭违庚，致依前亏欠，州县委提刑按劾。如宪司依前不行觉察，许本部按劾施行。"《宋会要》食货六四之九八，第7786页。

⑤ 《容斋随笔·四笔》卷一一《寺监主簿》，第761页。

⑥ 《要录》卷一八三，绍兴二十九年八月甲戌，第3528页。

除了以上所提到的某些制度之外，以革重内轻外之弊为主旨的监司郎官选任制度，更得及时推行。绍兴二十六年元月，侍御史汤鹏举言："臣恭睹绍兴元年正月十四日圣旨：今后不历知县人不除监司郎官，不经外任人不除侍从，立为永法，以革重内轻外之弊。"高宗对于此奏显然十分认同，因谕魏良臣等说："士大夫往往轻外重内。亲民之任，莫如县令，若取其有治状者升擢之，则人皆尽心。……如从官，须是曾历外任，宰执皆自此选，若练达政事，通晓民情，则事事便可裁决。"① 绍兴二十七年元月，宋高宗又对宰执说："大抵先历知县，谙政事，然后付之一郡，必优为之。"② 同年三月，侍御史周方崇建言京官升迁必须先历知县，宋高宗又对沈该说："徽宗尝言仁宗朝每除执政大臣，必先问曾历亲民否。盖亲民则能通世务，置之廊庙，天下利病知过半矣。此朕昔年恭侍，亲闻玉音，诚可为万世法也。"③ 亲民资历的制度化，显然是宋高宗后期吏治的基础及重塑政治权威的手段，同时也是绍兴年间非逻辑性政治运作后利益补偿的延续。而如何使得官吏以民为重，还需对监司官员的制度化规定。绍兴二十七年十一月，汤思退更乞"令中外（监司）更代，皆至成资而罢"④。绍兴二十八年三月，宋高宗又说："比既诏监司刺举守令，而监司贤否勤惰，将使谁察之？宜为立法。"⑤ 事实上，郡守监司与卿监郎官的迁转，在制度化范畴内都必须亲历民事。同年三月，宋高宗所下的这份诏书颇具时代意义，他的诏书云："设官分职，民事为先。古者二千石，位次九卿，公卿阙，则选所表而用之。祖宗以来，郡守阙，多选诸台省，至分遣朝行，以治剧邑，非曾历亲民，不得为清望官，重民事也。朕式稽古训，为官择人，均治内外。可今后侍从有阙，通选帅臣及第二任提刑资序，曾任郎官以上者；卿监郎官阙，选监司、郡守之有政绩者，并须治状昭著，及有誉望之人。卿监郎官未历监司、郡守者，令更选补外。在内官，除词臣、台谏系朕亲擢，余并须在职二年，方许迁除。庶内外适均，无轻重之偏，职业修举，有久任之效，以

---

① 《要录》卷一七一，绍兴二十六年元月甲子，第3260页。
② 《要录》卷一七六，绍兴二十七年二月壬寅，第3368页。
③ 《要录》卷一七六，绍兴二十七年三月己巳，第3371页。
④ 《要录》卷一七八，绍兴二十七年十一月辛巳，第3411页。
⑤ 《要录》卷一七九，绍兴二十八年元月甲申，第3424页。

副朕重民事之意。三省同共遵守。"① 此外，诸如役法②等制度的更革也不应忽略。

2. 待罪与真决——吏治整顿的轻重取舍

无论是复祖宗之旧制还是更革现行制度，宋高宗政权实际面临的问题不是如何修订规章制度，而是如何有效地推行，即使有相应法制条文的约束，但问题的关键则在于是否有效地执行。宋高宗后期对吏治整顿，即是制度更革的辅助措施，这一措施同样是重建良性政治文化环境所需，令人疑惑的是宋高宗整顿吏治的力度似乎不够。我们也着实从史料中看到，针对赃吏处罚时，宋高宗常常纠结于待罪与真决之间。刘子健先生即以宋高宗不忍惩治赃吏，指出宋高宗政权包容的政治风格③。不管怎么说，吏治整顿曾是宋高宗后期面临的重要问题。南渡以来，以例坏法的官场腐败问题一直延续到宋高宗后期，再加上"绍兴更化"背景下绍兴诏狱平反运动的影响，许多或犯赃罪者乘机推脱罪责以求解免。比如，绍兴二十六年九月，右正言凌哲奏言："臣窃见比来检鼓院上封者滋多，颇涉冒滥，如其所犯，元因语言疑似之类，或可矜悯。至于奸赃狼藉，已经按治，迹状显著，人所共知者，亦复巧饰词理，公肆诞谩。或称向曾违误权臣所致，例图解免。今陛下方开公正之路，而小人乃欲启侥幸之门，此尤清议之所不容也。又况此曹嗜利之人，与生俱生，未易悛革，傥复齿夷途，再临民社，必且益务掊克，以残虐吾民，无所忌惮，其害将有甚于前日矣。伏望特诏有司，应自今陈雪过名之人，并须检会元犯事因。如系赃罪已经勘劾者，乞止依元断条法施行。庶使贪污知畏，官曹寖清，实天下幸甚！"④ 御史中丞汤鹏举亦奏言："法者，天下之所通用。例之所传，乃老奸宿赃秘而藏之，以舞文弄法，贪饕贿赂而已。不用法而用例，古未之闻也。若刑部之所以断罪，吏部之所以驭吏，最为

① 《要录》卷一七九，绍兴二十八年三月戊寅，第3430页。
② 绍兴二十六年六月，御史中丞汤鹏举言："昨议役法者，欲以批朱白脚轮差，遂致下等人户被害。谓如一保内，上等家业钱一万缗，中等五千缗，各已充役，谓之批朱；下等家业钱百缗，末等五十缗已下，未曾充役，谓之白脚。然下户无力可充，遂有差役不行之患。乞将批朱歇役满六年者，便与白脚比并物力再差。"见《要录》卷一七三，第3303页。
③ 刘子健：《包容政治的特点》，《两宋史研究汇编》，第66页。
④ 《要录》卷一七三，绍兴二十六年七月壬寅，第3312页。

剧曹，此正猾吏可以上下其手，而轻重其心者。伏望明诏吏、刑部条具合用之例，修入见行之法，以为中兴之成宪。"① 由此可见，吏治整顿的主要问题言事官都曾意识到，宋高宗本人也应该对吏治问题有过深刻的认识。

秦桧死后，执政立即进呈郊赦体例，宋高宗尤言："民间利害宜讲究详备，务在宽恤，无所冤滥。"② 三省枢密院乞对监司守城刻剥重为民蠹者，由御史台及监司弹奏重置宪典，宋高宗亦言："此等须痛与惩艾。近日如此行遣，想见人情欢悦，感召和气。"③ 绍兴二十六年二月，宋高宗又言："在祖宗朝，革去五代苛法，专以仁恕为本，未尝真决一士大夫，惟犯赃者不贷。"④ 同年三月，言及铨试冒滥时，宋高宗又言："此岂可不治？近闻试院整肃，士人极喜。自此实学者进，而寒畯之士伸；伪滥者革，而侥幸之风息矣。……祖宗贡举之法周备，顾有司奉行之何如耳。"⑤ 同年四月，宋高宗又下诏京西、淮南贩卖耕牛者免税三年，"恐专栏辈巧为名取之，可令监司、守臣察其违戾者，当置于法"⑥。宋高宗的吏治意识似乎言及吏治的各个层面，但这是否能够说明吏治整顿效果显著呢，似乎并非如此。绍兴二十六年元月，台谏官奏县巡尉不用心捕强盗，尤扰民。高宗下诏欲革除此弊，并说："朕深知之惟得一好守臣，此弊自革。不得人约束，虽严，不能禁也。"⑦ 很显然，在宋高宗看来，官吏违法并非法之不严，而是任命非人，关键问题出在守臣工作不力。对官吏捕盗等治安问题这样认识，似乎并没有什么不对，依靠官员自律的确是治道的良策，但问题是犯赃之罪并非自律能够革除的。犯赃罪又是吏治的核心问题，如何应对，势必关系到宋高宗政权的政治稳固，由此南宋高额的费用支出实在成为时代性的特征⑧。

---

① 《要录》卷一七四，绍兴二十六年九月戊辰，第3338页。
② 《要录》卷一七〇，绍兴二十五年十一月丙辰，第3224页。
③ 《要录》卷一七〇，绍兴二十五年十二月壬午，第3236页。
④ 《要录》卷一七一，绍兴二十六年二月丙申，第3276页。
⑤ 《要录》卷一七二，绍兴二十六年三月庚申，第3282页。
⑥ 《要录》卷一七二，绍兴二十六年四月庚寅，第3291页。
⑦ 《要录》卷一七一，绍兴二十六年元月癸丑，第3255页。
⑧ 刘子健先生就曾指出，南宋包容政治的第三个条件便是充裕的财力，而南宋对山野的开垦、盐矿产量的增加、税收的多样化及纸币的发放，无不说明时代性高额费用支出造成政府的压力。参见刘子健《包容政治的特点》，《两宋史研究汇编》，第46页。

因为犯赃罪关系到国家财政和吏治问题，所以说这个罪名在南宋时算是重罪。对于犯赃罪，宋高宗究竟是否使用过严刑，值得质疑①。我们从宋高宗后期的史料中又常常看到他关于赃罪从严的言辞，究竟宋高宗政权如何轻重取舍，即关系到绍兴末期吏治建设的指导精神。绍兴二十六年九月，宋高宗曾接连下诏说："诏自今州县官赃私不法，监司失按察者，令刑部具名取旨。"② "州县和买绸绢及和籴草料等，将官户及权势之家，并与平民一等科纳，如辄敢减免，官司及减免之家，并计赃科罪，令监司觉察。"③ 尚书省更检会"天圣、绍兴真决赃吏指挥。诏刑部镂板行下，自今有犯，断在必行，决无容贷"④。看起来宋高宗在秦桧死后是要对赃吏下狠手整治，天圣、绍兴真决赃吏指的是对赃吏施行杖、黥、流千里等刑罚而不是轻描淡写的待罪了之。遗憾的是，就在宋高宗下诏严惩赃吏期间，元祐名臣邹浩之子邹栩犯了赃罪，按真决当流三千里，当宋高宗得知他的身份后，仍又网开一面，特免真决，永不收叙。宋高宗还颇为坚定地说："朕观祖宗时，赃吏多真决，迩来殊不知畏。卿等可令有司检坐祖宗朝行遣赃吏条法，下诸路先行戒谕，使之晓然，皆知祖宗立法之严。自后有犯，当依此施行，必无少贷。"⑤ 既然宋高宗并没有真决赃吏的意思，又为什么屡屡下诏书严惩赃吏呢？金安节的奏言似乎可以略作回答。绍兴二十七年十一月，大理少卿金安节入对言："治民之道，先德教后刑法。今守宰之虑，类不及远，簿书期会之程，赋敛输入之限，穷日力办之，即谓职无余事矣。而刺部观风者，幸其不乏乎此，亦偷一切以苟目前，无有卓然以教化为务，而期于无刑者。迫民陷于罪，乃按以三尺，以行诛击，而曰'非我也，民自为也。'欲望陛下发德音、下明诏，申饬监司守令，率职之际，不特专用律令从事，苟有

---

① 关于宋高宗对治赃的态度，赵翼云："南渡后，高宗虽有诏，按察官岁上所发摘赃吏姓名，以为殿最，然《本纪》未见治赃之人。"见赵翼《廿二史札记》卷二四，第526页。汪圣铎先生也曾提到，绍兴二十六年，犯赃官员有所增加，宋高宗又重申"天圣、绍兴真决赃吏指挥"，且声称"自今有犯，断在必行，决无容贷"，但未见有实施杖、黥的事例。参见汪圣铎《宋朝如何抑制官员贪赃的几个问题》，《西南师范大学学报》（哲学社会科学版）1994年第2期。

② 《要录》卷一七四，绍兴二十六年九月庚子，第3333页。

③ 《要录》卷一七三，绍兴二十六年七月癸丑，第3317页。

④ 《要录》卷一七四，绍兴二十六年九月甲寅，第3336页。

⑤ 《要录》卷一七四，绍兴二十六年九月癸丑，第3336页。

可以赞助教化者，无小大必行。庶几先民未犯而格之，或有耻而不为，足以仰副陛下先德后刑之意。"① 金安节的意思很明确，说的是治道先德教后刑法，这样一来，严刑真决赃吏自然不可取。

就宋高宗后期所面临的社会背景来看，先德教后刑法未必是可取之策，但德法互辅未必不是可行之策。绍兴二十八年六月，宋高宗曾言："刑罚非务刻深，欲当其罪，若专事姑息，废法用例，则人不知畏，非所以禁暴戢奸。卿等可谕刑部官，常令遵守成宪。"② 宋高宗显然秉承两个观念：其一，刑罚要得当；其二，法者，禁暴戢奸。同年十二月，宋高宗又对大臣们说："近州县官吏，曾经臣僚论列，而监司、郡守失于按发，虽已行遣一二，其余待罪者皆放，恐公然容庇，奸赃之吏，无所忌惮。"③ 于是便干脆下诏"自今量其轻重，必行责罚，不许待罪"。由此可见，宋高宗对赃吏的惩治最终仅是停留在严刑威慑阶段。正因此，宋高宗对监察官的法制规约便不遗余力。绍兴二十八年九月，曾明"诏监司、守臣不得华侈，余安费官钱及科率吏民者，坐赃论，令监司觉察"④。同年十月，德清令范直大、长洲令张靖皆犯赃，而监司官徐康、谢伋、蒋璨却因失察被贬官⑤。绍兴二十九年五月，沈该、汤思退更上奏监司治迹条目曰："近旨令监司守臣按察所部官属，其治迹显著者，保举升擢。缘未有定立条目，致举刺皆未能当。窃见元祐间，司马光陈请举按官吏八条，委是详密，于今可行。臣等今重行修立《举荐》四条，曰仁惠（谓爱民利物，众所畏爱，非疲软不立，曲取人情者）、公直（谓心无适莫，事不吐茹，非内私外公实佞诈真者）、明敏（谓深察情理，应机办事，非饰诈掠美利口矜功者）、廉谨（谓安贫守分，动遵法度，非诈称钓名偷安避事者）。《按察》四条，曰苛酷（谓用刑繁苛，残虐逾法）、狡佞（谓倾险巧诈，危人自安）、昏懦（谓不晓物情，依阿无守）、贪纵（谓饕餮无厌，任情不法）。凡应荐举者，州举之部使者，部使者举之朝廷，皆籍记姓名，随材任使。又虑一路一州官吏众多，长吏

---

① 《要录》卷一七八，绍兴二十七年十一月丙寅，第3408页。
② 《要录》卷一七九，绍兴二十八年六月甲辰，第3442页。
③ 《要录》卷一八〇，绍兴二十八年十二月辛丑，第3467页。
④ 《要录》卷一八〇，绍兴二十八年九月甲戌，第3455页。
⑤ 《要录》卷一八〇，绍兴二十八年十月癸卯，第3462页。

觉察不尽，望令监司专按守倅、路都监以上，守倅按察在州兵曹、职官以上及诸县令丞。所举失实者，取旨窜责；失按察者，递降差遣一资。余所部守，监司守倅皆得举按，但不坐失察之罪。"①

秦桧死后，宋高宗的吏治整顿，基本秉承着德法相辅的思路展开。在宋高宗看来，吏治的核心或许不在待罪或真决，赃罪严刑话语只是起到威慑作用，而防范的举措则是对监司官的法制规约。当然，这也是基于秦桧专政之后帝王推行德治的客观诉求，但直接影响到孝宗朝相对宽容政治环境的形成。

第二节 从绍兴到乾道：南宋初期国是政策的迁移

前文已论南宋初期"绍兴更化"的主旨是宋高宗政权的重建及制度更革，但这些政治行为至多只是为营造一个良性的舆论环境或政治环境，"绍兴更化"所展现出来的政治转向，只是宋高宗政权由秦桧代理转为亲政。与国是政策无关。秦桧死后，宋高宗政权重组的目的即是宋高宗亲政，所谓亲政并不是身体力行的意思，而是需要组建一支直接听命于他个人的官僚队伍，从而行之有效地推行他的政治路线。绍兴二十五年后沈该、汤思退出任宰执颇具时代意义，他们所代表的官僚群体为宋高宗贯彻和施行宋金和议政策做出了重要贡献。另外，沈该、汤思退所代表的实务性官僚群体，也成为孝宗初年长远恢复路线形成的重要力量。另外，我们需要注意的是，绍兴末年第二次宋金战争爆发至南宋符离兵败之后，宋高宗所坚守的和议政策曾因金人单方面撕毁和约而短暂变动，和战之争也再次成为南宋最重要的政治话题。本节笔者意欲对绍兴末年至乾道初年宋金和议政策的变奏或迁移进行细致的论述，借此勾勒绍兴诏狱之后政治规则重建的大致路线。

一 沈该、汤思退势力与宋高宗政策的沿传

在秦桧专政时，被形骸化且无意义化的宰执成员中，江南出身人士

---

① 《要录》卷一八二，绍兴二十九年五月己巳，第3496页。

大概都是形式性地半年为任期，在这样的情况下，沈该、汤思退的见用自然具有一定的历史意义。寺地遵先生曾借此认为，江南出身人士得以实质地就任宰执，不但为秦桧之后的南宋政权在江南建立了基础，并且得到江南舆论的支持，使南宋政权在自我定位上，更进一步地向江南政权化迈进①。从宰执及官僚群体地域身份来看政权的地域化，固然有其合理一面。不过，笔者并不认为南宋初期宰执们对时局产生多么大的影响。即使是秦桧专政之时，所谓国策及相关政治运作，无不是在宋高宗允诺之下施行。而"绍兴更化"之后，宋高宗锐意革新除弊，台谏言事官群体最为明显的特征不是地域性，而是更加凸显皇权性，沈该、汤思退虽逾三年任期，也并不能反映宋高宗对江南士大夫的选择。相比而言，南宋初期宋高宗对官僚实务能力的诉求应该更大②。此外，对于沈该、汤思退政权所谓后秦桧时代特征，寺地遵先生已有较为深刻的探讨，此不赘述。笔者仅就沈该、汤思退的政治权力尺度及遭贬经历做粗浅探究，以期揭示沈该、汤思退政权与孝宗政局乃至南宋政治格局形成的关系。

　　"绍兴更化"中的制度更革与吏治整顿，其主旨不外乎是为了完善、巩固帝国的政治制度，而执政者的政治风格及能力也影响到绍兴末年政治制度的平稳发展。沈该、汤思退出任宰相，显然并非出于能力，更谈不上政治风格。绍兴二十五年十二月，宋高宗将沈该从四川召回出任参知政事，李心传尤言："时上复亲庶政，躬揽权纲，首诏该及万俟卨还朝。已而二人共政，无所建明，益不厌天下望云。"③ 这样一个没有什么能力的人之所以被任用，主要原因还在于他与秦桧发生冲突，宋高宗曾云："秦桧何忌卿之深?"④ 并且在宋金和议期间表达主和立场⑤，宋高宗也印象深刻，从而授他以执政之职。以至于他遭台谏攻击时，奏状中便

---

① 寺地遵：《南宋初期政治史研究》，第 426～427 页。
② 梁伟基先生就曾指出，吕颐浩官僚群体的权力结构是非地域的，而是官僚专业的性质，这类财政官僚，往往不受政治领袖起落的影响而有所升降，并非如寺地遵先生按地域考察官僚群体性质那样。参见梁伟基《南宋高宗朝吕颐浩执政下的官僚群体构造特质》，《中国文化研究所学报》2006 年第 46 期，第 196 页。
③ 《要录》卷一七〇，绍兴二十五年十二月甲午，第 3244 页。
④ 《宋宰辅编年录校补》卷一六，绍兴二十五年十二月沈该参知政事条，第 1116 页。
⑤ 史载："讲和之初，该尝上书附会其议，上记之，故有执政之除。"见《宋宰辅编年录校补》卷一六，绍兴二十五年十二月沈该参知政事条，第 1116～1117 页。

有言："陛下比因更化之初，录其一得之虑，起之谪籍，擢在政途。"①
沈该出任宰相在绍兴二十六年五月，此时宋高宗所任台谏群体几近成熟。
至于汤思退，他在秦桧死后便立即被任命为参知政事，原因仅是他被宋
高宗识别为非秦桧党人②。绍兴三十年十一月，陈俊卿的奏状中又提
到，汤思退之所以被委任执政，"值更化之初，四方贤才，号召未至，
陛下姑且留之"③。汤思退出任宰相是在绍兴二十七年六月，此职当取
代前宰相万俟卨，也自此开始，沈该、汤思退共同执政达二年之久。
很显然，二人的仕途发展都不是依靠政绩，历史机遇当起到至关重要
的作用。

既然沈该、汤思退的仕途经历受时代影响那么大，是否我们可以
忽略其微乎其微的政治功绩？笔者认为，我们完全没有必要纠结于沈
该、汤思退政权本身是否具有历史创造性，而应该将视角转向沈该、
汤思退的政治趋向，他们所领导的官僚群体曾为宋高宗晚期的政治构
想立下过汗马功劳。此外，在沈该、汤思退执政时，宋高宗的台谏言
事官发挥了应有的作用。无论是反秦桧势力，还是对于吏治的整顿，
台谏言事官可谓不遗余力。不过，台谏言事官弹劾、揭短时，我们也
不能忽视宰执群体的作用。宋高宗之所以提到"大臣固不当疑"④，多
半是因为他要依靠官僚群体来推行自己的政治主张，要依靠宰执群体来
勾勒自己的政治构想，这便是刘子健先生所言的"官僚化的君主极权"
的主旨所在⑤。由此可见，沈该、汤思退的最重要政绩还是在大政方针
方面极力维护宋高宗的政策主张。绍兴二十六年十月，张浚上书言金人
不可信，宜修武备，沈该、万俟卨、汤思退为之怒，而台谏官汤鹏举、
周方崇、凌哲所论张浚罪恶，实为附会宰执。绍兴二十九年，国子司业
黄中自金还，上书言金主再修汴京以图南牧，沈该、汤思退诘之曰："沈
少监之（介）归，属耳不闻此言，公安得为此也？"⑥ 再有士大夫言敌情

---

① 《要录》卷一八二，绍兴二十九年六月丙午，第3504页。
② 《要录》卷一六九，绍兴二十五年十月丙申，第3217页。
③ 《要录》卷一八七，绍兴三十年十一月庚子，第3625页。
④ 《要录》卷一八三，绍兴二十九年冬十月癸酉，第3536页。
⑤ 刘子健：《南宋君主和言官》，《两宋史研究汇编》，第19页。
⑥ 《要录》卷一八一，绍兴二十九年四月壬辰，第3484页。

难信，请饬边备，沈该等"不以为然，奏遣大臣，往探敌意，且寻盟焉"①。可见，沈该、汤思退在舆论抨击下执着维护宋金和议状态，与宋高宗的政策主张如出一辙。

虽然沈该、汤思退在国家大政方针方面体现了一定的导向作用，但我们应注意到此时相权的局限性。可能鉴于秦桧专政的历史教训，沈该、汤思退为宰相时不再兼枢密使②，并且宰相的额外行政权力愈发受到限制。绍兴二十六年九月，汤鹏举奏请"选差狱官，必依祖宗格法，试中二等以上者，次第注拟"，以此钳制沈该当国时"多引里党诸少年为大理评事"③。绍兴二十七年六月，左司谏凌哲祈请为赵鼎、王庶等死于贬所者平反昭雪，沈该、汤思退则"取先得罪于国者而追复之"④；在凌哲的争执下，宰相旨意竟被宋高宗否决。同年十一月，沈该外甥女婿潘莘又被言事官弹劾而贬官⑤。所谓相权的局限性，无非就是宰相职权的单一化及台谏言事官的监督，使得沈该、汤思退政权俨然成为宋高宗的执行官。或许也正是这样的权力形式，使得沈该、汤思退居相位长达三年之久，以至于台谏官弹劾沈该时，宋高宗反驳他们说："朝廷进退大臣，诚非细事，祖宗自有恩数。"⑥

沈该、汤思退政权的另一最大特色就是在维护宋金和议国策的基础上，依托台谏群体的整风运动，从而完成宋高宗后期的政治构想。就沈该、汤思退本人的政治能力来说，虽然在反秦桧运动中起到一定作用，继而鼎力推行宋高宗的民事政策，革新官员选任制度，但这一切不过是宰相日常工作分内之事。无论是"性资庸回，志趣猥陋"⑦，还是"天资疏庸，人品凡下"⑧，都旨在表明沈该的无能。而所论汤思退"本无器识，更乏忠亮，徒以工骈俪之文尝缀科目"⑨"本无学术，粗习

---

① 《要录》卷一八二，绍兴二十九年六月甲申朔，第3498页。
② 王明清：《挥尘录·后录》卷一《宰相枢密分合因革》，上海书店，2001，第53页。
③ 《要录》卷一七四，绍兴二十六年九月戊辰，第3339页。
④ 《要录》卷一七七，绍兴二十七年六月辛酉，第3388页。
⑤ 《要录》卷一七八，绍兴二十七年十一月戊寅，第3410页。
⑥ 《要录》卷一八二，绍兴二十九年六月丙午，第3504页。
⑦ 《要录》卷一八二，绍兴二十九年六月丙午，第3504页。
⑧ 《要录》卷一八二，绍兴二十九年六月乙巳，第3503页。
⑨ 《要录》卷一八七，绍兴三十年十一月戊戌，第3623页。

辞章"①，也同样指其能力低下，不足为宰执。至于"沈本"②或"养家宰相"③，无非是说二人为官徇私情。反过来看，沈、汤二人所谓的经济罪，当是他们在位时致力于江南经济建设的表征。从绍兴末年的财政收入看④，沈、汤二人着实为巩固绍兴末年的经济基础立下过汗马功劳。至此我们可以明白，沈该、汤思退并非基于多么高的政治谋略而稳坐宰相之位三年之久，但为宋高宗政权营造了较为稳定的官僚体制。在这个体制里，宰相不遗余力地贯彻宋金和议国策，并适时地推行宋高宗主张的裕民政策，客观促成了经济的发展；同时，在台谏言事官弹奏中，不断的革新除弊。实际上，这个官僚体制里，重要的是台谏群体力量的上升。我们从沈该、汤思退被弹劾的历程来看，宋高宗最初并没有同意台谏的要求，最后都是在台谏官反复弹劾下被迫罢免了沈、汤。值得我们注意的是，弹劾沈该的奏词里，除了言及他的人品问题，实在没有什么特别罪状。而汤思退被弹劾更有意思，指摘他学识问题似乎已苍白无力，最后竟靠着传统的天谴论⑤才将他赶下台。台谏群体力量的上升及宰执官员的弱势化，直接造就了官僚群体之间的相互制衡，而皇权在二者相互纠葛中提升，君主官僚体制才富有蕴义。这样的君主官僚体制又何尝不曾影响到孝宗时宽恕的政局，乃至南宋包容的政治风格！

---

① 《要录》卷一八七，绍兴三十年十一月辛丑，第3627页。

② 绍兴二十九年六月，侍御史朱倬、殿中侍御史任古言："臣谨按宰相沈该，顷在蜀部，买贱卖贵，舟车络绎，不舍昼夜。蜀人不以官名之，但曰'沈本'，盖方言以商贾为本也。"见《要录》卷一八二，第3505页。

③ 绍兴三十年十二月，右谏议大夫何溥等言："臣等尝论奏汤思退奸邪，已蒙威断，赐之罢黜。告庭既退，公论尚喧。臣等窃以为有大不可者。思退贪鄙之状，见于前后居官，市井之人，皆能缕言。……至若青田之潘集，平江之张棐，会稽之詹承宗，括苍之潘景珪辈，率家计巨万，厚以财贿肆行交结，思退或与之联姻，或与之补吏。又如货缣帛于乡郡，粜俸米于近州，责其倍偿，公私咸扰。政事堂不造食而折见钱，权要以时新而络绎供馈。享万钟之禄，绩效蔑如，更务贪鄙，都人号之曰'养家宰相'。"见《要录》卷一八七，第3631页。

④ 史载，绍兴末年前后南宋总岁入缗钱约为九千万缗至一亿缗，另有税粮约五百万石和其他金、银等。此论可参见汪圣铎《两宋财政史》，中华书局，1995，第137页。

⑤ 绍兴三十年十月，"是日日方中天，无云而有雷。时侍御史汪澈等欲论左仆射汤思退，方据摭其过。殿中侍御史陈俊卿曰：'为相无物望而天灾亟至此，固当罢，何以他为。'于是澈等相继论之"。佚名：《宋史全文》卷二三上，黑龙江人民出版社，2005，第1554页。

二 由战及和：权力代际期的政见之争

绍兴末年，后秦桧时代如何向励精图治的孝宗时代过渡，同样关系到宋金和战问题，而解决这一问题的结果，则直接导致孝宗朝初年国家政策的迁移，从而构造了南宋基本的政治格局。沈该、汤思退执政时的君主官僚体制如何沿传至孝宗朝，这关系着宋高宗朝确立的绍兴和议政策是否继续维持，不仅需要执政者重新审视绍兴诏狱的合理性，并且还要执政群体处理好权力过渡时的政见矛盾。绍兴末年至乾道初年，南宋政权对金的政策发生了迁移，主和、主战与恢复以图进取的国是政策，在执政群体中相次交接。深入分析可见，以张浚为首的主战派与以汤思退为首的主和派，以及与史浩等主守派，在政见方面发生了严重的冲突，这种冲突表面上有着政治斗争的特征，事实上却折射出宋孝宗政权意欲重建宋金政治格局的不懈努力，进而反映出高、孝两帝皇权代际期政治文化转型的方向。

1. 皇权交替与主战论的勃兴

绍兴三十一年十一月底，宋金采石之战，金人屡败，完颜亮被部下射杀，金朝因师出无名，要求"各宜戢兵，以敦旧好"①。随后，宋廷收复两淮，乘胜取海、泗、唐、邓等十郡。后有诏班师，诸将弃颍、蔡等郡，唯独唐、邓、海、泗四郡仍为宋所有。绍兴三十二年夏，金人出兵数万围困海州，为张浚侄子张子盖所败。孝宗即位后，金人声称"以胁取之"。同年九月孝宗下诏："敌人来索旧礼，从之则不忍屈，不从边患未已。中原归正人，源源不绝，纳之则东南力不能给，否则绝向化之心。宰执、侍从、台谏各宜以己见指陈，定论以闻。"② 所谓"旧礼"，实在关系着宋金关系，但在宋孝宗政权看来，这种关系应该有所改变，毕竟绍兴末年金人单方面撕毁绍兴和议条约之后宋军取得了一定的胜绩，加之孝宗本人恢复之志坚定。不过，此时宰执、侍从、台谏的意见并不一致，大体来说，有关四州之地归属、旧礼、归正人安置问题各为己论。参知政事史浩认为："先为备守，是乃良规，此乃一时之权宜。盖度今年

---

① 《要录》卷一九五，绍兴三十一年十二月己亥，第3829页。
② 《杂记》甲集卷二○：《癸未甲申和战本末》，第463页。

之事力。傥听浅谋之士，时兴不教之师，寇去则论赏以徼功，寇至则敛兵而遁迹，谓之恢复，岂不痛伤。"① 史浩的论点，显然是以守图恢复的战略，并无所谓对错，但与张浚的积极主战相左，这是政见方面的冲突。纵观文献记载，绍兴二十九、三十年沈该、汤思退的罢免，究其原因，即是与宋金关系的转变息息相关，主战在应对金人南侵的情况下成为不得已的选择。张浚的复出，一方面缘于陈俊卿的荐举，另一方面主要取决于陈康伯的主战。绍兴三十一年，时任宰相的陈康伯力排众议主战，上奏说："金敌败盟，天人共愤，今日之事有进无退，圣意坚决，则将士之意自倍。愿分三衙禁旅助襄、汉，待其先发应之。"② 正因为陈康伯主战，才提拔陈俊卿为兵部侍郎，召回张浚，也表明绍兴末年宋金和议政策有所动摇。古今论者皆谓史浩与张浚的政治斗争是主守与主战的冲突，史浩所谓的内修以图恢复看似更为合理。这显然是基于张浚的符离兵败及宋金隆兴和议的结论来说，并非确实得当的政治举措。

绍兴末年至隆兴初年，宋金关系一度恶化，先有陈康伯力主强硬态度应对金人南侵，后有张浚坚定北伐以图进取，但并没有形成政治决策的相互对立。李心传曾云："（史）浩既参知政事，（张）浚所规画，浩必沮挠，如不赏海州之功，屈死骁将张子盖，散遣东海舟师，皆浩之为也。"③ 史浩的做法明显是政见冲突导致的政治抵触行为，但史浩并非张浚的政敌，两者并不存在政治利益方面的对立。据史载，"张浚以召至，浚位特进爵和国公，上将以为江淮宣抚使拜少保。浩曰：'浚名重当世，久为秦桧所抑，既大用之，恩礼宜加厚。'乃进少傅，升魏国公。于是上有经略中原之意。浩草浚制云：'诵宣王任贤使能之诗，朕喜得将伯之助，鉴光武略地屠城之戒，公宜以安集为先。'意欲令先固边疆，无浪战也。"④ 甚至，隆兴元年张浚符离兵败之后，史浩还上奏说："张浚忠义有余，今此小挫，出于不度，彼己然其心，惓惓忠于为国，古人不以一眚掩大德，陛下若扶拭用之，责其后效自此，必详谛熟审，不敢妄发

---

① 《要录》卷二百，绍兴三十二年七月癸亥，第3955页。
② 《宋史》卷三八四《陈康伯传》，第11810页。
③ 《要录》卷二百，绍兴三十二年七月癸亥，第3955页。
④ 胡榘、罗浚：《宝庆四明志》卷九《史浩》，《宋元浙江方志集成》第7册，杭州出版社，2009，第3256页。

也。"① 显然表明，史浩与张浚并非政敌，其政治斗争只是政见不合的论争②。隆兴元年正月，史浩拜右仆射，张浚拜枢密使、都督江淮军马。同年四月，张浚上奏要求出师渡淮，进取山东，并要求孝宗幸建康。史浩规劝说："明公以大仇未复，决意用兵，此实忠义之心。然不观时审势而遽为之，是徒慕复仇之名耳。诚欲建立功业，宜假以数年，先为不可胜以待敌之可胜，乃上计也。明公四十年名望，如此一旦失利，明公当何如哉！"③ 史浩的规劝明显不是站在个体政治利益角度的说辞，即使如此也没有说服张浚的主张，当然"三省、枢密院不复预闻，径自督府行下"，这是得到孝宗的大力支持。但我们需要清楚的是，反对张浚出兵北伐的还有曾经主战的陈康伯。

《中兴龟鉴》曾载："向者（绍兴三十一年之和议交涉）康伯犹不主和议，今则康伯亦附会而言和矣。"④ 实际上，陈康伯反对张浚用兵并非隆兴二年时的议和主张，而在隆兴元年四月张浚进奏出师之策时陈康伯就表示反对⑤。陈康伯反对张浚出兵，当然也不是缘于与张浚政治斗争，只是基于绍兴三十一年至隆兴元年宋金关系的变化，做出的政见性判断。那么，张浚的主战论是否符合孝宗初年的实际政治环境，抑或张浚的主战论在这一时期的积极性何在？

　　首先，我们要弄清楚张浚与史浩政见论争的语境。史料中多有记载，史浩规劝张浚"先为不可胜以待敌之可胜"以守四十年功名，张浚却回答说："丞相之言是也。虽然，浚老矣。"⑥ 看样子张浚是知其不可为而为之，只是于退休之前期望在功名上最后搏一把。实际上，张浚执意北伐并不是没有舆论支持，或为孝宗政治立场的缘故吧。史浩辞相之前曾上奏说："张浚锐意用兵，若一失之后，恐陛下不得复望中原。"⑦ 当是

---

① 《宝庆四明志》卷九《史浩》，第 3262 页。
② 有学者即提出，张浚、史浩之争，并不是主战与投降、爱国与卖国之争，而是用兵策略、进军方向、选用人才等政见之争。参见方健《再论张浚——兼答阎邦本同志》，《岳飞研究》第四辑，第 145 页。
③ 叶绍翁：《四朝闻见录》丙集《张史和战异议》，第 103 页。
④ 《宋史全文》卷二四上，隆兴二年尾引，第 1663 页。
⑤ 《杂记》甲集卷二〇《癸未甲申和战本末》，第 465 页。
⑥ 《齐东野语》卷二《张魏公三战本末略·符离之师》，第 30 页。
⑦ 《宋史纪事本末》卷七七《隆兴和议》，第 811 页。

时，侍御史王十朋论史浩八罪，曰："怀奸误国，植党盗权，忌言蔽贤，欺君讪上。"①《史浩神道碑》亦云："先是龙大渊、曾觌积怒于浩，金安节、周必大又缴其知阁门事词头，二人皆浩所荐。"②王十朋本为史浩所荐③，与金安节、周必大同起于绍兴末年，本不应站在史浩对立面。这些受恩惠于史浩的言事官、台谏官，之所以在史浩罢官时落井下石，一方面可能表明史浩的政治主张确实不符合当时的政策方向，另一方面则说明孝宗的锐意恢复之志不可动摇。值得注意的是，曾经力荐张浚的陈俊卿也曾对张浚大举北伐持异议，但随着时态的转变最终还是支持张浚北伐。其他反对用兵的朝臣还有李椿、陈敏、韩元吉、唐文若，谓出兵之策起于诸将而非督府，出兵时间不当；金人有重兵屯守，我方兵备未苏，缺乏权谋智略的大将；应该养威观衅，积蓄实力后再出兵北伐④。事实上，张浚的北伐即是应时之举，舆论环境并非触及北伐的根本时机问题。《陈俊卿行状》云："张公初谋大举北伐，公以为不若养威观衅，俟万全而后动，张公从之。会谍报敌聚粮边邑，诸将以为如此其势秋高必来，不可当。不若先其未动举兵击之，以破散其业。张公又以为然，乃请于朝而出师。"⑤

其次，张浚的主战论得益于孝宗的锐意北伐，不可不察。绍兴末年，完颜亮寇侵两淮，"上（高宗）议亲征。建王（孝宗）上奏，请将兵为前驱，浩方疾作，闻之惊起，亟具衣冠趋府，取《左氏春秋》'里克论申生'及《汉书》'四皓论孝惠将兵事'，为建王读之，且举唐肃宗事，言艰难之时，父子岂可跬步相舍。建王大感悟，即使草奏，痛咎前失，又以札子上皇后。上大喜，语大臣曰：'史浩，真王府官也。'"⑥史浩获高宗好评尚在其次，孝宗恢复之志则吐露无疑，这也透露出高、孝两帝

---

① 《宋史纪事本末》卷七七《隆兴和议》，第811页。

② 《宝庆四明志》卷九《史浩》，第3261页。

③ 史载："上问：今设施何先？浩对：莫如保固边鄙，收拾人才，顷秦桧辅政，妒贤嫉能，所废出多名士，今以礼召之，士气必伸而得其用，斯治举矣。张浚已召，张焘、辛次膺，皆执政才也。上从之。浩又言：周葵、任古、胡铨、张戒、王十朋，请悉召之。"见《宝庆四明志》卷九《史浩》，第3256页。

④ 《齐东野语》卷二《张魏公三战本末略·符离之师》，第27~28页。

⑤ 《晦庵先生朱文公集》卷九六，第4454页。

⑥ 《宝庆四明志》卷九《史浩》，第3256页。

政策主张的差异。尤其在权力代际期，孝宗的锐意北伐之志，也表现出他对太上皇政策主张的隐性排斥。隆兴元年四月，张浚请孝宗临幸建康，史浩说："万乘一动，有名则可，以臣视之，其动有三：一曰亲征，二曰劳军，三曰移跸。臣谓今日皆未可也，明曰亲征，则虏必以大军应我，无故而招致数十万人寇边，何以应之。谓之劳军，则用度当如上皇时，上皇曩岁之行，帑藏耗费郡县供亿，诸军诸司往来馈遗，盖费缗钱数百千万。估计内藏一库所出已千四百万缗。他可知已，今复为是。六军闻之必喜，苟所赐不能尽如前日之数，必皆怨望，是可已而不已者。若曰移跸，其于进取，固为顺便，第在今日，则又有未安者，更须熟议。"孝宗不高兴地说："移跸只是移跸，又复何议。"史浩解释说："未审陛下自与六宫往，亦奉上皇以俱。若奉上皇，则建康未有德寿行宫，又未知上皇行止之意若何，臣料上皇未必肯行也。上皇不行，陛下安得与六宫往，倘陛下自行，乃是亲征，非移跸也。若今亲征，俟有功乃回乎，不待有功而即归乎，必俟有功，功不可必，则卒未有回銮之期，苟无功而还，则与上皇视师之行无以异，亦复何益。以是思之，三者皆未可也。"① 此后，孝宗决断张浚北伐而不顾三省、枢密院所知，亦可见其锐意北伐的内涵所在。

最后，认为张浚主张北伐过于鲁莽，多为后来之论。《刘氏日记》云："魏公素轻锐，是时皆以必败待之，特不敢言耳。"《何氏备史》云："及符离之败，国家平日所积兵财，扫地无余，反以杀伤相等为辞，行赏转官无虚日。……使魏公未死，和议必不成，其祸将有不可胜言者矣。"② 这些以善恶标准品评张浚的言辞，大多为追究符离兵败罪责的后来之论。张浚北伐是否得当，言者多但论证者少。从他入奏孝宗至出兵前，只有史浩曾不止一次地规劝他放弃出兵，仅言张浚或图虚名而失四十年名望，或"兵少而不精，二将未可恃"③，并且一一言中。即使如此，史浩的规诫之辞也不足以给张浚出兵北伐下定论。李显忠、邵宏渊二将确实私占金帛而不犒士，致使士兵怨愤而不战自散。但二将北伐一直胜利，"（张）浚恐盛夏人疲，急召显忠等还师，而上亦戒诸将以持

① 《宝庆四明志》卷九《史浩》，第3259页。
② 《齐东野语》卷二《张魏公三战本末略·符离之师》，第33页。
③ 《宋史全文》卷二四上，隆兴元年五月乙卯，第1634页。

重，皆未达"①，张浚本来是有规避二将之失的举措，只不过通信受阻未能起效而已。很显然，偶然与必然条件交错时，后来人选择了必然的解释，张浚未能处理好这一隐患也确实难辞其咎。

至此，我们大致可以澄清，高、孝二帝皇权代际时期张浚的主战论是特殊政治环境下近乎失败的一次政治举措，融于其中的张、史二公之争，反映出不同政见相互认同中的多重矛盾。这一时期的主战或主守，并不反映士大夫一贯的政治主张，而是事态发展变化中士大夫即时的政治认识，所谓政治斗争也非极力获取个体政治利益而进行的口诛笔伐。符离之败后，宋金面临着新的和议论争，原来的主守转向了主和，原来主战的士大夫也转向了主和，这一时期的和战之争和秦桧专政时期完全发生了变化②。

2. "四州归属"与张、汤政见交锋

《张浚行状》云：符离兵败后，"士大夫素主和议者，乘时抵巇，非议百出"。③ 主战论几乎被主和论淹没也是情理之事，有意思的是，反对张浚北伐的陈康伯这时又力主和议。士大夫主和与主战，抑或主守，似乎并不取决于道义上的评判，这也是我们前面章节一直强调的问题，主和或主守有其特定的时代环境，执政者期许的是政治利益的最大化。寺地遵先生曾考证，支持汤思退和议路线的陈康伯、周葵、洪遵、钱端礼等做过宰执的官员，在秦桧专制时期都曾受过迫害④。这种认识为我们重新审视隆兴和议，以及孝宗初年国是政策迁移提供了新的视角。在传统舆论里，隆兴和议的签订似乎再续绍兴和议的耻辱，而历史士人所不忍的仍旧是主和派的言说。隆兴二年十一月壬辰，太学生张观、宋鼎、葛用中等七十二人痛诋力促宋金和议的主和派士大夫，"伏阙上书，乞斩

---

① 《宋史全文》卷二四上，隆兴元年五月乙卯，第1634页。
② 张浚之主战论势力，与汤思退、周葵等主和论联合势力，虽为了争夺领导权而展开激烈的权力斗争，但这场争执绝不可以单纯地还原为以往的"主战论"对"主和论"，秦桧、张浚间的和战之争，是二者择一，故须彻底地镇压反对势力，并由己派占据政权，可是到了孝宗登上皇位之初，主和论主张恢复以图取胜，自然不是非和即战的坚持，而是一种时间上的先后关系，这也是其最大的特色所在。寺地遵：《南宋初期政治史研究》，第474~475页。
③ 《晦庵先生朱文公文集》卷九五下《张浚行状》，第4425页。
④ 寺地遵：《南宋初期政治史研究》，第460~464页。

汤思退、王之望、尹穑三奸臣，窜其党洪适、晁公武，而用陈康伯、胡铨为心腹，召金安节、虞允文、王大宝、陈俊卿、王十朋、陈良翰、黄中、龚茂良、刘珙、张栻、查签，协谋同心，以济大计"①。这段檄文揭示了隆兴和议签订之前朝廷中持不同政见的官僚群体，清晰地勾勒出和战分化的主体特征。以上太学生所列罪臣，多为力主和议或附和汤思退者，更是反对张浚者。据史载："时王之望、尹穑得志，其威能陷张魏公。"②"侍御史尹穑乞置狱，取不肯撤备及弃地者劾其罪，庶和议决成，所指凡二十余人。"③洪适曾与亲刘珙的王伯痒政见相左④，晁公武或因隆兴二年八月任台谏官后力主和议，遂被太学生归为汤思退党羽。值得玩味的是，太学生所列可以"协谋同心，以济大计"的官员，与张浚在隆兴元年十二月再入相时所举可任事官员有所出入。

隆兴十二月二十二日，汤思退升任左相兼枢密使，张浚拜为尚书右仆射、同中书门下平章事兼枢密使，仍旧都督江淮。张浚入辅即首奏当广招仁贤士大夫共济国事，奏云："虞允文、陈俊卿、汪应辰、王十朋、张阐可备执政，刘珙、王大宝、杜莘老宜即召还，胡铨可备风宪（御史），张孝祥可付事任，冯时行、任荩言、冯方皆可备近臣，朝士中林栗、王秬、莫冲、张宋卿议论据正，可任台谏，皆一时选也。"⑤太学生和张浚力荐士大夫中唯有虞允文、王大宝、陈俊卿、王十朋四人被列，主要因为符离兵败之后，主和论占据了上风，"国之元老如张浚、王大宝、王十朋、金安节、黄中、陈良翰，相继黜逐"⑥，陈俊卿素主战支持张浚，虞允文则在张浚入辅之前为京、湖制置使，并且力主不与金人议和。除此之外，张浚与太学生力荐的其他士大夫基本上都曾不同程度地反对过宋金和议，是否主战或主守尚在其次，是否与金人议和问题基本偏向条件性支持。隆兴元年十一月十四日，宋孝宗"仍令侍从、台谏集议，当与不当议和，合与不合遣使，礼数之后先，士贵之取予，仍令各

---

① 《杂记》甲集卷二〇《癸未甲申和战本末》，第 470 页。
② 《诚斋集》卷一〇一《跋林黄中书忠简胡公遗事》。
③ 《宋史全文》卷二四上，隆兴二年十有一月甲午，第 1661 页。
④ 董春林：《撰与刻的政治构想——南宋夔门〈皇宋中兴圣德颂〉的文化涵义》，《重庆三峡学院学报》2012 年第 4 期。
⑤ 《宋宰辅编年录》卷一七，隆兴元年十二月张浚右仆射条，第 1167 页。
⑥ 《宋史全文》卷二四上，隆兴二年七月辛卯，第 1654 页。

荐所知，以备小使，凡五事于后省限一日集议"①。集议内容如表1。

表 1

集议官员	提议内容	政治主张
吏部尚书凌景夏、户部尚书韩仲通、吏部侍郎余时言、刑部侍郎路彬	既正名分，则和当遣使，当与岁币，而四州疆土当讲与祖宗之陵寝及钦庙梓官两易之。	主和
礼部侍郎黄中、兵部侍郎金安节	如称叔侄二字，未得允当。国号不加大字，不用再拜。岁如增币，当还钦宗梓宫。四州为淮、襄屏蔽，不可与，宁少增岁币。钦宗梓宫，首当迎奉。陵寝地，彼必不肯归我，宜因每遣使入国，恭谒陵寝一决。	主和
侍御史周操、左正言陈良翰	名分既正，则侄国之类不须深较，惟土疆不可与，归正人不可遣，边备不可撤，及每岁展敬陵寝，皆须预约。又乞令张浚条具。	主和
给事中钱周材、起居舍人马骐	我当称大宋谨白，如与大辽之礼，岁币已有定议，四州决不可割。又乞令张浚参决。	主和
工部尚书张阐	和不可不议，使不可不遣，岁币不必校，四州不可割。今不如击之，既胜而后与和，则恩威兼着。	不主和
起居郎胡铨	虏因符离之役，震慴求和，今欲与不共戴天之仇，讲信修睦，三纲五常埽地尽矣，况万万无可信之理，何㮚、黄潜善、秦桧前车之覆，不可不戒。	不主和
监察御史尹穑	国家事力未备，当与虏和，惟增加岁币，勿弃四州，勿请陵寝，则和议可集。	主和
监察御史阎安中	四州我之门户，决不可弃，当以和好为权宜，用兵为实政。	主和

从以上十四位侍从、台谏官员的政治主张来看，反对议和的只有胡铨、张阐二人，条件性主和成为绝大多数官员讨论的主要内容，并且凡是条件性主和的官员都提到唐、邓、海、泗四州的归属问题，基本认定四州不可弃，至于遣使、岁币、归正人、正名、陵寝问题并没有得到一致的认同，这也反映出此后张、汤二相所谓权力斗争的消长。

四州究竟归属宋还是金，这对符离之败后宋王朝来说是个非常重大

① 《杂记》甲集卷二〇《癸未甲申和战本末》，第 467 页。

的问题。史称：隆兴元年十一月十九日，"魏公在扬州闻之，遣敬夫入奏仲贤辱国无状。上始怒。操又论仲贤不应擅许四郡，下大理，削其官。召魏公赴行在"①。张浚在面见孝宗时，孝宗甚至和张浚密谈："若金帅必欲得四郡，当追还使人，罢和议。"② 这也表明，张浚的复出并不能阻止宋廷与金人议和的脚步，甚至所谓的宰执还认为前面待从、台谏所论，"此皆以利害不切于己，大言误国，以邀美名"③。同月二十五日，陈康伯、汤思退、周葵、洪遵上奏："近因北副元帅书来，有意求和。陛下天资英武，痛祖宗未雪之雠，日思恢复，而一闻彼言，喜见颜色，正欲休兵息民，以答天戒，因为自治之计，以待天下之变而图之。"群臣也纷纷认为："意欲讲和，以苟目前之安。今窃以谓自今以往，尤当信赏必罚以作成人材，选将励兵以激昂士气，务农重谷，均财节用，以爱惜公私之力。庶几今日之和，乃所以成他日之恢复。"④ 实际上，宋孝宗同意议和并不表明弃四州于不顾，四州归属问题实为议和的基本条件。陈康伯于隆兴元年十二月三日罢相，十二月二十一日拜汤思退、张浚为相，次年元月，宋孝宗还一直称："四州系本朝内地，不当言于意外。其余事理，非帅府所当可否。"⑤ 对于金人而言，四州归属问题也或为议和的基本条件，所以说，隆兴二年三月，宋孝宗下诏要求荆、襄、川、陕严守边备时，急于求和的汤思退提出"以社稷大计奏禀上皇，而后从事"，恰恰惹怒了孝宗。孝宗认为："今日敌势，非秦桧时比，卿之议论，秦桧不若。"⑥ 这说明孝宗坚持不弃四州的用意所在，也透露出孝宗与汤思退政见差异的所在。汤思退此后使计唆使王之望、龙大渊驿递上疏说："兵少粮乏，楼橹器械未备，斥堠全无。……委四万众以守泗州，非计。"⑦ 显然又是围绕四州归属问题展开的议论，"兵少粮乏"当然不足以守四州，但这与张浚督府招纳戎兵相左，变相地否定了张浚的政治主张。隆兴二

① 《杂记》甲集卷二〇《癸未甲申和战本末》，第468页。
② 《诚斋集》卷一一六《张浚传》。
③ 《杂记》甲集卷二〇《癸未甲申和战本末》，第468页。
④ 《宋史全文》卷二四上，第1644页。
⑤ 《杂记》甲集卷二〇《癸未甲申和战本末》，第468页。
⑥ 《杂记》甲集卷二〇《癸未甲申和战本末》，第468页。
⑦ 《杂记》甲集卷二〇《癸未甲申和战本末》，第468页。

年四月十四日，张浚彻底罢政。同年七月，汤思退私自"命海、泗撤戍"①。同年八月，胡铨上疏陈和战三策说："当乾纲独断，追回使者，绝讲和之议以鼓战士，下哀痛之诏以收民心，天下庶乎可为矣。孙造谕虏以重兵胁和。"② 孝宗听说金人用兵南下，急忙命加强守备，宰相应都督江淮军马，但汤思退并未听命。十一月，先是清河口守将魏胜战死，再是刘宝自楚州，王彦自昭关南逃。孝宗尤下诏书云："朕以太上圣意，不敢重违。而宰辅群臣前后屡请，已尽依初式，再易国书。岁币成数，亦如其议。若彼坚欲商、秦之地，俘降之人，则朕有以国毙，不能从也。"③ 因汤思退未如命都督军马，九月二十三日，慌不择路的宋孝宗曾命杨存中都督江淮军马。十一月七日至九日，甚至还命王之望、杨存中为都督。

翻阅史料记载，不难发现，隆兴二年底宋金和议的根本问题是南宋朝廷未能较好地处理四州归属及戍兵边备等，相反这些问题也是促成后来隆兴和议的根本，但反映在宰相任命上起到了不同的结果。先是张浚因坚持四州不可弃，被汤思退以财政实务观攻击罢政；后是汤思退撤守四州，致使金人南犯，虽促成和议必成之趋势，却严重背离了孝宗不弃四州的政策主张，最终于隆兴二年十一月十日罢政。

至此可见，隆兴元年底至隆兴二年十一月，张浚、汤思退两人的政见之争潜在关系到四州归属问题，无论是汤思退单方面的政治阴谋也好，抑或是张浚积极防守的军事主张不合时宜也罢，最终的结果是宋金又一次签订了和议。但这其中有关士大夫主和或主守、主战的评判并没有实际的意义，也无须以道义观念作为评判士大夫忠奸与否的标准，因为士大夫的政治主张在政治实态迁移中发生着变化。寺地遵先生认为，张浚失败的最主要原因，是汤思退系、周葵系、陈康伯·洪遵系的联合势力依然存在，未曾瓦解④。但他同时又指出，绍兴二十九、三十年，沈该、汤思退政权的瓦解，虽是缘于新、旧两世代反秦桧势力的联合，但构成此势力中心部分的乃是四川、福建官僚，概属当时经济上非先进地区；而与张浚相对抗的，则是汤思退、周葵、陈康伯之联合势力，其实是由

① 《杂记》甲集卷二〇《癸未甲申和战本末》，第469页。
② 《杂记》甲集卷二〇《癸未甲申和战本末》，第469页。
③ 《杂记》甲集卷二〇《癸未甲申和战本末》，第469页。
④ 寺地遵：《南宋初期政治史研究》，第468页。

不同地域、不同理想的势力联合组成①。我们只能理解为，这些士大夫不再坚守一定的政治主张组建固定的阵营，而是适逢时机地提出稍为切合实际的政见。反观前文所论太学生所荐士大夫我们也会发现，所荐的陈康伯实际上支持和议，金安节、陈良翰、黄中都是条件性主和论支持者；而张浚所推荐的士大夫冯方也曾在汤思退极力攻击张浚的情况下，"论浚费国用不赀，又论浚奏留张深守泗，不受赵廓之代为拒命，又论乞罢浚都督"②，我们实在无法以主和或主守整齐划一地将这些士大夫分类。另外，太学生所指斥为奸臣或其党羽的尹穑、晁公武二人，也曾在隆兴二年十一月汤思退罢政之际指斥其"急欲和好之成，自坏边备，罢筑寿春城，散万弩营兵，辍修海舡，毁拆水柜，不推军功赏典，及撤海、泗、唐、邓之戍"③。当然，尹穑、晁公武批汤思退的奏文，难免有落井下石之嫌，但至少也指明汤思退落职与其弃四州之地有关。元人脱脱曾评价说："思退始终与张浚不合，浚以雪耻复雠为志，思退每借保境息民为口实，更胜迭负，思退之计迄行，然终以不免。敌既得海、泗、唐、邓，又索商、秦，皆思退力也。"④ 所论并无虚言，汤思退与张浚的政见之争随着隆兴和议的促成而结束。此一阶段的士大夫则随着两位宰相的政见之争而随机迁移着自己的政见，当然，这些政见必须符合政局的迁转及宋孝宗用人政策的转移，凝聚成多元的政治原动力，推动着南宋王朝重建新的政治图景。

三　宋孝宗初年恢复路线的形成

秦桧死后的"绍兴更化"，表面上实现了宋高宗政权革除时弊的目的。沈该、汤思退执政的后秦桧时代，台谏群体得以重组，相权弱化，宋高宗以和议为先的政治主张得以奉行不辍，但这并不能说明南宋偏安东南政治方向的真正确立。对于宋高宗政权而言，"绍兴更化"的发生利弊参半。"绍兴更化"之后，绍兴和议期间被贬谪的"主战派"士大夫重回政治中心，伴随着绍兴三十一年金人再次南侵，宋高宗被迫再次

---

① 寺地遵：《南宋初期政治史研究》，第 472 页。
② 《诚斋集》卷一一六《张浚传》。
③ 《宋宰辅编年录校补》卷一七，隆兴二年十一月辛卯，第 1175 页。
④ 《宋史》卷三七一《汤思退传》，第 11531 页。

起用主战派领导人物张浚，沈该、汤思退也因"不合时宜"而被台谏官弹劾下台。次年六月，宋高宗禅位给皇太子赵眘，宋高宗的和议政治构想再次遭遇挫折。隆兴元年正月，张浚复出并得到宋孝宗重用。隆兴元年三月，金人要求南宋归还海、泗、唐、邓等州旧疆，遭到张浚拒绝后再次准备南犯，宋金和战与否再次成为政论焦点。宋孝宗锐意收复北方失地，张浚积极主张北伐，最终促成隆兴北伐。符离之败后，和战论转变成战守论，宋孝宗政权最终确立内修以图恢复的长远政治路线。在这一过程中，遭遇绍兴诏狱的赵鼎、李光及岳飞等人被恢复了官爵，贬谪的胡铨等人被召回，秦桧党人继续被驱逐，崇岳贬秦的风气一时占据隆兴初年的政治空间。隆兴和议的签订，标志着宋廷最终转向了以和养战的和议时代。纵观史籍记载，宋孝宗朝初年政治的变动，基本确立了南宋偏安东南的政治方向，这也标志着南宋初期一系列诏狱事件之后政治规则的重建。

关于宋孝宗初年的政治状况，此前的学者要么着眼于物质财富上升带来的社会发展①，要么对宋孝宗立志北伐、整顿内政的积极政治态度多加颂扬②，要么深层揭示宋高宗政治构想对宋孝宗的影响③，要么对宋孝宗的"恢复"路线专题研究④。本小节笔者并不准备全面探讨宋孝宗

---

① 王德毅先生曾指出，孝宗时曾以充足的财富养大量人才，于是文学艺术、经史、考古、哲理诸学都极一时之盛，生活在偏安的小康时代的人士渐渐地把复仇的意志消磨掉了。见王德毅《宋孝宗及其时代》，《宋史研究集》第10辑，"国立"编译馆，1978，第294页。

② 参见方如金《试评宋孝宗的统治》，《浙江大学学报》（社会科学版）2000年第6期；陈晓莹《宋孝宗治国政策与成效之评析》，《甘肃社会科学》2001年第3期；陈国灿、方如金《宋孝宗》，吉林文史出版社，1997。

③ 有学者认为，史浩自绍兴三十二年后半年至隆兴元年正月的急速升迁经历，隐然可见宋高宗的"深意"。见蒋义斌《史浩与南宋孝宗朝政局——兼论孝宗之不久相》，《宋史研究集》第18辑，"国立"编译馆，1988，第37页。

④ 王德忠先生却认为，隆兴间孝宗对宋金已经变化了的形势缺乏清醒的估计，在事关恢复成败的重要问题上并没有做出战略上的周密部署，乾道、淳熙间孝宗之失主要在于没有立足于以武力收复北方失地，并为此进行认真的、持之以恒的准备工作。见王德忠《宋孝宗"恢复"图功述评》，《东北师范大学学报》（哲学社会科学版）1991年第1期；张复华先生则又指出，孝宗志在恢复，符离兵溃后犹不改其志，鉴于国用不足，宰执不关心财政的现象，特令宰执兼制国用，庶几量入为出，节制国用，宽养民力。张复华：《论宋孝宗朝宰执国用制度》，《"国立"政治大学学报》1997年第74期；刘缙则指出，宋孝宗阅武次数之多，反映了其对于"恢复"的急切心理，见刘缙《南宋现实政治与"阅武"之关系》，《求索》2010年第2期。

时代的政治状况，只是在南宋初期政治转型的视阈下对宋孝宗朝初年"恢复"路线形成过程中的某些政治现象进行深入解读，从而理清南宋初期诏狱事件后政治规则重建的思路。

1. 邪正之辨——和战困窘中的用人政策

宋孝宗登基伊始，即面临宋金和战问题，这也曾是亲历绍兴诏狱事件及秦桧专权过程的宋高宗最为困惑的政治难题。是重用"绍兴更化"之后恢复官职的"主战派"士大夫，还是吸取绍兴和议"教训"沿用和议为上的"能吏"①，直接导向孝宗朝初年的用人问题。何忠礼先生曾指出，宋孝宗吸取秦桧擅权的教训，事事"独断"，从而造成宰相权轻，并不久任②。综合史籍记载来看，一方面，宋孝宗的"独断"与他锐意收复北方失地息息相关；另一方面，宋孝宗的"独断"是从宋高宗朝懦弱抗金的政治思路转变而来。我们要深入认识宋孝宗朝初年的用人政策，势必要对高宗到孝宗用人思路转变的内外因素有个清晰的认识。

绍兴三十一年，金人再次南侵，宋高宗政权的和议国策受到汪澈等谏官的反对，陈俊卿在此之前即建议宋高宗"益坚睿断，先定规模"做好应急的工作，并强力推荐张浚，指出其"意广才疏"，但有"忠义之素心"。张浚的忠义之心与宋孝宗当时"不胜义愤"实在有某种契合，这种契合充分折射出对政治人物诉求的时效性，宋孝宗此后的用人方略也多是沿着时效性展开。在秦桧擅权时代乃至后秦桧时代，宋高宗政权秉承的是宋金和议国策，致力于财政管理的"实务性官员"较之积极抗金的"道义派官员"更受欢迎③。但这些实务官员面对金人南侵时往往

① 绍兴末年，沈该、汤思退等主和派者多以治理财政为任而跻身台阁，从而招致忠良士大夫的讽谏。陈俊卿曾上书云："州县之间，号为能吏者，往往务为急刻，专以趣办财赋为功，而视抚字听断为不急，其间又有聚敛以为羡余之献者，增市征则害商贾，督逋赋则病农民，甚或侵移常赋贻患后人，朝廷不察反谓有才，愿有以深戒戢之，则天下之幸也。"见朱熹《陈俊卿行状》，《晦庵先生朱文公文集》卷九六，第4459页。
② 何忠礼：《南宋政治史》，人民出版社，2008，第234页。
③ 这里的"实务性官员"与"道义派官员"主要指代绍兴末年致力财政管理的主和派官员和反秦桧路线对金持强硬态度的官员。寺地遵先生认为，道义派官员主要指秦桧死后复归政坛或新获起用反秦桧路线的官员，这些官员地域上来自四川、福建，都是有修养的学者，他们反对强行征税、专卖提高财政收入的能吏，又都对金持强硬态度；与之相反的实务性官员，则主要出身太湖周边，致力于财政、法律等实务性政治问题，对金多持和议态度。见寺地遵《秦檜後の政治過程に関する若干の考察》，《东洋史研究》1976年第3期，第95~96页。

显得懦弱而不经事,在锐意收复失地的宋孝宗面前也不被完全信任。寺地遵先生曾指出,秦桧死后,宰执制开始活性化与实质化,起用地方有力人士沈该、汤思退出任宰相,政治势力的配置及编制体现出联合的特征,政策决定方面则凸显出妥协的特征,符离之败后联合势力出现多数,遂在权力斗争中压倒了主战派张浚等少数势力,联合与妥协的形态遂成为乾道、淳熙年间的政治结构①。很显然,通过出身地域与政治主张判断后秦桧时代乃至孝宗初年的政治结构过于繁杂,政治门派的联合与最终的和议妥协也不能从本质上解释孝宗用人思路上的转向。不过,寺地遵先生通过即时财政状况、诸门派出身地域、宋廷政策导向几个方面对绍兴和议之后南宋政治过程的考察,一定程度上为我们勾勒出这一时期宋高宗父子用人的多元化。尤其是从孝宗登基开始,宰执任期频繁且主战派、主和派、主守派接替或同处政坛,在孝宗眼里似乎政治选择多元。当然,孝宗锐意收复北方失地的政治理想始终存在,只是随着时代变化而被迫迁移或淡化。这可能受到宋高宗阴影的影响②,但宋金和战变奏中士大夫游移于道义与实务之间的即时政治面相也对孝宗的人事判断造成一定的影响。

以何种标准考量人才,关系到孝宗初年政局的走向。孝宗与臣僚谈及的"邪正之说"恰恰透露出他的用人思路。乾道四年十二月,孝宗问魏掞:"治道以何者为要?"魏掞回答说:"治道以分臣下邪正为要。"③乾道八年正月,孝宗与杨万里论人才时又说:"人材要辨实伪,要分邪正。……最不可以言取人。孔子大圣,犹曰:'始吾于人也,听其言而信

---

① 寺地遵:《南宋初期政治史研究》,第 474~477 页。

② 孝宗锐意恢复的理想由来已久,亲历金人单方面撕毁绍兴和议协约南侵而"不胜义愤",登极伊始即强力反秦崇岳,但这个理想受制于时代环境是一方面,也可能受到高宗的影响。宋人叶绍翁曾云:"上每侍光尧,必力陈恢复大计以取旨。光尧至曰:'大哥,俟老者百岁后,尔却议之。'上自此不复敢言。"见叶绍翁《四朝见闻录》,第 58 页。宋人张端义亦记载:"德寿建思堂落成,寿皇同宴,问德寿何以曰'思堂',德寿答曰:'思秦桧也。'由是秦氏之议少息。"见张端义《贵耳集》卷上,文渊阁四库全书本。柳立言先生也曾指出,宋高宗与宋孝宗之间的"孝",影响了孝宗的统治。参见柳立言《南宋政治初探——高宗阴影下的孝宗》,《中央研究院历史语言研究所集刊》1986 年第 57 本第 3 分,第 553 页。

③ 刘时举撰《续宋编年资治通鉴》卷八,王瑞来点校,乾道四年十二月条,中华书局,2014,第 192 页。

其行。今吾于人也，听其言而观其行。'"① 事实上，孝宗的邪正之说并不完全得益于魏掞，也不是锐意恢复的理想受挫之后的政治体验，这种认识在其即位之初就被付诸用人政策之中。南渡以来，宋金和战问题一直困扰着新兴的南宋政权，绍兴和议的签订非但没有化解政治利益与社会道德之间的矛盾，还进一步加深了主战论士大夫与主和论士大夫之间的沟壑。绍兴更化之后，绍兴诏狱事件中反秦桧的士大夫重回政坛，一批诸如杜莘老、汪澈、虞允文、陈俊卿等新兴道义派士大夫也跻身政坛，在面临金人单方面撕毁和约的政治时态下形成了对金强硬派的代表；而以沈该、汤思退为代表的秦桧余党或新兴南方实务性官员，继续秉承秦桧"遗志"成为议和派的中流砥柱；另外还有陈康伯、史浩、朱悼等和战中间派代表的元老大臣。这三类政治人物的政治主张各有不同，对政治人物的品评标准自然也相互抵触，但总的来说主要分为名利论和忠节论两个方面。

持忠节论者主要是对金强硬派的道义派官员，这类官员激烈反对懦弱不经事的主和派官员，称其为奸臣或毫无人臣之节的卖国者。比如，隆兴元年五月，侍御史王十朋上奏疏说："靖康之祸，臣子有不忍言者。……三四十年矣，臣仰知陛下之心，真夏少康、商高宗、周宣王、汉光武之心也，奈何在位之臣不知忠孝大节，复欲蹈昔日奸臣之覆辙，屈主以和夙世之仇雠，指祖宗中原之土为敌人之土，谓不当取；指祖宗中原之人民为敌之人民，谓不当纳；又取秦陇已复之地无故而弃之，以资寇雠，以绝生灵归附之望？"②

持名利论者主要是以和战利益作为考量标准的实务性官员，这类官员包括主和派与中间派，他们指责积极主张对金用兵者，都趋向于功名利禄而不顾国人安危。比如，孝宗即位之初，钱端礼上书言："今彼势虽屈，而事力尚强，未可与之较胜负；今日将帅，非无忠勇之士，恐为匹夫之勇，乘危侥幸，贪小利而忘大计，使得一城一邑而旋得旋失，既不能保持其民人，又不能坚守其要害，更相屠戮，以激强敌，不惟终无所益，久致寇兵。"③ 符离之败后，和战抉择再次成为朝臣争论的话题，陈

---

① 《宋史全文》卷二五下，乾道八年春正月辛未，第 1749 页。
② 《宋史全文》卷二四上，隆兴元年五月甲午，第 1632 页。
③ 《楼钥集》卷九七《观文殿学士钱公行状》，第 1684 页。

康伯上疏云："侍从之间以至百执事之臣，交章来上，谓今日之事只当用兵，不当言和。是皆不量事力，争欲交兵，致以利害不切于己，敢为大言。……曾不思社稷之重，岂同戏剧，而生民肝脑涂地，谁与任其责哉？"① 钱端礼亦上奏说："中原之当复，人皆知为不可缓，恐须时至则可为耳。今士多持以为进身之资揣摩上意，所以施为之事未尝有成，徒捐货财，虚费民力，有用兵之名，无用兵之实，是欲增重兵威而反弱国势，岂不为邻人所侮哉。"②

无论是忠节论还是名利论，两种人物评价标准都有其合理的一面。对于宋孝宗来说，宋金交战所造成的财政压力，乃至国家动荡都是可想而知的政治危机；委曲求全与金人和议，显然又无视忠孝，置祖宗家业而不顾，同时也有违自己的政治理想。显而易见，孝宗即位伊始面临的是在和战困窘中对用人政策的选择，如何最有成效地选择执政群体应对即时的政治形势，成了这一时期最为重要的政治课题。一如前文提到宋孝宗的"独断"行事，他在隆兴和议前后即呈现出这一特征，"勤于论相，数置而亟免"③，甚至主张"执政于宰相，固当和而不同"④。频繁换相即可见孝宗并没有清晰的用人政策，但有一定因时而变的用人准则。

绍兴三十二年六月，张浚与孝宗初次会面即建言："人主以务学为先。人主之学，以一心为本，一心合天，何事不济！所谓天者，天下之公理而已。"⑤ 朱熹亦上言说："帝王之学，必先格物致知，以极夫事物之变，使义理所存，纤悉毕照，则自然意诚心正，而可以应天下之务。"⑥ 乾道三年，刘珙被召还，见孝宗首论："独断虽英主之能事，然必合众智而质之以至公，然后有以合乎天理人心之正而事无不成。"⑦ 所谓"一心""正心"，无非就是说孝宗政治举措要专一，要以天下公利为中心。从张浚、朱熹、刘珙的角度来看，天下公利应该取决于锐意恢复

① 陈康伯：《论和议疏》，《中兴两朝编年纲目》卷一四，北京图书馆出版社，2006。
② 《楼钥集》卷九七《观文殿学士钱公行状》，第1684页。
③ 《历代名臣奏议》卷一四四，第1884页。
④ 《宋史》卷三九一《周必大传》，第11987页。
⑤ 《要录》卷二〇〇，绍兴三十二年六月壬辰，第3952页。
⑥ 《要录》卷二〇〇，绍兴三十二年六月甲申，第3950页。
⑦ 《宋史全文》卷二四下，乾道三年闰七月癸巳，第1693页。

那样道义派的国策，君主既然坚毅恢复之志，用人政策自然要向这方面倾斜。也许是受秦桧擅权的影响，也许是锐意恢复之志屡屡受挫，孝宗的用人政策并没有一个既定的程式，而是在兼顾天下公利的基础上单一考量政治人物的即时作用。隆兴之初，秦桧余党、新兴道义派士大夫、反秦桧的绍兴诏狱受害者、中间派的政治元老齐聚政坛，孝宗既不以名利视角区分和战派别，亦不据忠节论判断其政治主张，而仅仅以邪、正二元标准来判断政治人物。政治人物邪正与否并非是人格上的差别，政治主张切合即时政治形势即为正，反之则为邪，这在孝宗朝初年可能只是政治环境变化的权宜之策，但不失为应对即时政局及制定长远国策的良策。

绍兴末年，孝宗受禅，正值宋金交战后关系异常紧张之时，臣僚持和、战、守三论而不得统一，如何选择切实的执政群体关系到如何制定即时的国策。陈俊卿进言说："今日之事，必也清心寡欲，屏远便佞，用志专，见理明，则邪正分，功业就。"① 绍兴三十二年十一月，陈俊卿又进札陈十事："曰定规模，振纪纲，励风俗，明赏罚，重名器，遵祖宗之法，杜邪枉之门，裁任子之恩，限改秩之数，蠲无名之赋。其杜邪枉之门曰：'比来左右近习，名闻于外。士夫以身附炎，将帅以赂易官。'"② 由此可见，陈俊卿的邪正之分主要指任用知情理、有志向的人，摒弃趋炎附势换取爵禄的邪佞之人。隆兴元年，张孝祥赴行在入对，"劝帝辩邪正，审是非，崇根本，壮士气，因痛陈国家委靡之弊，且靖康以来，惟和战两言遗无穷祸，要先立自治之策以应之。又陈二相当同心协力，以副陛下恢复之志"③。在张孝祥看来，邪正之分要讲，但不可以和战来选人用事。隆兴元年五月，王十朋亦规诫孝宗说："任贤勿贰，去邪勿疑，以革前日图任之失；有善必赏，有恶必罚，以振今日纪纲之弊。"④ 符离之败后，陈俊卿亦建言孝宗说："陛下治心，修身，立政，用人，专以仁宗为法，此今日之要也。大臣受任不专，用事不久，不能以一身当众怨，

① 杨万里：《杨万里集笺校》卷一二三《丞相太保魏国正献陈公墓志铭》，辛更儒笺校，中华书局，2007，第4736页。
② 《杨万里集笺校》卷一二三《丞相太保魏国正献陈公墓志铭》，第4737页。
③ 张孝祥：《又宣城张氏信谱传》，《于湖居士文集附录》卷一，上海古籍出版社，1980，第409页。
④ 《宋史全文》卷二四上，隆兴元年五月甲午条，第1632页。

此今日之敝也。人才国家之命脉，气节又人才之命脉。"① 虽然目的都是建议孝宗专意重用张浚，但从侧面揭示孝宗用人不专一。绍兴末到隆兴初，宋金关系不断恶化，朝论纷纷而各执己见，孝宗锐意恢复的同时还需面对军费支出造成的财政危机，选人用事必须衡量政治投入与收效，多元化用人与时效性的用人政策便应时而生，这是我们必须认识的政治特征。

绍兴年间缔结的宋金和议政策一直支撑到绍兴末年宋金第二次战争爆发，一度因和议问题而身陷诏狱的士大夫随着秦桧之死而被召还，孝宗即位及隆兴北伐的爆发，和战守问题再次成为宋廷棘手的政治抉择，但与之相关联的诏狱不再是这个时代的政治现象，因为新的国是萌生于孝宗多元的、时效性的用人政策之中，全新的政治规则即将形成。虽然绍兴末年宋金战争爆发之时张浚等士大夫坚意抗金，陈康伯等保守派政治元老也积极于防御工作，但和、战、守不再是必选其一而非他的国策性政治问题。隆兴初年主战派张浚、主和派汤思退及主守派史浩都曾有过共为执政的经历，孝宗的时效性用人政策与新兴道义士大夫的策论也都说明了这一点。隆兴初，陈俊卿曾给孝宗建言："应敌无一定之谋，而疆国有不易之策。今曰和、曰战、曰守者，皆应敌之计，因事制宜不可胶于一说者也。若夫不易之策，则必讲明自治之术，博询救弊之原。毋事虚文，专责实效，使政事修举，国势日强，然后三者之权在我，唯所用之无不如志。"② 无论是被迫之举也好，还是权宜之策也罢，所谓"因事制宜""专责实效"的政治路线在隆兴和议签订之后基本被确定。

2. 内修以图恢复——合乎时宜的政治路线

如果说"绍兴更化"预示着秦桧擅权旧时代结束的话，孝宗即位，任用张浚锐意恢复，便昭示着新时代的开始。不过，孝宗的恢复路线真正确立也有一个发展过程，最初的恢复多半定位在依靠武力上。据史籍记载，张浚"见帝英武，力陈和议之非，勤帝坚意以图恢复"③。孝宗最初锐意恢复之志与张浚的武力收复失地方针基本一致，但并不符合隆兴

---

① 《杨万里集笺校》卷一二三《丞相太保魏国正献陈公墓志铭》，第 4738 页。
② 《朱文公文集》卷九七《观文殿学士刘公行状》，第 4489 页。
③ 陈邦瞻：《宋史纪事本末》卷七七《隆兴和议》，中华书局，1977，第 809 页。

初年孝宗政权的实际情况，主战方针也并没有得到朝臣的普遍认同。若要北伐，且不说军事上战斗力如何，财政上的军费补给必须充足，这是孝宗政权必须面对的客观问题。孝宗多元的用人政策恰恰透露出他所做的准备工作，在重用张浚等主战派道义官员的同时，依靠汤思退等能吏来处理战备等实务工作①。据此可见，隆兴初年孝宗政权的武力恢复之方针必然存在多种不同声音，这也预示着新的国是并不曾确立。孝宗对金主战的积极态度可能受到他的侍讲、侍读、教授，诸如黄中、王十朋、陈俊卿等对金强硬派的影响，但最初主战方针的确立多半取决于他个人的政治理想。反观隆兴北伐之前孝宗的政治抉择，逆元老重臣史浩规诫而重用张浚兴师北伐，符离之败后被迫与金签署和议，又重用虞允文蓄养实力以收复失地，政治理想可谓不曾磨灭，这也成为后代学者解释孝宗励精图治以图恢复的口实。隆兴以后，孝宗政权制定诸多内修政策宽养民力以增加财政收入，加强战备以不忘恢复之志，此前学者们已有不同层面上的关注②。从最初的武力锐意北伐到后来的内修以图恢复来看，孝宗的恢复之志可谓随时间延续而不曾间断。实际上，内修以图恢复并不是隆兴之后孝宗政权的新创，而是"绍兴更化"之后乃至宋金第二次战争之后宋廷必然的政治走向，也是南宋偏安东南政局真正确立的必然国是政策。

宋孝宗即位之后面临的最大问题就是宋金关系，绍兴三十一年金人南侵失败，但南宋防御战的胜利并不能说明南宋军事力量已足以收复失地；符离之败后乾道、淳熙年间，孝宗确立了内修以图恢复的政策，随着虞允文淳熙元年的病逝，短期抗金计划的破产，这一政策遂成为孝宗朝长久的国策。若仅从政策得失角度来检讨孝宗的内修政策并不准确，

---

① 寺地遵先生指出，隆兴年间宋金全面战争开始后，无论是军费的调度，还是各项实务的处理，都必须寻求原为道义派学者官僚所轻视、蔑视的能吏协助，结果遂极为讽刺地，不得不于开战前召回已自权力中心放逐，以汤思退为首的这批官僚。参见寺地遵《南宋初期政治史研究》，第 453～455 页。

② 张复华先生指出，孝宗志在恢复，符离兵溃后犹不改其志，鉴于国用不足，宰执不关心财政的现象，特令宰执兼制国用，庶几量入为出，节制国用，宽养民力。见张复华《论宋孝宗朝宰执制国用制度》，《"国立"政治大学学报》1997 年第 74 期。刘缙亦指出，宋孝宗对于三衙军队经常性的检阅，是对其日常军事训练的固定检查，反映了其对于"恢复"的急切心理。见刘缙《南宋现实政治与"阅武"之关系》，《求索》2010 年第 2 期。

抗金战争中的主观过失①并不能完整解释孝宗内修恢复政策确立的背景，孝宗朝初年军队战斗力薄弱及军费供给紧张都是朝臣们需要考虑的问题。纵观孝宗初年的朝政奏论我们发现，虽然孝宗锐意北伐，但在士大夫们看来"规模"还未形成。所谓"规模"无疑是指国家综合实力或战备能力，当指涉宋金和战的条件。绍兴三十一年，陈俊卿就曾给宋高宗条上计策说："虏人窥伺其意不测，而两淮之藩篱未固，荆襄之声援不接。宜择近臣有威望者尽护荆襄诸将之兵，而假以它用，阴遣间使往来江上，密问诸将计策。或令各遣腹心赴堂禀议，使诸大臣从容延问，诘难往复以尽其情，参酌去取以定其论。庶几缓急，内外相应，不失时机。其它则选练犒赐，以作士气，择吏蠲赋，以辑乡兵，修城筑垒，以严保障，亦事之不可缓者。而总其大要则在朝廷，处置得宜有以服人心者。而推其大本则又在陛下益坚睿断，先定规模，无以忧疑，自为退沮而已。"②陈俊卿的"规模说"主要是针对绍兴末年金人南侵时的战备应对，这与他和唐文若隆兴元年规劝张浚"不若养威观衅，俟万全而后动"③有所不同，"养威"即是蓄养国力，制定长久内修政策再图恢复。关于这一点，一直辅佐孝宗登上皇位的史浩阐述得最为清晰。史浩曾建议孝宗应"少稽锐志，以为后图，内修政事，外固疆圉，上收人才，下裕民力，乃选良将，练精卒，备器械，积资粮。十年之后，事力既备，苟有可乘之机，则一征无敌矣"④，并规劝张浚说："晋灭吴，杜镇南之力也。而当时归功于羊太傅，以规模出于祜也。明公能先立规模，使后人借是有成，则亦明公之功也，何必身为之?"⑤很显然，史浩的"规模说"相对张浚的积极抗金是"示敌以削弱，怠战守之气"⑥，但史浩并非是为了主和，

---

① 王德忠先生认为，隆兴间孝宗对宋金已经变化了的形势缺乏清醒的估计，在事关恢复成败的重要问题上并没有做出战略上的周密部署；乾道、淳熙间孝宗之失主要在于没有立足于以武力收复北方失地，并为此进行认真的、持之以恒的准备工作。见王德忠《宋孝宗"恢复"图治述评》，《东北师范大学学报》（哲学社会科学版）1991 年第 1 期。

② 《晦庵先生朱文公文集》卷九六《丞相魏国公陈正献公行状》，第 4449 页。

③ 《齐东野语》卷二《张魏公三战本末略·符离之师》，第 28 页。

④ 《四朝闻见录》丙集《张史和战异议》，第 102 页。

⑤ 《四朝闻见录》丙集《张史和战异议》，第 103 页。

⑥ 《宋史纪事本末》卷七七《隆兴和议》，第 809 页。

只是为了内修以图恢复①。

　　关于孝宗内修以图恢复的国策如何形成，有两点需要澄清：一是孝宗在宋金战争变奏中客观地接受了朝臣们的"规模说"建议；二是孝宗的恢复之志不曾泯灭。前文已提到，南宋"规模说"早在绍兴末年陈俊卿就向宋高宗建议过，孝宗即位之后，实务派士大夫及保守派元老重臣们更是奏议南宋应蓄养实力然后恢复失地。曾是孝宗外戚的钱端礼上奏说："当今国家利害，莫大于夷狄侵侮，然图大之计，不若从是而务实，张虚声、蹈实隐，非国之福也。……今金主新立，陛下嗣服之初所当讲聘睦邻，修明政事，训励士卒，增理边要，外与之和而不忘内修，中原之民将见襁负而归王化矣。"② 这样的建议确实从实际情况出发，但违背了心气正盛的孝宗。规劝张浚无果的史浩，已无继续留在朝廷的尊严③，只好最后规诫孝宗："先为备守，是谓良规，议战议和，在彼不在此。傥听浅谋之士，时兴不教之师，寇退则论赏邀功，寇至则敛兵而遁迹，取快一时，含冤万世。"④ 从史籍记载来看，孝宗并未接受这些建议，也正由此才有了符离之败。但孝宗并非未曾对南宋形势有一个清醒的认识，只是被一时急切的恢复之志冲昏了头脑。宋金如若开战，南宋面临的巨额军费支出就是一个迫在眉睫的财政问题，这是孝宗完全清楚的问题。据史载："孝宗初立，励精庶政，至于财用大计，尤所经心，或时呼版曹吏入禁中驱磨财赋，诸库皆有簿要，多自按视。"⑤ 但在孝宗的政治理想面前，财政问题有时又与恢复之志冲突。隆兴二年，尚书韩仲通奏论财政收入已无能力应对日益增加的军费支出，钱端礼也说自己先前任户部侍郎时收入已不足应对支出，一年收入加上卖度牒四百余万钱及内库划拨钱，绍兴三十一年九月一次调兵花费一空。孝宗却不以为然说："直须

① 蒋义斌先生曾指出，传统认为史浩是主和派的看法并不准确，史浩主张和战仅是权宜之计，重要是自强以图恢复。见蒋义斌《史浩与南宋孝宗朝政局——兼论孝宗之不久相》，《宋史研究集》第 18 辑，第 38 页。

② 《楼钥集》卷九七《观文殿学士钱公行状》，第 1683 页。

③ 隆兴初，张浚在宋孝宗的支持下坚意主战，史浩被迫离开政坛时对孝宗申诉："道德元老，无如陈康伯；忠义慷慨，无如张浚。臣与之议论俱不合，诸将出兵而臣不知，近习积憾而臣不去。尚何待乎？"见《楼钥集》卷九八《史浩神道碑》，第 1708 页。

④ 《宋史纪事本末》卷七七《隆兴和议》，第 810～811 页。

⑤ 《杂记》乙集卷三《孝宗论士大夫微有西晋风》，第 542 页。

恢复中原了，财赋须充足。"① 符离兵败后，国是抉择又一次成为朝议的热点问题。钱端礼建言："愿以符离之溃为戒，早决国是为社稷至计。"② 汤思退、陈康伯、周葵等上疏说："敌意欲和，则我军民得以休息，为自治之计，以待中原之变而图之，是万全之计也。"③ 孝宗再次选择实务派官员已成定局，恢复之志最终让位给了内修以蓄养实力的蓄以养战政策。对此我们必须清醒认识，孝宗长久的恢复之策是被迫之举，又是客观审时度势的政治选择，恢复志向的挫败包含多重原因。

孝宗即位后重用张浚，很大程度上取决于自身的锐意恢复之志，这种志向既包含他对财政危机的矛盾认识，还体现他近乎"独断"的多元用人政策，但能够最为直接透析他恢复志向转折的是他对张浚的态度转变。隆兴元年正月，张浚出任枢密使都督江淮军，以至符离溃败之后被擢为右相，隆兴二年四月孝宗又罢去他的相位贬谪福州，同年八月途经余干时病逝。张浚人生最后阶段的浮沉经历，似乎可以折射出孝宗的政治转向。李心传记载张浚赐谥佚事云："阜陵初受禅，首任张魏公以经略中原，礼貌之隆，群公莫及。尝书《圣主得贤臣颂》以赐，又亲书其生辰而祀之禁中。每有所疑，必先诣钦夫，示不敢面诘，其尊礼如此。及符离师溃，上眷顿衰，免相西归，薨于余干，恤典无加，赐谥不讲。"④ 学史者常常解释孝宗不记张浚兵败之过任他右相，是因为孝宗志向恢复并未泯灭，而少有人注意孝宗此举昭示着其恢复之志的转变。太上皇宋高宗曾经规诫孝宗说："毋信张浚虚名，彼专以国家财力名器为一掷耳。"⑤ 这条史料是否属实尚不足论，仅从张浚兵败造成国家财力大伤这一角度来看，孝宗对张浚的态度转变就在所难免。符离之败后，张浚曾乞使求和，孝宗怒曰："方败求和，是何举措！"⑥ 很显然，张浚的兵败大大挫伤了孝宗的恢复锐志，孝宗的政治选择即在隆兴元年底发生了转变。隆兴元年十一月，诏朝臣集议和戎遣使事宜，"侍从、台谏与议者凡

① 《楼钥集》卷九七《观文殿学士钱公行状》，第 1685 页。
② 《宋史纪事本末》卷七七《隆兴和议》，第 817 页。
③ 《宋史纪事本末》卷七七《隆兴和议》，第 814 页。
④ 《杂记》乙集卷八《张虞二丞相赐谥本末》，第 627 页。
⑤ 钱士升：《南宋书》卷一四《张浚传》，齐鲁书社，2000，第 229 页。
⑥ 《齐东野语》卷二《张魏公三战本末略·符离之师》，第 32 页。

十有四人，主和者半，可否者半"①，只有胡铨反对议和，孝宗最终确定与金和议的举措。

纵观宋孝宗初年的政治选择，我们对南宋初年偏安东南政局形成的历史情况大致有了一个清晰的认识。宋孝宗以邪正为标准的用人政策，凸显出宋金关系变奏背景下及"绍兴更化"后宋廷客观的历史选择；宋孝宗锐意恢复受挫后选择内修以图恢复，则一定程度上折射出南宋政权制定长远国策的坎坷之途。然而，宋金和战背景下南宋初年政治转向的历史意义并不止此。

史籍记载："帝（宋孝宗）以符离师溃，乃议讲和。"② 这是传世文献中对隆兴和议的传统解释，但忽略了孝宗朝初年政策迁移的历史意义。张浚符离之败的直接结果是孝宗和战政策转变，同时又进一步推动了宋孝宗多元用人政策的实施，宋孝宗锐意恢复计划的破产恰恰也折射出南宋政权偏安东南的某种客观性。就南宋初年的政治问题来说，人臣的政治主张及其用事态度并不是影响政治转向的主要条件，君主的政策方略也不完全是功过殊途。有学者曾指出，宋孝宗恢复与重建了在宋高宗朝曾被权臣所取代的士大夫政治体系，并充分调动了更广泛士大夫共治天下的精神③。如此所言，宋孝宗的士大夫政治体系还可以理解为他用人不专，政策实施必然受挫。当我们摒弃人物评价式的历史解读后发现，宋孝宗坚意北伐的政治主张与其短暂任命宰相的"独断"用人政策息息相关，这样"独断"的用人风格与其以邪正为标准的多元共生用人政策非但不矛盾，恰恰预示着此后内修以图恢复国策的诞生。当然，孝宗近乎"独断"的锐意恢复主张也好，多元性用人策略也罢，都切合"绍兴更化"后第二次金人南侵的政治状况。在这样特殊政治环境下，孝宗政权的政策取向必然面临种种阻力，绍兴和议之后制定长治久安的国策已成为时代诉求，所以说，宋金再次和议之后长期的内修恢复政策应运而生。

"绍兴更化"，对于本文以诏狱事件研究的主题来说，当颇具政治意

---

① 《宋史纪事本末》卷七七《隆兴和议》，第816页。
② 《宋史纪事本末》卷七七《隆兴和议》，第813页。
③ 崔英超：《南宋权臣政治的断裂——论宋孝宗的用相方略》，《暨南学报》（哲学社会科学版）2010年第4期。

义，但对南宋初期的政治里程来说，其作用则常常被史家忽视。这主要是由于历来为史者都对宋金和议耿耿于怀，而"绍兴更化"非但没有改变这一"投降"之策，宋高宗政权还继续谨小慎微地维持着。从笔者对绍兴诏狱平反过程的分析来看，"绍兴更化"并非简单地对此前诏狱事件的修正，而是宋高宗后期重构政治理想的标志。在反秦桧势力运动的过程中，为了革新时弊，新重组的台谏群体再次上演了一系列的诏狱事件。这不仅仅说明两种不同势力或地域士大夫群体的权力交接，并且体现了宋高宗政权如何定位此后长远的政治方向。我们从宋高宗后期诸多制度更革看到，所谓的制度更革并非翻天覆地的变革，主要体现在革除时弊与复祖宗之旧两个方面。诸如，宰枢分立。宋高宗时宰相兼枢密始为永制①，"绍兴更化"时宰枢分立之制，无疑是即时的、短期的政治更革，但其中宋高宗的政治构想则可见一斑。至于整顿吏治，不仅是宋高宗后期形塑舆论环境的应急之需，更是重塑政治风貌的时代之需。此外，沈该、汤思退堪称宋高宗后期最具影响的两位宰相，除了继续严守和议国策之外，他们权力的相对弱势化亦透露出官僚群体之间相互制衡的态势。沈该、汤思退执政时期，宋高宗的宋金和议政策得以沿传，也为宋孝宗初期制定长远的内修以图恢复国策奠定了基础。绍、隆之交，高、孝二帝皇权代际期正值宋金关系再度恶化时期，这一时期以主战派张浚与主守派史浩、主和派汤思退政见冲突为核心的政治事件，实为我们洞悉宋孝宗朝政局形成的重要线索。而隆兴之初，面对金人第二次南犯，宋孝宗满怀强烈的恢复之志，以邪正为用人准则，重用张浚实施对金强硬政策；乾道初年，面对符离师溃的政治局势，宋孝宗被迫选择长远的内修以图恢复国策。至此，南宋初期为签订绍兴和议政策及重建政治基础，宋高宗政权制造了群体性诏狱事件，直到宋孝宗乾道初年，作为宋金关系的和议国是才被真正确立为南宋长久的国策。

---

① 参见周道济《宋代宰相名称与其实权之研究》，《大陆杂志史学丛书》第1辑第5册，大陆杂志社，1970，第10页。迟景德《宋代宰枢分立制之演变》，《宋史研究集》第十五辑，"国立"编译馆，1984，第58页。

结　语

　　王夫之《宋论》云："秦桧专政之暮年，大起刑狱，将尽杀张、赵、胡、洪诸公，逮及宗室。当斯时也，诸公窜处遐方，不得复进一议，论和议之非，于桧无忤也。和已成，诸将之兵已解，桧总百揆，膺世禄，其所欲者无不遂也。桧死，而宋高宗忽释赵汾，召还迁客，则桧之深恚诸公，非必逢君也。"① 又云："高宗忘父兄之怨，忍宗社之羞，屈膝称臣于骄虏，而无愧怍之色；虐杀功臣，遂其猜妒，而无不忍之心；倚任奸人，尽逐患难之亲臣，而无宽假之度。孱弱以偷一隅之安，幸存以享湖山之乐。恣滞残疆，耻辱不恤，如此其甚者，求一念超出于利害而不可得。"② 显然，王夫之并没有将绍兴诏狱事件完全归咎于秦桧，而是指明秦桧大兴诏狱是得到了宋高宗的认可，是宋高宗为追求私欲加之猜防之心才任用奸人。平心而论，王夫之的论点在传统的道德视阈里应颇具创见，如此直言帝王之过，至少没有完全陷入奸臣论的旧窠。然而，由于王夫之所处时代的局限性及传统儒家伦理观对他的影响，致使他的观点更多地集中在对过往人物历史选择的单一道德评判之上，而不曾关照到政治变动中社会规约、国家政治构想等元素对政治行为的影响。在本文中，笔者的研究目的，是以南宋初期诸多诏狱事件为研究线索，揭示宋高宗政权在政治运作中如何以社会道德为资本换取政治利益，继而突破社会规约实现预期的国家政治构想，进而深入探讨南宋初期政治文化重建的历史轨迹。

　　通过研究，笔者对南宋初期诏狱与政治的关系有了较为全面的了解，不揣浅陋得出以下三点认识。

　　其一，南宋初期的诏狱事件，大多凸显出宋高宗政权为谋取最大化政治利益的逻辑路线。

---

① 王夫之：《宋论》卷一〇《高宗》，第196页。
② 王夫之：《宋论》卷一〇《高宗》，第200页。

　　从这些诏狱事件里我们常常看到，无论是诏狱的种类特征，还是审讯程序，都存在着审刑的非逻辑性。不仅是有罪推定思想融入其中，告讦合法化及证据的绝对性直接促成了严刑罪名，更有甚者，通过法理依据的政策性建构，从而达到诏狱制造者的预期目的。南宋初期的法制建设在即时的政治环境下取得一定的发展，宋高宗近乎冠冕堂皇的重生法制观念也表明，南宋初期宋高宗政权期许建构的是良性的政治环境。南宋初期诏狱事件的发生与该时期法制建设的矛盾，恰恰折射出宋高宗政权对获取诏狱背后政治利益的强烈愿望。建炎初年至绍兴初年，处置围城罪人以重组士大夫官僚群体，以及凝聚中央政权的向心力，成为新兴的南宋政权稳定的两大政治问题，这一时期发生的张邦昌、宋齐愈、曲端等诏狱，恰恰指向南宋政治稳定的政治目的。南宋初期道学者们的仕途竞进，道学政治话语的张扬，元祐党论的勃兴，无不表明宋高宗政权的政治取向，这也正是南宋初期政权稳定的直接信号。至于绍兴年间的群体诏狱事件，以绍兴和议的正当性为狱案形成的标准，对反和议的士大夫进行迫害，以及对赵鼎、李光等为中心的江南士大夫群体进行打击，其政治目的也十分明显。宋高宗政权为了实现较为稳定的内部环境与金人签订和议，以及为了重建绍兴和议之后政权基础而打击以赵鼎、李光等为中心的江南士大夫群体，这也合乎政权主体在即时政治背景下理性的政治目的。抛开伦理道德的政治感情而言，南宋初期宋高宗政权初建时期，惩治围城罪人及凝聚中央政权的向心力，以及营造较为稳定的内部环境和收缴地方兵权，完全符合这一时期政权主体的最大化政治利益。值得注意的是，南宋初期宋高宗政权急需实现的政治利益，也符合传统时代东方专制政权的理性政治举措①。

　　其二，南宋初期诏狱事件背后，都有宋高宗政权相应的道德抚慰及利益补偿。

　　建炎年间张邦昌、宋齐愈之死，虽取决于宋高宗的主观意识，但最终其家属都获得相应的政治慰藉。绍兴年间的诏狱事件，在秦桧死后也

---

① 西方学者曾指出，东方治水专制政权的理性政治行为主要体现在三个方面：一是使农业经济继续进行下去；二是不把徭役和赋税增加到使垂头丧气的农民停止生产的地步；三是不允许内乱外患来扰乱人民的生活。〔美〕卡尔・A. 魏特夫：《东方专制主义：对于极权力量的比较研究》，徐式谷译，中国社会科学出版社，1989，第124页。

大多得到了平反昭雪。不过，这都是表面的政治策略，真正起到社会道德平衡作用的，还在于执政者对道德话语秩序的重建及实施惠民政策。就建炎初年至绍兴初年的个体诏狱来说，案发的主要原因有围城士大夫的失节，也有地方武将违制，而宋高宗所倡导的"收人心，召和气"及对政治文化的导向，无疑对道德秩序的失衡具有一定的平衡作用。绍兴和议缔结前后，宋高宗宣扬孝道、"不复更见兵革"及尚清静，很显然又是对主流政治话语的导向。为了补偿诏狱事件带来的道德利益之缺失，宋高宗政权又不失时机地张扬裕民口号。惠民、裕民口号虽然历代帝王都有提及，但宋高宗对此的认识层次及其运用情况，是其他帝王难以企及的。由此可见，南宋初期宋高宗政权在谋求最大化政治利益的时候并不曾忽视伦理道德的失衡，同时体现出在宋高宗政权的政治课题里伦理道德也具有重要的政治价值。

其三，"绍兴更化"既是绍兴诏狱之后的政局恢复活动，又是孝宗朝重建政治规则的起点。

无论绍兴诏狱的政治目的多么冠冕堂皇，也无论这些狱案在审刑阶段凸显出多么的合理，都不能掩盖绍兴诏狱事件背离良性政治规则的一面。一如其他政治冤狱一样，绍兴诏狱事件也属于触动社会道德的非逻辑性政治行为。宋高宗政权为谋求最大化政治利益而制造绍兴诏狱，是发生在南宋初期宋金频繁征战及地方武将势力分治的内忧外患特殊时代环境下，一旦政局稳定或实现预期政治利益，宋高宗政权势必要拨乱反正，重建政治秩序。"绍兴更化"便是对绍兴诏狱平反昭雪的政治活动，但其根本的政治目的并不是恢复表面的道德秩序，而是要重建秦桧专权时期的官僚政治基础，以在宋高宗主导下有效地贯彻实行宋金和议政策。沈该、汤思退作为宋高宗的政权代言人，曾不遗余力地贯彻宋高宗的政治主张，但绍兴末年金人第二次大规模南犯扰乱了宋高宗的政治构想。满怀恢复之志登基的宋孝宗，重用老臣张浚积极抗金，符离师溃之后被迫与金再次议和，隆兴和议的缔结标志着长远恢复政策的形成，南宋偏安东南的政治格局也基本形成。

当然，南宋初期的诏狱事件虽然都反映出宋高宗政权在重建政治文化过程中对政治利益的取舍，但诏狱事件的类型及其所构造的政治利益交换方式并不相同。从本文的研究过程不难看出，南宋初期的个体诏狱

与绍兴群体诏狱截然不同。建炎初年至绍兴初年的诏狱事件多与围城士
大夫失节及地方武力违制相关，从宋高宗南渡立国的社会背景来看，这
样的诏狱事件实为收揽人心、树立正统皇权、凝聚政治向心力的政治举
措，由于即时的国是所需，从而促使诏狱审讯过程一度超越帝王恩赦的
常规条例。而绍兴群体诏狱的发生，除了少量是为了打击反对和议派以
促成和议之外，多数是为了稳定和议缔结之后的政治环境及构造新的政
治基础。前者所折射出政权主体谋求政治利益最大化的思路，并不完全
反映政治利益交换的模式，但绍兴群体诏狱事件发生后，宋高宗政权曾
于获取政治利益过程中构造道德舆论方向，又在获取政治利益之后实施
惠民政策及平反昭雪来给予社会道德倾斜一些政治抚慰。即使如此，本
文对南宋初期诏狱与政治关系的研究中所提出以上浅薄的认识，仍然具
有一定的学术意义。为了深入理解这些论点的理论意义，笔者并不想就
此为本文的结论画上一个句号，期许通过这些琐碎的论点，进一步探讨
南宋初期政治运作中非逻辑政治行为的政治含义。

对于南宋初期的历史认识，学术界大多数人只停留在失地乞和、宰相
专权、冤狱横生的视点之上，真正抛开二元人物评价，全面审视这段历史
的人并不多。笔者并不否认，南宋初年绍兴诏狱事件造成了社会道德之失
衡，宋高宗、秦桧之流以制造诏狱为手段打击反对议和的政治势力，无论
何时我们都应该对其批判，这不仅是人类良知的体现，更是社会良性发展
的终极诉求。不过，我们若要透析这段历史的真实一面，势必要暂且将道
德情感放在一边，以诏狱事件为视角，将其中的政治运作机制抽离出来，
客观地考察执政者利益取舍的动机及方向，从而揭示利益交换的逻辑，这
不仅是南宋政治史研究的终极目标，更是传统政治史研究的重要出路。然
而，面对诸多概念或技术上的困惑，笔者仅是粗略地将视点停驻在"事
件"字眼上，跨越时代差异来透析诏狱事件产生的路线，以及事件前后政
治利益的迁移情况。要勾勒出笔者预期的理论框架，我们有必要先对以下
几个观点一一阐释，从而厘清理论解释的时空影响。

首先，诸如南宋初期诏狱事件一般的非逻辑政治行为，在政治文化
重建视阈下属于国家政治活动的内容之一。

笔者并不否认这样的观点有可能触及信念伦理者的神经，更有可能被
制度研究者斥为悖论。但在本文研究的过程中我们发现，诏狱事件并没有

违背法制审判程序，而是在宋高宗法制建设的背景下进行的，所谓审判程序的非逻辑性，只不过是因为诏狱的肇事者构造了虚妄的证据，最终促成了诏狱。那些有违"国是"的诏狱罪名，也多是突破了现行法制框架的解释，因为"国是"完全可以充当法理的依据，这样一来也就不存在逻辑性政治行为的独有合法化。宋廷南渡以后，即面临着如何处理宋金关系及重建政治环境等国家重大问题，而建炎至绍兴末年宋高宗政权制造的诸多诏狱事件大多与此关联。归根结底，这些诏狱事件多属冤狱事件或名义上的冤狱事件，又多是洞悉宋高宗政权政治行为的重要入口。尽管宋高宗在秦桧死后将制造诏狱性冤狱的罪责推给秦桧，但也遮蔽不了宋高宗政权对诏狱事件的认同。这些诏狱事件背后所反映出来的宋金和议政策及重建政治文化基础或语境的政治方向，无疑也赋予这类非逻辑政治行为在政治文化重建视阈下一定的合理性。我们还需解释的是，这里我们讨论的非逻辑性政治行为并不与帝国时代的专制分离，君主在传统帝国时代毕竟还受儒家政治模式的节制[1]，君主要实现有违儒家伦理道德观念范畴的最大化政治利益，势必要依靠非逻辑性政治行为，之后还有必要回到伦理道德约束下的政治规则。

其次，道德与法制实为营造良性政治环境之公器。

尽管宋高宗政权通过诏狱事件获取最大化政治利益，在一定程度上利用了道德与法制，但其政治行为路线也同时透露出儒家伦理道德与法制的政治规约功能。笔者并不否认在传统帝国时代，皇权实为国家政治行为的决断者。我们从南宋初期诏狱事件的诏狱性质便能看出，狱案审判自始至终都贯穿着有罪推定思想，宋代君主与士大夫共天下的祖宗家法也不断被颠覆，士大夫道德观念受到极大创伤自不必言说。不过，我们仍需面对的是，儒家伦理观念仍然在非逻辑性政治行为过程中影响着宋高宗的专制政权。虽然宋高宗对南宋初期道学的认同仅停留在政治利用层面[2]，绍兴和议前后屡屡提及"不复更见兵革"等道德说辞也实在

---

① 张星久：《试论中国封建君主专制制度的成长机制》，《甘肃社会科学》1996年第2期。
② 南宋初期道学与王学的此消彼长，并不反映宋高宗对道学或王学的认同，所谓南宋初年道学的政治化或为政治的附庸。绍兴更化之时，叶谦亨面对乞请宋高宗"诏有司精择而博取，不拘一家之说，使学者无偏曲之弊"，宋高宗则坦言："赵鼎主程颐，秦桧尚安石，诚为偏曲，卿所言极当。"参见《要录》卷一七三，绍兴二十六年六月乙酉，第3307页。

有些空洞，但这也折射出宋高宗对道德政治化功能的认识。至于宋高宗重生观等法制理念，说起来就更让人无所适从，但我们从南宋初期诸多法令颁布及民事法推行的实际案例可以看到，宋高宗熟知法制对于构造良性政治环境的重要性。若说诏狱事件能够实现国策的推行及政局稳定的话，好生之德及惠民政策，同样能起到提高君主政治权威的功效。正所谓，"君主的大度常常只是笼络人心的政治姿态"①。

最后，对政治利益的考量，必须放在政治交换环境之中进行。

政治利益并不是单一地屈从于社会伦理道德，而只有在政治利益交换之中，才能体现孰重孰轻。南宋初期的社会状况到底如何，任何描述过这段历史的学者都会述及，但很少有人客观分析、考量南宋人所面对的政治利益，更不曾有人全面审视士大夫们的危机感，多数人是将注意力完全集中到迫害忠良、失地乞和等致使道德失衡的政治事件之上。实际上，对于南宋初期的官僚士大夫来说，最为紧迫的应该是军事力量的薄弱及经济的窘迫。不仅是宋人屡屡提及这两者的严重性，前代学者也曾对此有过这样的评论："当军事力量还不够的时候，在宣传上政治号召固然需要，在实际上财政来源尤其迫不可待""理财的重要性在南宋一代，从中兴起，始终没变。"② 南宋初期新兴的宋高宗政权，在内忧外患的时代政治环境下要重建政治文化，面对财源短缺及政治基础不稳等的现实，势必将相对安定的内部环境作为最关键的政治目标。对宋高宗政权而言，这样的政治诉求较之绍兴诏狱带来短暂的道德失衡更为合算。如此一来，绍兴诏狱的发生必然构造出政治利益交换的路线，只不过强权语境下的"政治交换"与"社会交换"③ 概念不同，宋高宗政权获取政局稳定的欲望更加强烈，而回报社会道德失衡的却仅是象征性的道德抚慰或利益补偿。事实上，我们从主导政权主体的君主们那里都能看到，政治利益的谋取实在是建立在价值考量的基础上，正如西方学者说的那样，"君主的精明在于清楚各种事物的价格"④。

---

① 拉罗什福科：《道德箴言录》，何怀宏译，生活·读书·新知三联书店，1987，第4页。
② 刘子健：《背海立国与半壁山河的长期稳定》，《两宋史研究汇编》，第32～33页。
③ "社会交换"是指一些人的自愿行动，这些人的动力是由于他们期望从别人那儿得到的并且一般也确实从别人那儿得到了的回报。参见彼德·布劳《社会生活中的交换与权力》，第108页。
④ 拉罗什福科：《道德箴言录》，第53页。

　　行文至此，笔者不揣浅陋，将本文研究思路中提及的"非对等政治交换"做一个最终的解释，也算给本文的研究初衷一个交代。顾名思义，所谓"非对等政治交换"，当指非自愿性及非等价的政治利益交换。权力主导者为了获取预期的政治利益，而主观制造诏狱用来清除政策实施的障碍，同时，为了稳定道德失衡造成的政治环境之动荡，遂不失时机地制造政治话语来左右或导引道德秩序的方向。此外，在政治利益收效之后，亦推行一些惠民政策及纠错活动，适时地对民众进行象征性的利益补偿。这样的政治交换逻辑即为非对等政治交换，前提是在一个强权或专制体制内。这里需要注意的是，本文所探讨的诏狱事件和制度、法制无关；政治交换的前提是执政者对即时政治利益的客观考量；执政者利益补偿活动从来都不是政治利益交换的结束，而是新政治利益交换的开始。事实上，南宋初期发生的众多诏狱事件，都关系到不同政治环境下执政者多元的政治选择，我们要想分门别类弄清楚每一起或每一类诏狱事件背后暗含的政治交换逻辑，本身是不科学也不明确的。另外，非对等政治交换包含着政治规则的破坏和重建两部分内容，多是发生在政治文化重建的语境下，既是一种政治模式或逻辑，也是一种动态的、多元的政治行为。自宋高宗南渡立国到宋孝宗乾道、淳熙年间确立偏安东南的政治格局，南宋政权重建政治文化环境可谓曲折不定，牵涉宋金关系的诏狱事件频繁发生，关于和战的道义评判与物质考量纠葛不清，最终以确立内修图恢复的国策为契机，形成了相对稳定的政治环境。

　　诚然，大多建构在强权政治环境里的"非对等政治交换"，都符合政治理论里的客观政治规则，但这并不能抹杀执政者利益诉求中所造成的道德倾斜，诸如南宋初期一系列非逻辑性政治行为的主导者宋高宗、秦桧之流，无论何时都将受到历史的批判。本文想要强调的是，二元对立的历史人物评价观念，势必影响我们客观地认识历史事件，从而无端的被道德情感模糊了视线，笔者对道德倾斜背后非对等政治交换行为的研究，恰恰是一种全新的学术尝试。

参考文献

一 史料及相关文献

（一）典章、奏议、法律、正史类

《尚书》，十三经注疏本，中华书局，1980。

《论语》，十三经注疏本，中华书局，1980。

《孟子》，十三经注疏本，中华书局，1980。

《荀子》，商务印书馆影印本，1929。

《庄子》，中华书局影印本，1930。

《韩非子》，商务印书馆影印本，1930。

荀悦：《申鉴》，上海古籍出版社，1990。

萧子显：《南齐书》，中华书局，1972。

房玄龄等：《晋书》，中华书局，1974。

窦仪等：《宋刑统》，中华书局，1984。

脱脱：《金史》，中华书局，1975。

脱脱：《宋史》，中华书局，1977。

李焘：《续资治通鉴长编》，中华书局，2004。

徐梦莘：《三朝北盟会编》，上海古籍出版社，2008。

不著撰人：《皇宋中兴两朝圣政》，文海出版社，1967。

李心传：《建炎以来系年要录》，中华书局，2013。

谢深甫等纂修《庆元条法事类》，戴建国点校，黑龙江人民出版社，2002。

李埴：《皇宋十朝纲要校正》，中华书局，2013。

刘时举：《续中兴编年资治通鉴》，中华书局，2014。

佚名：《宋史全文》，黑龙江人民出版社，2005。

不著撰人：《中兴两朝编年纲目》，北京图书馆出版社，2006。

马端临：《文献通考》，中华书局，2011。

陆心源：《宋史翼》，中华书局，1991。

徐松：《宋会要辑稿》，上海古籍出版社，2014。

曾枣庄、刘琳主编《全宋文》，上海辞书出版社·安徽教育出版社，2006。

黄宗羲：《宋元学案》，中华书局，1986。

黄淮、杨士奇编《历代名臣奏议》，上海古籍出版社，1989。

谢维新：《古今合璧事类备要》，上海古籍出版社，1992。

陈邦瞻：《宋史纪事本末》，中华书局，1977。

钱士升：《南宋书》，齐鲁书社，2000。

毕沅：《续资治通鉴》，中华书局，1957。

刘时举撰《续宋编年资治通鉴》，王瑞来点校，中华书局，2014。

（二）文集、判语、笔记、小说、墓志铭

邓肃：《栟榈集》，文渊阁四库全书本。

王明清：《玉照新志》，汪新森、朱菊如校点，上海古籍出版社，1991。

王明清：《挥尘录》，上海书店，2001。

王夫之：《宋论》，中华书局，1964。

释文莹：《玉壶清话》，中华书局，1997。

厉鹗撰辑《宋诗纪事》，上海古籍出版社，1981。

孙觌：《鸿庆居士集》，文渊阁四库全书本。

四水潜夫：《武林旧事》，西湖书社，1981。

叶适：《水心别集》，中华书局，1961。

叶绍翁：《四朝闻见录》，中华书局，1989。

华岳：《翠微北征录》，北京图书馆，2005。

刘宰：《漫塘文集》，民国嘉业堂丛书本。

李纲：《建炎时政记》，《全宋笔记》第三编第六册，大象出版社，2008。

李纲：《梁溪先生文集》，上海古籍出版社，2013。

李心传：《建炎以来朝野杂记》，中华书局，2000。

李心传：《道命录》，商务印书馆，1937。

李弥逊：《筠溪集》，文渊阁四库全书本。

吕颐浩：《忠穆集》，文渊阁四库全书本。

吕中：《大事记讲义》，文渊阁四库全书本。

全祖望：《鲒埼亭集》，上海古籍出版社，1996。

庄绰：《鸡肋编》，中华书局，1983。

朱熹：《晦庵先生朱文公文集》，上海古籍出版社，2002。

朱熹：《宋名臣言行录》，顺治辛丑林云铭刊本。

朱彝尊：《曝书亭集》，四部丛刊初编本。

朱国祯：《涌幢小品》，中华书局，1959。

陈东：《靖康两朝见闻录》，《全宋笔记》第三编第五册。

陈渊：《默堂先生文集》，商务印书馆影印本，1929。

陈登原：《国史旧闻》，中华书局，1958。

何乔新：《椒邱文集》，文渊阁四库全书本。

陆游：《老学庵笔记》，中华书局，1979。

沈与求：《龟溪集》，四部丛刊续编本。

佚名编《大金吊伐录校补》，金少英校补，李庆善整理，中华书局，2001。

汪藻：《浮溪集》，四部丛刊初编本。

吴宏：《独醒杂志》，《全宋笔记》第四编第五册。

杨时：《杨龟山先生集》，影印和珍本。

杨万里：《诚斋集》，四部丛刊初编本。

张戒：《岁寒堂诗话笺注》，陈应鸾笺注，四川大学出版社，1990。

张方平：《乐全集》，文渊阁四库全书本。

张孝祥：《于湖居士文集》，上海古籍出版社，1980。

张宪：《玉笥集》，丛书集成初编本。

张元幹：《张元幹词集》，上海古籍出版，2011。

洪迈：《容斋随笔》，上海古籍出版社，1996。

林季仲：《竹轩杂著》，文渊阁四库全书本。

林希逸：《竹溪鬳斋十一稿续集》，文渊阁四库全书本。

罗大经：《鹤林玉露》，中华书局，1983。

岳珂：《鄂国金佗粹编续编校注》，王曾瑜校注，中华书局，1999。

郑刚中：《北山文集》，丛书集成初编本。

周密：《齐东野语》，中华书局，1983。

周辉：《清波杂志校注》，刘永翔校注，中华书局，1989。

胡寅：《斐然集》，文渊阁四库全书本。

胡仔：《苕溪渔隐丛话》，人民出版社，1984。

胡榘、罗浚：《宝庆四明志》，《宋元浙江方志集成》第7册，杭州出版社，2009。

赵鼎：《忠正德文集》，文渊阁四库全书本。

赵鼎：《辩诬笔录》《家训笔录》《建炎笔录》，《全宋笔记》第三编第六册。

赵与时：《宾退录》，上海古籍出版社，1983。

赵翼：《廿二史札记》，中华书局，1984。

钱大昕：《十驾斋养新录》，上海书店，1983。

高斯得：《耻堂存稿》，丛书集成新编，新文丰出版公司，1985。

徐自明：《宋宰辅编年录校补》，王瑞来校补，中华书局，1986。

袁口：《枫窗小牍》，丛书集成新编本，新文丰出版公司，1985。

章如愚：《群书考索》，上海古籍出版社，1992。

章颖：《宋南渡十将传》，丛书集成续编，新文丰出版社，1989。

揭傒斯：《文安集》，四部丛刊初编本。

廖刚：《高峰文集》，文渊阁四库全书本。

熊克：《中兴小纪》，文海出版社，1967。

确庵、耐庵编《靖康稗史笺证》，中华书局，1988。

黎靖德编《朱子语类》，中华书局，1986。

潜说友：《咸淳临安志》，浙江省地方志编纂委员会编《宋元浙江方志集成》第1册，杭州出版社，2009。

魏泰：《东轩笔录》，中华书局，1983。

二　近人论著

（一）专著（按姓氏笔画排列）

马塞尔·莫斯：《礼物：古式社会中交换的形式与理由》，汲喆译，上海人民出版社，2002。

马基雅维利：《君王论》，徐继业译，光明日报出版社，2006。

孔飞力:《叫魂:1768年中国妖术大恐慌》,陈兼、刘昶译,上海三联出版社,1999。

邓广铭:《岳飞传》,陕西师范大学出版社,2009。

王曾瑜:《宋朝兵制初探》,中华书局,1983。

王曾瑜:《荒淫无道宋高宗》,河北人民出版社,1999。

王曾瑜:《岳飞和南宋前期政治与军事研究》,河南大学出版社,2005。

王世宗:《南宋高宗朝变乱之研究》,"国立"台湾大学出版社,1989。

王云海:《宋代司法制度》,河南大学出版社,1992。

尤根·埃利希:《法律社会学基本原理》,叶名怡、袁震译,中国社会科学出版社,2009。

卡尔·A. 魏特夫:《东方专制主义:对于极权力量的比较研究》,徐式谷译,中国社会科学出版社,1989。

白钢主编《中国政治制度通史》第六卷,人民出版社,1996。

迈克尔·E. 罗洛夫:《人际传播——社会交换论》,上海译文出版社,1991。

史继刚:《宋代军用物资保障研究》,西南财经大学出版社,2000。

李泽厚:《中国古代思想史论》,安徽文艺出版社,1999。

刘子健:《两宋史研究汇编》,联经出版事业公司,1987。

刘子健:《中国转向内在——两宋之际的文化内向》,江苏人民出版社,2002。

刘馨珺:《明镜高悬:南宋县衙的狱讼》,北京大学出版社,2007。

刘得宽:《法学入门》,中国政法大学出版社,2006。

牟宗三:《治道与政道》,广西师范大学出版社,2006。

亚里士多德:《尼各马可伦理学》,廖申白译,商务印书馆,2004。

寺地遵:《南宋初期政治史研究》,刘静贞、李今芸译,稻禾出版社,1995。

汪圣铎:《两宋财政史》,中华书局,1995。

陈国灿、方如金:《宋孝宗》,吉林文史出版社,1997。

张峻荣:《南宋高宗偏安江左原因之探讨》,文史哲出版社,1986。

何忠礼、徐吉军:《南宋史稿》,杭州大学出版社,1999。

何忠礼:《宋代政治史》,浙江大学出版社,2007。

何忠礼:《南宋政治史》,人民出版社,2008。

何俊:《南宋儒学建构》,上海人民出版社,2004。

沈松勤:《南宋文人与党争》,人民出版社,2005。

沈玉成、刘宁:《春秋左传学史稿》,江苏古籍出版社,1992。

余英时:《宋明理学与政治文化》,吉林出版集团,2008。

克利福德·格尔茨:《文化的解释》,译文出版社,1999。

拉罗什福科:《道德箴言录》,何怀宏译,生活·读书·新知三联书店,1987。

彼德·布劳:《社会生活中的交换与权力》,孙非等译,华夏出版社,1988。

范忠信:《中国法律传统的基本精神》,山东人民出版社,2001。

金毓黻:《宋辽金史》(第一册),商务印书馆,1946。

茅海建:《天朝的崩溃——鸦片战争再研究》,生活·读书·新知三联书店,1995。

郭东旭:《宋代法制研究》,河北大学出版社,2000。

赵永春:《金宋关系史》,人民出版社,2005。

诸葛忆兵:《宋代宰辅制度研究》,中国社会科学出版社,2000。

黄宽重:《南宋军政与文献探索》,新文丰出版公司,1990。

黄纯艳:《宋代茶法研究》,云南大学出版社,2002。

梁启超:《饮冰室合集》第2册,中华书局,1989。

梅原郁:《宋代官僚制度研究》,同朋舍,1985。

斯宾诺莎:《伦理学》,贺麟译,商务印书馆,1958。

斯波义信:《宋代江南经济史研究》,江苏人民出版社,2001。

程民生:《宋代物价研究》,人民出版社,2008。

曾我部静雄:《宋代财政史》,大安书店,1966。

粟品孝:《南宋军事史》,上海古籍出版社,2008。

塔尔科特·帕森斯:《社会行动的结构》,译林出版社,2003。

虞云国:《宋代台谏制度研究》,上海社会科学院出版社,2001。

雷家圣:《宋代监当官体系之研究》,台湾师范大学博士学位论文,2004。

漆侠：《宋学的发展和演变》，河北人民出版社，2002。

薛梅卿、赵晓耕主编《两宋法制通论》，法律出版社，2002。

戴建国：《宋代法制初探》，黑龙江人民出版社，2000。

Joel S. Migdal, *State in Society*: *Studying How State and Society Transform and Constitute one another*, Cambridge: Cambridge University Press, 2001.

（二）论文

1. 中文论文（按姓氏笔画排列）

丁为祥：《儒者与政："国是"、"朋党"、"伪道学"——以余英时〈朱熹的历史世界〉为例》，《陕西师范大学学报》（哲学社会科学版）2008 年第 1 期。

方如金：《试评宋孝宗的统治》，《浙江大学学报》（社会科学版）2000 年第 6 期。

方健：《赵鼎事迹述评：以绍兴八年为中心》，《岳飞研究》第 5 辑，中华书局，2006。

孔繁敏：《南宋的三衙诸军》，《北京联合大学学报》1988 年第 1 期。

山内正博：《南宋总领所设置に关する一考察》，《史学杂志》1955 年 64 卷 12 号。

邓广铭：《南宋对金斗争中的几个问题》，《历史研究》1963 年第 2 期。

邓小南：《走向"活"的制度史——以宋代官僚政治制度史研究为例的点滴思考》，《浙江学刊》2003 年第 3 期。

邓小南：《谈高宗朝"宪祖宗之旧"》，《岳飞研究》第 5 辑，中华书局，2004。

王曾瑜：《宋金富平之战》，《中州学刊》1983 年第 1 期。

王曾瑜：《和尚原和仙人关之战述评》，《西南师范学院学报》1983 年第 2 期。

王瑞来：《论宋代相权》，《历史研究》1985 年第 2 期。

王瑞来：《"莫须有"新解》，《人民日报》1988 年 10 月 17 日第 8 版。

王德毅：《略论宋代国计上的重大问题》，《宋史研究论集》第 2 辑，鼎文书局，1972。

王德毅：《李椿年与南宋土地经界》，《宋史研究集》第 7 辑，"国立"编译馆，1974。

王德毅：《宋孝宗及其时代》，《宋史研究集》第 10 辑，"国立"编译馆，1978。

王德毅：《宋代士大夫的道德观》，《宋史研究集》第 28 辑，"国立"编译馆，1998。

王德忠：《宋孝宗"恢复"图治述评》，《东北师范大学学报》（哲学社会科学版）1991 年第 1 期。

王智勇：《论曲端》，《宋代文化研究》第 8 辑，巴蜀书社，1999。

王雷松：《胡安国政治哲学简析》，《商丘师范学院学报》2006 年第 4 期。

王兆鹏、吕厚艳：《家谱所见李光墓志及李光世系考述》，《文献》2007 年第 2 期。

王江武：《胡安国〈春秋传〉研究》，复旦大学博士论文，2008。

巨焕武：《岳飞狱案与宋代的法律》，《大陆杂志》1978 年 56 卷 2 期。

白晓霞、张其凡：《吕颐浩与南宋初年的经济改革》，《内蒙古大学学报》（人文社会科学版）2006 年第 2 期。

包伟民：《宋代地方财政窘境及其影响》，《浙江社会科学》1999 年第 1 期。

包伟民：《宋代的上供正赋》，《浙江大学学报》（人文社会科学版）2001 年第 1 期。

包弼德：《政府、社会和国家——关于司马光和王安石的政治观点》，《宋代思想史论》，社会科学文献出版社，2003。

宁淑华《胡寅与秦桧关系考论》，《学术论坛》2009 年第 3 期。

平田茂树：《宋代朋党形成の契机について》，《宋代社会のネットワーク》，汲古书院，1998。

平田茂树：《宋代政治史研究の现状と课题——政治过程论を手挂かりとして》，《アジア游学》7，1999 年。

平田茂树：《宋代政治史研究の新可能性——以政治空间和交流为线索》，《宋代社会的空间与交流》，河南大学出版社，2008。

迟景德：《宋代宰枢分立制之演变》，《宋史研究集》第 15 辑，"国立"编译馆，1984。

迟景德：《宋高宗与金讲和始末》，《"国立"政治大学历史学报》1983 年 1 期；《宋史研究集》第 17 辑，"国立"编译馆，1988。

牟润孙：《两宋春秋学之主流》，《宋史研究集》第 3 辑，"国立"编译馆，1966。

李安：《宋高宗〈赐岳飞死于大理寺〉考注》，《宋史研究集》第 4 辑，"国立"编译馆，1969。

李蔚：《略论曲端》，《兰州大学学报》（社会科学版）1981 年第 1 期。

李克武：《败求和"胜亦求和"宋高宗屈膝求和心理分析》，《华中师范大学学报》（哲学社会科学版）1992 年第 1 期。

李通、曹宏伟：《李光〈小史〉案始末与原因》，《淮北煤炭师范学院》（哲学社会科学版）2001 年第 5 期。

李贵录：《"曲端诏狱"与南宋初年的陕西陷失》，《南开学报》（哲学社会科学版）2002 年第 6 期。

李里峰：《从"事件史"到"事件路径"的历史——兼论〈历史研究〉两组义和团研究论文》，《历史研究》2003 年第 4 期。

刘子健：《岳飞——从史学史和思想史来看》，《宋史研究集》第 6 辑，"国立"编译馆，1971。

刘伟文：《试论宋高宗的军政建制及其影响》，《宋史研究集刊》，浙江古籍出版社，1986。

刘玲娣：《试论胡安国两宋之际的政治、学术活动》，《华中师范大学学报》（人文社会科学版）2002 年第 3 期。

刘旭东、杨晓红：《南宋沿袭了北宋"守内虚外"策略吗?》，《贵州大学学报》（社会科学版）2002 年第 5 期。

刘秋根、柴勇：《宋代销金禁令与销金消费》，《河北大学学报》（哲学社会科学版）2004 年第 3 期。

刘云：《南宋高宗时期的财政制度变迁》，《中国社会经济史研究》2008 年第 1 期。

刘光临：《市场、战争和财政国家——对南宋赋税问题的再思考》，

《台大历史学报》2008 年第 42 期。

刘缙：《南宋现实政治与"阅武"之关系》，《求索》2010 年第 2 期。

任崇岳：《南宋初年政局与绍兴和议——绍兴和议研究之一》，《中州学刊》1990 年第 1 期。

任崇岳：《南宋初年的经济与政治形势——绍兴和议研究之二》，《郑州大学学报》（哲学社会科学版）1993 年第 1 期。

任仲书：《试论南宋初年高宗对金退避妥协的原因》，《河南大学学报》（社会科学版）2001 年第 2 期。

汤文博、葛金芳：《"榷货盐钱以赡军费"——南宋初期（1127～1141）江淮地区驻军军费考》，《盐业史研究》2014 年第 1 期。

衣川强：《秦桧の讲和政策をめぐって》，《东方学报》1973 年第 75 册。

朱偰：《宋金议和之新分析》，《宋史研究集》第 12 辑，"国立"编译馆，1980。

朱瑞熙：《宋高宗朝的中央决策系统及其运作机制》，《岳飞研究》第 4 辑，第 302～318 页。

朱瑞熙：《现实需要与史学真实的冲突——岳飞研究》，《宋史研究》，福建人民出版社，2006。

朱瑞熙：《宋高宗朝科举制度的重建和改革》，上海中国科举博物馆、上海嘉定博物馆编《科举学论丛》第 2 辑，线装书局，2007。

陈民族：《宋高宗令岳飞退兵原因新论》，《益阳师专学报》1997 年第 3 期。

陈晓莹：《宋孝宗治国政策与成效之评析》，《甘肃社会科学》2001 年第 3 期。

陈志刚：《赵鼎罢相原因及"贤相"虚名——再论赵鼎》，《淮北煤炭师范学院学报》（哲学社会科学版）1999 年第 4 期。

陈志刚：《宋廷士大夫与绍兴八年和议——兼论南宋初年宋金和议的必然性》，《淮北煤炭师范学院学报》（哲学社会科学版）2005 年第 2 期。

陈振：《略论南宋时期"宋学"的新学、理学、蜀学派》，《庆祝邓广铭教授九十华诞论文集》，河北教育出版社，1997。

陈景良：《宋代"法官"、"司法"和"法理"考略——兼论宋代司法传统及其历史转型》，《法商研究》2006 年第 1 期。

何玉红：《南宋川陕战区军费的消耗与筹集》，《中国社会经济史研究》2009 年第 1 期。

何忠礼：《"兀术遗桧书"说考辨》，《杭州大学学报》1980 年第 1 期。

何忠礼：《"绍兴和议"签订以后的南宋政治》，《杭州大学学报》1997 年第 3 期。

何忠礼：《略论南宋初年平定游寇的斗争》，《浙江大学学报》（人文社会科学版）1999 年第 4 期。

何忠礼：《南宋在中国历史上的地位和影响》，《河北学刊》2006 年第 5 期。

何俊：《胡安国理学与史学相融及其影响》，《哲学研究》2002 年第 4 期。

何玉红：《地方武力与中央权威：以曲端之死为中心》，袁行霈等编《国学研究》第 23 卷，北京大学出版社，2009。

邱少平：《宋高宗对金屈辱求和动机探析》，《益阳师专学院》1991 年第 1 期。

沈松勤：《论南宋相党》，《中国文化研究》2002 年夏之卷。

沈松勤：《论"元祐学术"与"元祐叙事"》，《中华文史论丛》2007 年第 4 期。

吴渭：《南宋初期文武关系之消长（西元 1127～1189 年）》，《嘉南学报》2005 年第 31 期。

吴业国、张其凡：《南宋"江南民力涵养论"始末》，《中州学刊》2010 年第 1 期。

吴业国：《经界法与南宋地方社会》，《求索》2009 年第 12 期。

汪圣铎：《宋金绍兴和议前南宋财政面临的严峻形势》，《岳飞研究》第 4 辑，中华书局，1996。

汪圣铎：《宋朝如何抑制官员贪赃的几个问题》，《西南师范大学学报》（哲学社会科学版）1994 年第 2 期。

杨树藩：《宋代宰相制度》，《宋史研究集》第 15 辑，"国立"编译馆，1984。

杨念群:《为什么要重提"政治史"研究》,《历史研究》2004 年第4 期。

余蔚:《论南宋宣抚使和制置使制度》,《中华文史论丛》2007 年第1 期。

张邦炜:《论宋代的皇权和相权》,《四川师范大学学报》(社会科学版) 1994 年第 2 期。

张复华:《宋高宗朝政制更革之研究》,《"国立"政治大学学报》1996 年第 72 期。

张星久:《阴影下的宋高宗——论宋高宗皇位合法性的危机与其对金政策的关系》,《岳飞研究》第 4 辑,中华书局,1996。

张星久:《试论中国封建君主专制制度的成长机制》,《甘肃社会科学》1996 年第 2 期。

张伟:《论张邦昌"伪楚"政权及其影响》,《宁波大学学报》(人文科学版) 1999 年第 3 期。

张忠炜:《"诏狱"辨名》,《史学月刊》2006 年第 5 期。

张忠炜:《"诏狱"与古代皇权》,《中国社会科学院院报》2007 年 7 月 31 日第 3 版。

张剑、吕肖奂:《两宋党争与家族文学》,《中国文化研究》2008 年冬之卷。

金子泰晴:《荆湖地方における岳飞の军费调达——南宋湖广总领所前史——》,《宋代の规范と习俗》,汲古书院,1995。

金生杨:《张浚与洛学》,《西华大学学报》(哲学社会科学版) 2011 年第 6 期。

林瑞翰:《绍兴十二年以前南宋国情之研究》,《宋史研究集》第 1 辑,"国立"编译馆,1958。

林瑞翰:《宋代兵制之初探》,原载《台湾大学历史学报》1976 年第 3 期,收入《宋史研究集》第 12 辑,"国立"编译馆,1980。

林天蔚:《宋代出售度牒之研究》,《宋史研究集》第 4 辑,"国立"编译馆,1969。

林日举:《南宋广南的钞盐法》,《中国社会科学院研究生院学报》2002 年第 6 期。

罗炳良：《岳飞诏狱新论》，《河北学刊》1994 年第 2 期。

柳立言：《南宋政治初探——高宗阴影下的孝宗》，《"中央研究院"历史语言研究所集刊》1986 年第 57 本第 3 分。

周道济：《宋代宰相名称与其实权之研究》，《宋辽金史研究论集》，大陆杂志社，1970。

周宝珠：《南宋对金和战斗争中的主守派和赵鼎》，《河南师大学报》1979 年第 5 期。

宫崎市定：《辨奸论の奸を辨お》，《宫崎市定全集》（宋元卷），岩波书店，1992。

郭东旭：《南宋的越诉之法》，《河北大学学报》1988 年第 3 期。

郭正忠：《南宋中央财政货币岁收考辨》，《宋辽金史论丛》第 1 辑，中华书局，1985。

侯旭东：《中国古代专制说的知识考古》，《近代史研究》2008 年第 4 期。

姜青青：《南宋初年诸将帅军事合作初探》，《岳飞研究》第 4 辑，中华书局，1996。

姚大勇：《张邦昌僭伪考辨》，《文史知识》2009 年第 11 期。

高聪明：《论南宋财政岁入及其与北宋岁入之差异》，《河北学刊》1996 年第 1 期。

高纪春：《宋高宗朝初年的王安石批判与洛学之兴》，《中州学刊》1996 年第 1 期。

高纪春：《秦桧与洛学》，《中国史研究》2002 年第 1 期。

顾吉辰：《秦桧"莫须有"说质疑》，《浙江学刊》1997 年第 2 期。

聂乐和：《南宋建炎年间的兵变》，《湘潭师范学院学报》1991 年第 1 期。

徐秉愉：《由苗刘之变看南宋初期的君权》，《食货月刊复刊》16 卷 11～12 期，1988 年。

徐永辉：《南宋初年宰相评介之一——吕颐浩》，《宋史研究集》第 34 辑，兰台出版社，2004。

袁一堂：《南宋的供漕体制与总领所制度》，《中州学刊》1995 年第 4 期。

钱穆：《论宋代相权》，《宋史研究集》第 1 辑，"国立"编译馆，1958。

梁庚尧：《南宋时期关于岁币的讨论》，《"国立"台湾大学历史学系学报》1994 年第 18 期。

梁天锡：《南宋建炎御营司制度》，《宋史研究集》第 29 辑，"国立"编译馆，1999。

梁伟基：《从"帝姬和亲"到"废立异姓"——北宋靖康之难新探》，《新史学》2004 年第 3 期。

梁伟基：《南宋高宗朝吕颐浩执政下的官僚群体构造特质》，《中国文化研究所学报》2006 年第 46 期。

崔英超：《南宋权臣政治的断裂——论宋孝宗的用相方略》，《暨南学报》（哲学社会科学版）2010 年第 4 期。

曹家齐：《从宋、金国力对比看绍兴和议的签订》，《徐州师范大学学报》（哲学社会科学版）1997 年第 3 期。

曹家齐：《赵宋当朝盛世说之造就及其影响——宋朝"祖宗家法"与"嘉祐之治"新论》，《中国史研究》2007 年第 4 期。

曹宇峰：《胡安国史学思想刍议：以〈春秋传〉为中心》，《社会科学战线》2008 年第 4 期。

黄宽重：《从害韩到杀岳：南宋收兵权的变奏》，《宋史研究集》第 22 辑，"国立"编译馆，1992。

黄宽重：《扭曲的脸谱：从台奸、汉奸问题看历史人物的评论》，《宋史论丛》，新文丰出版社，1993。

黄宽重：《秦桧与文字狱》，《岳飞研究》第 4 辑，中华书局，1996 年。

黄宽重：《南宋对地方武力的利用与控制：以镇抚使为例》，《宋史研究集》第 26 辑，"国立"编译馆，1997。

黄繁光：《南宋初年赵鼎的执政特色及其与诸大将的关系》，《岳飞研究》第 5 辑，中华书局，2006。

黄山松：《南宋的和战之论与"规模"说》，《浙江学刊》1996 年第 4 期。

黄纯艳：《论南宋东南茶法》，《厦门大学学报》（哲学社会科学版）2001 年第 3 期。

董春林：《双向互动：南宋初年道学与政治文化之融通》，《求索》2011 年第 3 期。

董春林：《"绍兴更化"与南宋初期的政治转向》，《求索》2012 年第 1 期。

董春林：《宋高宗南渡后的政治取向——基于建炎年间几起冤案的分析》，《北方论丛》2012 年第 1 期。

董春林：《撰与刻的政治构想——南宋夔门〈皇宋中兴圣德颂〉的文化涵义》，《重庆三峡学院学报》2012 年第 4 期。

董春林：《错位的因果：绍兴冤狱与绍兴和议的历史际遇》，《广西社会科学》2012 年第 9 期。

董春林：《法律视域下南宋绍兴冤狱的政治取向》，《中南大学学报》（社会科学版）2013 年第 2 期。

董春林：《曲端之死与南宋初年的政治本位》，《北方论丛》2014 年第 4 期。

董春林：《和战分途：南宋初年的政治转向——以孝宗朝政策迁移为线索》，《中南大学学报》（社会科学版）2014 年第 4 期。

董文静：《南宋台谏取代执政政治模式的形成——以董德元为线索的考察》，《北京联合大学学报》（人文社会科学版）2010 年第 2 期。

傅庠：《南宋前期的财政亏空与度牒出卖述补》，《齐鲁学刊》1988 年第 3 期。

蒋复璁：《宋代一个国策的检讨》，《宋辽金史研究论集》，大陆杂志社，1960。

蒋义斌：《史浩与南宋孝宗朝政局——兼论孝宗之不久相》，《宋史研究集》第 18 辑，"国立"编译馆，1988。

雷家圣：《南宋高宗收兵权与总领所的设置》，《逢甲大学人文学报》2008 年第 16 期。

路育松：《试论北宋忠节观建设的成效——以楚政权和南宋建立为中心的考察》，《求是学刊》2009 年第 6 期。

虞云国：《从海上之盟到绍兴和议期间的兵变》，《宋史研究论文集》（《中华文史论丛》增刊），上海古籍出版社，1982。

虞云国：《宋代台谏系统的破坏与君权相权之关系》，《学术月刊》

1995 年第 11 期。

　　蔡涵墨:《一个邪恶形象的塑造：秦桧与道学》，田浩编《宋代思想史论》，社会科学文献出版社，2003。

　　蔡哲修:《从"攘夷"到"尊王"（1127～1142）——"南宋偏安局面的形成"研究之三》，《中兴史学》2005 年第 11 期。

　　熊燕军:《南宋沿海制置司考》，《浙江大学学报》（人文社会科学版）2007 年第 1 期。

　　漆侠:《宋学的发展和演变》，《文史哲》1995 年第 1 期。

2. 英文论文

Benjamin I. Schwartz, "A Brief Defense of Political and Intellectual History-with Particular Reference to Non-Western Cultures", *Daedalus*, Vol. 100, No. 1, Historical Studies Today (Winter, 1971).

Felix Gilbert, "Intellectual History: Its Aims and Methods", *Daedalus*, Vol. 100, No. 1, Historical Studies Today (Winter, 1971).

图书在版编目（CIP）数据

政治文化重建视阈下的南宋初期诏狱研究／董春林
著. —— 北京：社会科学文献出版社，2017.1
国家社科基金后期资助项目
ISBN 978 - 7 - 5097 - 9068 - 7

Ⅰ.①政… Ⅱ.①董… Ⅲ.①政治文化 - 研究 - 中国
- 南宋 Ⅳ.①D691

中国版本图书馆 CIP 数据核字（2016）第 086627 号

国家社科基金后期资助项目
政治文化重建视阈下的南宋初期诏狱研究

著　　者／董春林

出　版　人／谢寿光
项目统筹／宋月华　李建廷
责任编辑／李建廷　周志宽　李　壮　王晓燕

出　　　版／社会科学文献出版社·人文分社（010）59367215
　　　　　　地址：北京市北三环中路甲29号院华龙大厦　邮编：100029
　　　　　　网址：www.ssap.com.cn
发　　　行／市场营销中心（010）59367081　59367018
印　　　装／北京季蜂印刷有限公司

规　　　格／开　本：787mm×1092mm　1/16
　　　　　　印　张：16.5　字　数：259千字
版　　　次／2017年1月第1版　2017年1月第1次印刷
书　　　号／ISBN 978 - 7 - 5097 - 9068 - 7
定　　　价／89.00元